生逢衰世
幕府生涯
进军闽粤
师夷长技
经营陕甘
天山狼烟

左宗棠

杨东梁 著

人民文学出版社

图书在版编目(CIP)数据

左宗棠/杨东梁著.--北京：人民文学出版社,2024（2025.3重印）
ISBN 978-7-02-018630-3

Ⅰ.①左… Ⅱ.①杨… Ⅲ.①左宗棠（1812—1885）-传记 Ⅳ.①K827=52

中国国家版本馆 CIP 数据核字(2024)第 076765 号

责任编辑　徐文凯
装帧设计　刘　静
责任印制　苏文强

出版发行　人民文学出版社
社　　址　北京市朝内大街 166 号
邮政编码　100705

印　　刷　三河市中晟雅豪印务有限公司
经　　销　全国新华书店等

字　　数　243 千字
开　　本　710 毫米×1000 毫米　1/16
印　　张　17.5　插页 3
印　　数　5001—8000
版　　次　2015 年 7 月北京第 1 版
印　　次　2025 年 3 月第 2 次印刷

书　　号　978-7-02-018630-3
定　　价　49.00 元

如有印装质量问题，请与本社图书销售中心调换。电话：010-65233595

目 录

前言 …………………………………………… 1

第一章　早年生活 …………………………… 1
一、生逢衰世 …… 1
二、孤贫发愤 …… 4
三、科场得失 …… 8
四、山馆忧时 …… 15

第二章　征战江南 …………………………… 21
一、幕府生涯 …… 21
二、独当一面 …… 40
三、"借师助剿" …… 52
四、进军闽粤 …… 56

第三章　初办洋务 …………………………… 62
一、"师夷长技" …… 62
二、马尾船政 …… 65

第四章　经营陕甘 …………………………… 84
一、"进剿"捻军 …… 84
二、征讨回军 …… 94
三、"剿抚兼施" …… 108
四、处理善后 …… 111

第五章　收复新疆 …… 114
　　一、天山狼烟 …… 114
　　二、防务之争 …… 122
　　三、运筹帷幄 …… 130
　　四、决胜千里 …… 141
　　五、两霸阴谋 …… 153
　　六、舁榇出关 …… 158
　　七、泽润后世 …… 167

第六章　开发西北 …… 176
　　一、整饬吏治 …… 176
　　二、禁种罂粟 …… 180
　　三、举办赈务 …… 182
　　四、振兴农牧 …… 183
　　五、筑路种树 …… 188
　　六、机器制呢 …… 190
　　七、勘测开矿 …… 193
　　八、兴办教育 …… 193

第七章　壮志未酬 …… 196
　　一、留京辅政 …… 196
　　二、外放南洋 …… 200
　　三、慷慨赴闽 …… 213
　　四、遗恨生平 …… 224

结束语　后世流芳 …… 229

附录一　左宗棠年谱简编 …… 233

附录二　左宗棠家世简表 …… 247

附录三　主要参考文献目录 …………………… 248
附录四　杨东梁与左宗棠研究…… 崔保新 252

后　记 …………………………………………… 266
再版后记 ………………………………………… 267

前　言

在中国近代史上,左宗棠是人们熟知的、有影响的历史人物。那么历史上的左宗棠到底是一个什么样的人呢？一百多年来,由于论者所处的时代不同,其立场、观点、方法、角度也有很大差异,真可谓见仁见智。

晚清时期,左宗棠被称为"中兴名臣"之一,因为他和他的同僚们帮助清政府度过了一个动荡、飘摇的时期,使这个衰败的政权不致顷刻颠覆。中国有句俗话,叫"盖棺论定",意思是指一个人须等其辞世后,对他的评价、判断才能最终确定。左宗棠去世后,皇帝颁布"上谕",称他"学问优长,经济闳远,秉性廉正,莅事忠诚",而且赐谥"文襄"。按照"谥法"的解释,所谓"文"是指"道德博闻""修治班制""勤学好问""锡氏爵位";所谓"襄"是指"辟地有德""甲胄有劳""因事有功"。照惯例,做到大学士的高官,死后谥号第一个字一般可以用"文",而第二个字"襄"则正是对他的"武功",尤其是收复新疆的褒奖。《清史稿》"左宗棠传"在传后"论"曰："宗棠事功著矣,其志行忠介,亦有过人。"

辛亥革命时期,民主革命的斗士为推翻腐朽的清王朝前仆后继,对于维护清朝统治的所谓"中兴名臣"自然目为"汉奸",加以鞭挞。《民报》增刊《天讨》在"过去汉奸之变相"的标题下,刊登过身为禽兽的曾国藩、左宗棠、李鸿章的头像。不过也有些革命宣传家对左宗棠并不一笔骂倒,像章太炎既指责左宗棠"为虏将兵,以敌洪氏",又肯定他治军严谨,不扰百姓,"士卒有创伤平民者,必诛无贷"(章太炎：《革命军约法问题》)。章太炎还视左宗棠为从古以来有大学问、成大事业的人物,赞叹"他那出奇制胜的方略,毕竟令人佩服"(章太炎：《演说录》)。

到了二十世纪三四十年代,时值日寇入侵,山河破碎,大片国土沦丧,民族危机空前严重。社会对历史上坚决抵抗外侮的爱国将领更有一种特殊的怀念。左宗棠因他收复新疆的功绩而重新被人们所关注。当时,《边铎月刊》上发表了一篇题为《左宗棠治理新疆政策之研究》(作者方骥)的文章,其《前言》说:"作者因感于九·一八事变,深惧国防之可忧,故草斯文";另外,《西北研究》杂志也发表了姚欣安《清末新疆政策底史的发展》一文,作者写道:"回忆清末时代新疆之危机,能不令人感到左宗棠之可钦乎!鄙人草此文之目的,亦在所以表彰民族之功臣,而不愿使之遗恨九泉也。"真可谓闻鼙鼓而思良将。

新中国成立后,强调用"阶级分析方法"评价历史人物。由于左宗棠镇压过太平天国农民起义和陕、甘回民起义,所以只能在"刽子手"的行列中找到他的位置。当时一部很有影响的中国近代史著作就称左宗棠是"极端反动的屠户","万恶的民贼"。那么收复新疆这样重大的历史事件为什么也被"忽视"了呢?除了研究深度欠缺外,主要是政治气候的影响。那时,学术界对窃据新疆的阿古柏政权的性质认识不清,有人甚至认为阿古柏领导的是"革命运动",阿古柏本人则被吹捧为维吾尔族的"民族英雄"。随着研究深入,学术界才搞清了阿古柏政权是一个压榨新疆各族人民的外来入侵政权。值得注意的是,清军西征还涉及英、俄两国,特别是沙俄占领了伊犁地区,而左宗棠是坚决主张抗俄的。五十年代,我们和苏联的关系很好,这一政治因素也影响到历史研究领域,对沙俄的侵华活动采取了有意无意的回避,因此不谈或少谈左宗棠收复新疆这段历史,也就不足为怪了。不过,围绕阿古柏政权性质的讨论,史学界对清军西征开始给予积极评价,范文澜的第九版《中国近代史》(1955年出版)谈及左宗棠收复新疆时,曾肯定地指出:"这个功绩是不可抹煞的。"

粉碎"四人帮"后,随着思想的解放,观念的转变,左宗棠研究也别开生面。1978年12月19日,《光明日报》发表了杜经国的文章《试论左宗棠的爱国主义思想》,认为左宗棠是一位"杰出的爱国者,他在抵抗外国侵略,巩固祖国西北边防方面,曾经做出重要的贡献","是一个具有战略眼光的封建政治家",从而为这个专题研究投进了一块激起波澜的石头。

此后,左宗棠研究重新引起了史学界的注意,从1979年至1981年,共发表十二篇专论,主要集中论述左宗棠收复新疆和办洋务的活动。

1982年第二期《红旗》杂志发表了王震对学习中国近代史的意见,他提到"对历史人物要分析,不要简单化,不要有片面性",并指出:"像左宗棠这样的人物也要具体分析,一方面他镇压人民是有罪的;另一方面他在后期也捍卫过中国的主权和领土,维护了国家的统一,抵抗了英国和俄国的扩张,对我们的民族、国家是有功绩的"。1983年8月,王震在会见左宗棠的曾孙左景伊(全国政协第六届委员、北京化工学院教授)时,充分肯定史学界重新评价左宗棠是"作了一件有意义的工作","这对海内外影响都很大",并着重指出:"我们是历史唯物主义者,要历史地看问题,对历史人物要一分为二。左宗棠一生有功有过,收复新疆的功劳不可泯灭"(左景伊:《左宗棠的爱国主义精神在历史上闪光》,1983年10月16日《光明日报》)。此后,左宗棠研究全面铺开,研究、介绍左宗棠的论文、文章时有发表,数量不下几十篇。《湖南师院学报》还开辟了"笔谈左宗棠"的专栏。1984年和1985年连续两年,在苏州和长沙召开了全国性的左宗棠研究学术讨论会。更为可喜的是,从1983年起,研究左宗棠的学术专著开始问世,短短几年中,竟达四部之多,这在历史人物研究中也是不多见的。

左宗棠不仅在中国历史上是位名人,而且在世界历史上也有相当影响。二十世纪三四十年代,美国人贝尔斯(Bales.W.L.)、日本人西田保都曾为左宗棠作传。曾任美国副总统的华莱士1944年路过兰州时,曾说:"左宗棠是近百年史上世界伟大人物之一,他将中国人的视线扩展到俄罗斯,到整个世界……我对左宗棠抱有崇高敬意!"(转引自华中师大图书馆:海外资料《左宗棠专辑》)2000年,适逢公历纪元中的第二个一千年,美国《新闻周刊》第一期开辟了"千禧年一句话"的栏目,这个栏目共刊载了最近一千年中全世界四十位"智慧名人",其中中国有三位,即毛泽东、成吉思汗、左宗棠。可见,左宗棠不仅是一位中国名人,同时也是一位世界名人。

还有一件外国人"关注"左宗棠研究的趣闻值得一提。那是我在人民大学清史研究所读研究生时的事。1981年2月10日的《光明日报》发表了我写的一篇论文《"海防"与"塞防"之争浅析》,没想到此文竟会引起美国国务院的关注。故此,美国驻华使馆通过正式途径约见我。当年6月12日,通过校方的安排,我在人民大学会客室接待了美国外交官。

他开门见山，表示对我的论文"很感兴趣"，并问及此文"是否同中国对苏联和台湾的政策有关"，"是否反映了中国政府的观点"？"你是不是认为对付苏联比对付台湾更重要"？等等。我如实回答了他，基本意思是："历史不是现实，类比是不合适的，用历史来比附现在是不可取的"；"我的文章是史学论文，只反映我个人的观点。别人怎么猜测，是他自己的事"。说到这里，那位美国外交官轻松地笑了。

为什么会出现这样的误解和笑话呢？我想，一方面当时"十年动乱"结束不久，外国人对中国媒体的审视还很难摆脱陈旧的眼光；另一方面，也说明当时的中美关系还存在不够成熟的一面。

我研究左宗棠是从1979年开始的。当时正在中国人民大学清史研究所读研究生(1978年入学)，1981年6月完成学位论文，定名为《左宗棠研究》。论文充分肯定左宗棠收复新疆和举办近代企业的功绩，认为他"在民族敌人面前表现出崇高的气节，不屈服、无惧色，斗争到底"，"成了中华民族的英雄"，并说，"他在中华民族发展史上是起了'脊梁'作用的。他的功绩从某种意义上看，甚至可以说是家喻户晓的民族英雄岳飞和林则徐所不能比拟的"。论文初稿曾送中国社科院近代史所著名史学家余绳武先生审阅，征求意见。余先生关心晚辈，奖掖后进，在认真读完后，即于1981年7月25日致函作者，予以鼓励："大作不乏理论勇气，甚佩。史实也许稍嫌简略，将来似可在此基础上加以充实，扩大成一本学术性的《左宗棠传》。"余先生又建议说："据我所知，王震同志对左宗棠问题颇感兴趣。我意您可考虑将此稿寄呈王震同志审阅，争取得到他老人家的指导。如果您有不便，我可以托人转呈。"

前辈学者的关怀使我深受感动，遂经近代史所刘存宽先生与时供职外交部的鲁桂成先生联系，经鲁先生(曾参加中苏边界谈判)直呈王老，并很快得到回复。王老在送呈论文上密密麻麻地写了很多批注，可见阅读之细以及对左宗棠研究的高度关注。1981年9月10日，王老还在论文扉页上写道："我深觉杨东梁同志写得好，读了甚获教益。"又建议作者继续深造，并要求转达他的意见，这给了我极大的鼓励。

研究生毕业后，经过两年多的努力，我终于完成了《左宗棠评传》的书稿，并于1985年8月由湖南人民出版社出版。这部专著出版后，受到史学界的广泛关注,成为当年举办的"全国第二届左宗棠学术研讨会"的主要推荐成果。1986年2月17日,《人民日报》还为此书发表书评。1986年3月10日,王震老在读完拙著后,致函作者云:"您送我的《左宗棠评传》一书,已收到,谢谢。我先读的序言、后记,而后把正文粗略读了一遍,感到您治学态度严谨,蒐集史料丰富,很好!"他还建议"就左氏晚年的爱国思想写专文发表,以激励人们,特别是青年人为振兴中华、统一祖国,实现'四化'而努力奋斗!"此书于1987年11月获北京市哲学、社会科学优秀成果奖。以上所述就是我和左宗棠研究之缘。

之所以要把我研究左宗棠其人的经过做一简介,有两个原因:一是因为这项研究在三十多年前还存在一些人为的障碍,这是今天的青年学者难以理解的,介绍出来,会让他们更珍惜今天宽松的研究氛围。当时,一些传统观念还在束缚人们的头脑,我的论文由于提出了某些有悖"常理"的观点,有可能在答辩会不予通过。有的老师出于好意,建议做些修改。我原本坚持文责自负,不愿摈弃自己的观点。后经思考再三,觉得不应辜负师友们的良苦用心,于是同意把有可能引起争议的章节暂时撤下来,并把论文题目改为《左宗棠——我国近代史上的爱国主义者》。即使在王老的意见传达后,我仍坚持此议,算是一种折中处理办法。只是后来出书时都补上了。第二个原因是此事后来在社会上曾引起一些传言,甚至被某些著作提及,而其表述与事实真相颇有出入。为以正视听,借这次重写左宗棠传记的机会,予以披露,也是想还事情以本来面目。

拙著《左宗棠评传》出版至今已近三十年了。在此期间,陆续有一些有关左宗棠研究的论文、专著问世。特别是湖南岳麓书社在上世纪八九十年代,重新整理出版了《左宗棠全集》,共十五册。新版《全集》不仅比清末编辑的《左文襄公全集》增加了许多新内容(共辑得左宗棠各类佚文约八十万字),而且以清末刻本为底本,订正了原刻本中诸多错讹、颠倒、衍文、脱文等,并酌加校注,这为更深入地研究左宗棠,提供了极其便利的资料条件。

2011年下半年,人民文学出版社的编辑盛情邀我写一部较为通俗的左宗棠传。这些年来,我虽然一直关注左宗棠研究,但因忙于其他事务,难得有暇静下心做点深入思考。目前又因参加国家清史编委会传记组的

工作,亦难分身。为不负编辑先生的雅意,遂尽量挤出一点时间,在原著《左宗棠评传》的基础上,费时一年完成了一部新的《左宗棠》传,新传不但在内容上做了增、删,在史实、文字上做了订正,在写法上也做了一些调整,并增补了部分图片。我脱稿的这部新传,就算是对这位中国近代爱国名将逝世一百三十年的一个纪念吧!

第一章 早年生活

一、生逢衰世

清仁宗(颙琰)嘉庆十七年十月初七日(公元1812年11月10日),在湖南湘阴东乡左家塅(今金龙镇新光村),一个男婴呱呱坠地,这个孩子就是后来成为中国近代名人的左宗棠。

左宗棠出生的年代,正好是十九世纪初,此时的清王朝已失去了昔日的辉煌,不复"康乾盛世"的景象。古典名著《红楼梦》对由盛及衰的贾府有段描绘说:"外面的架子虽未甚倒,内囊却也尽上来了",若借用来说明清王朝当时的处境倒很合适。嘉、道时著名学者龚自珍更明确指出,此时的社会已是"日之将夕,悲风骤至","起视其世,乱亦竟不远矣!"这一点

左宗棠出生地左家塅今貌

甚至连一位外国使臣也看到了。乾隆八年(1743),朝鲜使臣赵显命到沈阳向祭祖的乾隆帝"问安",回国后上奏国王说:清朝"外似升平,内实蛊坏,以臣所见,不出数十年,天下必有大乱"(吴晗辑:《朝鲜李朝实录中的中国史料》第十一册,第4518页)。

那么,这个"衰",这个"乱"都有什么征兆呢?

首先是土地兼并空前严重。还在乾隆年间(1736—1795),就有人这样叙述土地兼并的情况:"近日田之归富户者,大约十之五六,旧时有田之人,今俱为佃耕之户,每岁所入,难敷一年口食"(杨锡绂:《陈时米贵之由疏》)。大官僚、大地主、大商人无不疯狂兼并土地,聚敛财富。像乾隆朝权臣和珅占地达八千余顷(一顷为一百亩);嘉庆十年(1805),广东巡抚百龄获罪被抄家,竟抄出土地五千余顷;道光时的大官僚琦善有土地二百五十六万亩。此外,富商赚钱后,经营土地者也不在少数。比如,嘉庆时湖南衡阳富商刘某置田万亩。与之相对比的是,不少自耕农、半自耕农,甚至中小地主却纷纷破产,有的变成佃户,挣扎在饥饿、死亡线上。那些本来就一无所有的贫农、雇农生活更是等而下之。怪不得龚自珍说:"自京师始,概乎四方,大抵富户变贫户,贫户变饿者"(《西域置行省议》)。无地和少地的农民为生存计,只得忍受苛重的地租去租种地主的土地。当时的地租率一般都在百分之五十以上,正租之外,还有附加租、预租、押租等名目。此外,农民还得向官府缴纳繁重的赋税,有记载说:"私派倍于官征,杂项浮于正额"(俞樾等:《川沙厅志》)。贫苦农民无路可走,只好忍痛去借高利贷,富商大贾往往在青黄不接的时候,举放利债,并借此兼并土地。

第二是政治黑暗,社会风气败坏。当时,官场贿赂公行,几乎是无官不贪。有人谈到嘉庆初年留居北京的感受时说:"居都下六年,求一不爱财之人而未之遇"(沈垚:《与张渊甫》,《落帆楼文集》卷八)。嘉庆初年,大官僚和珅被抄家,其家产折合银两,竟达四亿余两之巨,相当于清政府一年国库收入的七八倍,所以有民谚说:"和珅跌倒,嘉庆吃饱"。统治集团溃烂了,社会风气也随之败坏,连嘉庆皇帝都不得不悲叹道:"官多疲玩,兵尽怠惰,文不能办事,武不能操戈,顽钝无耻,名节有亏,朕遇斯时,大不幸也!"(《清仁宗实录》卷二八一)

第三是军队腐化。清政府所依靠的武装力量为八旗兵和绿营兵。八旗兵本是驰骋疆场,"每战必克"的劲旅,但入关后,由于"从龙"有功,不但贵族们高官厚禄,养尊处优,就是一般旗民也地位特殊,坐享钱粮。于是,八旗兵迅速腐化下去了。到康熙十二年(1673)"三藩"变起(即吴三桂、尚之信、耿精忠等联合反清),八旗兵已差不多不能作战了。嘉庆十七年(1812),全国满、蒙、汉八旗兵号称有五十万人,而实际兵额仅二十万左右,已成为徒有虚名而缺乏战斗力的军队。"绿营兵"是清统治者入关后由汉人组成的职业兵(以绿旗为标志,故名),兵额不定,嘉庆年间,全国达六十六万人。康熙帝平定"三藩"之乱,主要依靠的就是这支军队。但由于差务繁重,影响操练,军队素质不断下降,加以军饷菲薄,又常被克扣,士兵及其家属生活困难("绿营兵"以吃粮为业,全家靠其月饷维持生计),因而不得不兼做小贩或做手艺以谋生。这种情况,在雍正年间已经出现。乾隆末年以后,绿营兵日益腐化,到嘉庆年间白莲教起事时,绿营兵已不堪用,清廷不得不依靠一部分"乡勇"的力量了。

第四是灾害频仍,烟毒泛滥,白银外流,财政拮据。有清一代,是自然灾害频繁的年代。据学者统计,从顺治到道光二百零七年间,全国共发生灾情二万七千三百八十八起,平均每年成灾一百三十二次,其中主要是水灾和旱灾,约占灾情总数的百分之八十八。再者,就是鸦片的大量输入,成为一大社会祸害。鸦片贸易给英国带来了巨大利益,却使中国贻害无穷。清廷自雍正朝开始,历乾隆、嘉庆不断颁布禁烟令,但效果甚微,鸦片输入不但没有减少,反而急剧增长。十九世纪二十至三十年代十年间,鸦片输入量竟翻了两番,到道光十八年(1838),甚至高达三万五千五百箱。鸦片大量输入,不仅摧残了吸食者的身心健康,也影响了社会生产,破坏了社会治安,并导致白银不断外流。有学者估计,十九世纪三十年代,仅鸦片消费一项其价值每年就有一千一百七十五万两白银,约相当于清政府八个年度(1830—1838)的关税总收入,这就严重打击了清政府的财政。

第五是阶级矛盾迅速激化,民众反抗浪潮势不可挡。嘉庆元年(1796),爆发了白莲教起义,烽火延及四川、甘肃、陕西、湖北、河南五省,坚持了九个半年头。清政府调动了十六个省的军队,耗费了二亿两军费,屠杀了几十万农民,才把它镇压下去。嘉庆十八年(1813),林清、李文成又在北京和河南滑县发动了天理教起义,二百名教徒从皇宫东、西华门攻入"大内",直抵隆宗门,真是变生肘腋,祸起萧墙。起义最后虽被镇压下去,但对统治者的打击却是沉重的。嘉庆帝为此下"罪己诏",称此次事变是"汉、唐、宋、明未有之事",表示自己要"返躬修省,改过正心"。嘉庆帝虽然痛心疾首,"笔随泪洒",却认识不到问题的症结所在。社会积弊依然如故,社会矛盾得不到丝毫解决,一场更大规模的农民暴动正在酝酿中。

总之,当时所呈现的社会画面,正如时人龚自珍所说:"各省大局,岌岌乎皆不可以支月日,奚暇问年岁?"(《西域置行省议》)

就在清王朝的封建大厦濒临崩溃之时,西方最强大的资本主义国家——英国,为了攫取无法计算的利益,正在全力推进肮脏的鸦片贸易,一旦遇到阻碍,他们甚至不惜发动一场战争从东南打开中国的大门。在西北,野心勃勃的沙皇俄国也正迅速向东扩张。1836年5月,俄国国务委员会做出一项决定,强调要"用武力为俄国的商业开辟新的通向东方的道路"(《波克罗夫斯基选集》第三卷)。

国内各种矛盾日益尖锐,西方资本主义势力蓄意挑起侵华战争,这就是左宗棠生活的那个时代所面临的严重问题。

二、孤贫发愤

左宗棠出生在一个耕读之家,祖上是在南宋时期(十二世纪)从江西迁到湖南的。他的曾祖父中过秀才(也称生员),祖父左人锦是国子监生,父亲左观澜,字晏臣(一字春航),为县学廪生(即"廪膳生员",每年可领取廪饩银四两),也算得上是个书香门第。左人锦、左观澜都饱读诗书,却始终考不中举人(乡试中试者),这就意味着不能继续沿着科举的道路去做官。既做不了官,又没有多少田地,家里的日子过得一天比一天艰难,遇上荒年,甚至难以糊口。嘉庆十二年(1807),湘阴大旱,全家只能用糠屑做饼度日。左宗棠出生时,他前面已经有了两个哥哥(大哥宗棫十三岁,二哥宗植九岁)和两个姐姐。母亲余氏已经三十八岁了,由于家境不好,乳汁不足,只能用米汤来喂养这个不断啼哭的婴儿。也就在这一年,为了前程,左观澜离开家乡,到省城岳麓书院去读书。嘉庆二十一年(1816),他在长沙开馆授徒,并把全家迁到省城。而生活来源只能靠左观澜的教书所得,所以左宗棠后来回忆说:"吾家积代寒素,先世苦况百纸不能详"。(《左宗棠全集》"诗文·家书"第64页,以下简称《全集》)

左宗棠三岁时,祖父就在湘阴梧塘塾屋教他读书、识字,迁居长沙后,又与两位兄长一起跟随父亲读书。宗棠年龄虽小,却颖悟过人。有一次,左观澜为宗棫、宗植讲解《井上有李》一文,讲到"昔之勇士亡于二桃,今之廉士生于二李"句时,问道:"'二桃'的典故出自何处?"一旁的宗棠立即答道:"古诗《梁父吟》有之。"四岁小儿有如此敏捷的应对,让左观澜甚感欣慰。

嘉庆二十二年(1817),左人锦去世,左观澜也年逾四十,自己功名不就,更把"金榜题名"的希望寄托在三个儿子身上,对他们也督促更严了。两年后,十九岁的宗棫进了县学,十五岁的宗植更进一步,进县学后,因科考成绩名列前茅,被补为廪生(一年可得"廪饩银"四两)。这让左观澜多少感到一些安慰,九岁的宗棠也被要求学作"制艺"(即八股文,是科举考试中官定的文体格式)。不久,宗棫补为廪生,宗植选为拔贡(贡生的一种。选品学兼优的生员送京师国子监读书者称贡生)。道光六年(1826),宗植进京参加"朝考",列二等,被选为湖南新化县训导(县学副职,从八品)。也就在这年,已经十四岁的左宗棠第一次参加"童试"(儒童入学考试,包括县、府、院试三个阶段,合格的取得"生员"资格,俗称秀才)。翌年五月,应府试,名列第二,但因母亲病重未参加"院试"(由学政主持),也就和"生员"资格擦肩而过。十月,母亲去世,服丧期间,他更加勤奋治学。

道光九年(1829),左宗棠已满十七岁,但他并没有把精力集中于猎取"功名"的制艺上,而是好读"经世致用"之书。最早的经世之学发端于明清换代之际,当时,著名学者黄宗羲、顾炎武、王夫之等怀着复兴故国之心,于"江山险要、士马食货、典章沿革,皆极意研究"。但这股思潮很快沉寂下去,由于统治者的扼杀、打压,知识阶层变得谨小慎微,不敢议论朝政,不敢研究现实。他们或是不问世事,寻章摘句,皓首穷经;或是钻进故纸堆,把精力集中于古籍的整理与诠释上。直到十八世纪中叶以后,一股经世思潮重新崛起,一些学者提出"研经求实用",提倡阐发"圣人"的经世之志(经世即是治世)。特别是当社会危机日趋严重之时,一些有识之士相继提出自己的应对主张和解决方案,试图复兴十七世纪的实学传统。

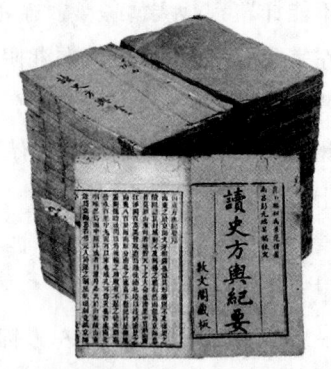

《天下郡国利病书》《读史方舆纪要》书影

　　正是在这样的背景下,左宗棠开始了他追求经世之学的道路。一次,年轻的左宗棠在书铺里买到一部顾祖禹著的《读史方舆纪要》,如获至宝,他被书中记载的山川险要、战守机宜深深吸引,于是潜心研读,直至了如指掌。不久,又读了顾炎武的《天下郡国利病书》和齐召南的《水道提纲》。他读得很仔细、很认真,边读边做了详细笔记,这种阅读大大开阔了左宗棠的眼界。道光六年(1826)问世的《皇朝经世文编》(魏源代贺长龄编)更成了左宗棠案头的必备书,这套书每页留下的圈点、符号,是他悉心阅读的印记。左宗棠的特立独行为醉心八股时文的士子所不解,也招来了许多讥讽,但他不为所动,毫不理睬,仍坚持自己讲求实学的道路。

　　道光十年(1830)正月,左宗棠的父亲左观澜病重,元宵节后三天就去世了,终年五十三岁。左观澜读书半生,并没有给儿辈留下多少遗产,只有薄田几十亩,一年收的租谷不过四十八担,家中生活难以为继。此时,宗棠的长兄宗棫已早于父亲病逝,二哥宗植在新化做了三年训导,兄弟也难得相聚(宗植在湖南已有文名,与魏源、陈起诗、汤鹏等号称"湖南四杰")。

　　家境的艰难并没有影响宗棠发奋苦读。恰在这年冬,著名的经世学者、江苏布政使贺长龄(1785—1848)丁忧回到长沙。贺长龄是湖南善化(今长沙)人,曾与江苏巡抚陶澍共同办理过漕粮海运,并请魏源以自己的名义辑成《皇朝经世文编》一百二十卷,选收了从清朝开国到道光初年间有关"经世致用"的文章,他家中藏书丰富,这对左宗棠真是难得的际遇。年轻的左宗棠既佩服贺长龄的学问和为人,更羡慕他家丰富的藏书,于是经常到贺家求教,并借阅各种典籍。贺长龄对这个比自己小二十七岁、求知若渴的青年人也很赏识,竟以"国士见待"(《全集》"书信"三,第460页),不但敞开自己的藏书楼,而且亲自登梯取书,数数登降,不以为烦。每当宗棠还书时,一定要询问心得,互相考订,孜孜不倦,简直成了忘年交。

　　道光十一年(1831),左宗棠到长沙城南书院读书,二哥宗植则客游武昌。在生活无着时,左宗棠只能靠书院发给的"膏火费"度日("膏火费"系指发给学生的津贴)。城南书院的正课生员除一个月的"年假"外,每月发"膏火银"八钱;另外,每月初三和十八日有"会课",考试成绩优异者给予奖励:一等首名银五钱,其余三钱,二等每名二钱。

　　城南书院位于长沙城南妙高峰下,历史悠久,南宋时,理学大师朱熹

长沙定王台附近贺氏兄弟故居:城南书院旧址

曾在此讲学,有一定社会影响。其时,山长(书院主持人)是贺长龄的弟弟贺熙龄。贺熙龄(1788—1846)字光甫,号庶农,嘉庆十九年(1814)进士,曾任湖北学政,于道光十年(1830)底丁忧回籍,时年四十三岁,在湖南颇有声望。他倡导义理、经世之学,认为读书是为了"经世",许多读书人"学不知要",陷于词章训诂、寻章摘句不能自拔,而喜好经世之学的左宗棠自然得到贺熙龄的青睐,被赞为品行"卓然能自立",学问"确然有所得"(贺熙龄:《寒香馆文钞》卷二)。左宗棠"十年从学",深受其影响。可以说,贺长龄、贺熙龄兄弟成了左宗棠走上"经世致用"之道的引路人。

三、科场得失

封建时代,科举考试是读书人获得社会地位,进入官场,猎取富贵的重要途径,左宗棠自然不能例外。他虽然轻视"举业",却也摆脱不了这条读书人的谋生路,正如他在一封信中所说:"读书非为科名计,然非科名不能自养"!

道光十二年(1832),左宗棠参加了在长沙举行的"乡试"。乡试是科考制度的第二级考试,每三年举行一次。遇有国家庆典也可增加一次"恩科",道光十一年(1831)正赶上为皇帝五十整寿,为示庆祝于十一、十二年连续两年举行了乡试。乡试在省城举行,本省的生员(秀才)有资格应试,另外,监生、贡生、荫生、官生经过一定的程序也可应考,而监生是可以花钱买的(即所谓"捐纳"),未取得生员资格的左宗棠通过捐纳方式,以监生身份参加了这一年的乡试。

左宗棠这次参加乡试是颇有些戏剧性的。考试共分三场,分别在八月初九日、十二日和十五日举行,每场头一天入场,一天后交卷出场。试毕,贺熙龄看了宗棠试卷的底稿,认为:文章虽然写得好,但可惜考官不一定能欣赏。果然,左的试卷被斥入"遗卷"(也称落卷,指没有选中的试卷)中。按例,试卷先由各同考官(亦称"房官",约有十余人)分阅,房官取中意者加批语向主考(正、副主考各一人)推荐,再由正、副主考批阅荐卷,经互阅商酌后取定中额。恰在此时,朝廷有谕旨令考官搜阅"遗卷",而副考官翰林院编修胡鉴却突然病故,正考官礼科掌印给事中徐法绩

（字定夫，陕西泾阳人）只得独阅遗卷五千余份，从中补录六人，左宗棠的试卷居补录之首。乡试发榜，湖南取中四十二人，左宗植居榜首（称"解元"），左宗棠则列第十八名，兄弟两人双双中举。

参加乡试后，未等发榜，左宗棠就匆忙赶赴湘潭周家完婚。新娘周诒端字筠心，与宗棠同岁。这门亲事在左观澜在世时就已议及，观澜去世后，二兄宗植遵父命确定下来。周家为湘潭富户，书香门第，而宗棠则为一介寒

周诒端画像

士，几乎一无所有，无钱操办婚事，只得入赘周家，从而开始了他九年的寄居生活。在封建时代，"入赘"是被社会瞧不起的，对此，左宗棠内心饱受煎熬，他后来写诗道："九年寄眷住湘潭，庑下栖迟赘客惭"（《全集》"诗文·家书"，第458页），这正是他当年心境的真实写照。

中举后，左宗棠忙着准备进京参加会试。从湖南到北京，千里迢迢，筹措旅费成了头等大事。无奈之际，周夫人只好拿出自己的嫁妆一百两作为川资。而此时宗棠的大姐因生活拮据上门求助，宗棠慷慨地把这笔钱奉送给了她。亲戚朋友闻讯，纷纷伸出援手，总算帮他凑足了旅费，宗棠才得以同二哥宗植一起北上，道光十三年（1833）正月，他们到达京师，住在湖南会馆。

会试在三月举行，故又称"春闱"，共试三场，每场用时三日。会试发榜，宗棠名落孙山，但这对年方二十一岁的青年来说，刺激并不大，此行倒是让他增长了不少见识。这次长途跋涉，历经四省，目睹许多时弊，让他更加关心时务，在写给乡试主考官徐法绩的信中，宗棠表示："睹时务之艰难，莫如荒政及盐、漕、河诸务。将求其书与其掌故，讲明而切究之"（《全集》"书信"一，第1—2页）。更坚定了他走"经世致用"之路。同时，他还赋诗言志，写下了题为《癸巳燕台杂感》的八首"七律"，诗中既有对国事的忧心，也有对民情的感叹；既有对中原形势的审视，也有对边陲经营

左宗棠在湘潭周家所居桂在堂遗址

湘水校经堂(在岳麓书院内)

的关注;既有落第南归的惆怅,也有报国无门的愤懑;既有怀才不遇的神伤,也有不舍不弃的表白。比如,诗中云:"世事悠悠袖手看,谁将儒术策治安?国无苛政贫犹赖,民有饥心抚亦难";"西域环兵不计年,当时立国重开边","置省尚烦他日策,兴屯宁费度支钱?""答策不堪宜落此,壮游虽美未如归","报国空惭书剑在,一时乡思入朝饥";贾生空有乾坤泪,郑綮元非令仆才。洛下衣冠人易老,西山猿鹤我重来"。(《全集》"诗文·家书",第456—457页)

南归后,左宗棠把数十亩遗产全部给了侄子世延(左宗棫之子),自己则寄居湘潭妻家。迫于生计,宗棠再赴省城就读于由湖南巡抚吴荣光及贺熙龄倡办的"湘水校经堂"。在此读经的学生待遇较优厚,每人每月有八两银子的"膏火费",按当时的物价可买米四石左右(约合四百市斤)。校经堂规定学生一个季度要读完一经,宗棠读经很用功,七次考试均名列第一。实际上"读经"也成了他的谋生之道。这一年八月,左宗棠的长女诞生,起名孝瑜,第二年道光十四年(1834),他借得岳母府第"桂在堂"的西屋,分居起火。

道光十五年(1835),宗棠再次赴北京应试。这一科的正总裁是协办大学士穆彰阿,三位副总裁分别是工部尚书何凌汉、吏部侍郎文庆和吏部侍郎张鳞。左宗棠的试卷被同考官(会试共有同考官十八人,也称"房官")温葆深推荐,评语是:"立言有体,不蔓不支""二场尤为出色"(试卷现藏于湖南省图书馆),总裁也颇欣赏,本已取中湖南第十五名(会试录取的办法是分省取中,每省多者取二三十名,少者取几名至十几名),但揭晓时,因湖南多取了一名,左宗棠的录取资格被撤销,名额转让湖北,宗棠仅被取为"誊录"("誊录"定额四十名,备各馆缮写,下科仍可参加会试)。

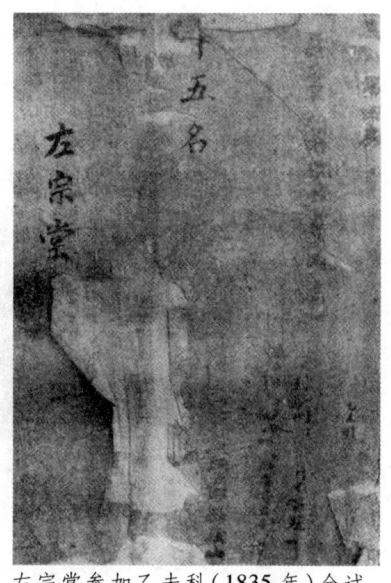

左宗棠参加乙未科(1835年)会试试卷封面

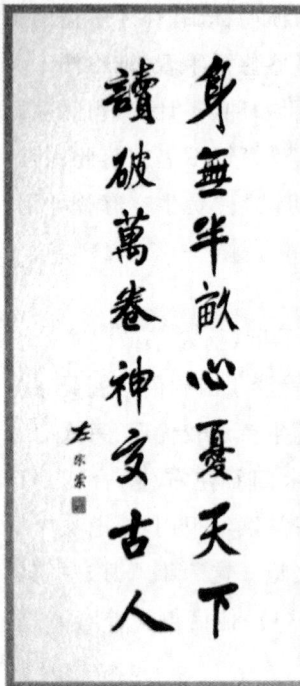

左宗棠手书

左宗棠不甘心当一个抄抄写写的小职员,他抱着干大事,成大业的志向,回家继续苦读。居家读书期间,他写下一副对联:"身无半亩,心忧天下;读破万卷,神交古人"以自励(《全集》"诗文·家书",第470页),短短十六个字表达了主人公忧国忧民,目空一切的豪情壮志。

为养家糊口,左宗棠于道光十六年(1836)应巡抚吴荣光之邀,到湘东醴陵主持渌江书院。这所书院规模不大,住院生近六十人,原山长为人懦弱,管理不得要领。宗棠到院后,对学生要求严格,不但制订了"学规",而且认真查阅功课,奖勤罚懒,颇见成效。也就在醴陵,左宗棠结识了当时的名宦——两江总督陶澍,这对他以后事业的发展无疑是个机遇。

渌江书院遗址

陶澍（1779—1839）字子霖，号云汀，湖南安化人。嘉庆七年（1802）进士，道光三年（1823）任安徽巡抚，调江苏巡抚，曾主持漕粮海运。道光十年（1830），升任两江总督，在两淮推行票盐。他在任上整顿漕运，兴修水利，改革盐政，兴利除弊，取得一定成效，声名远播，为朝野所重。道光十五年（1835）冬，道光帝在北京皇宫十四次召见陶澍，并亲笔为其少年读书的

陶澍画像

"印心石屋"（以潭中印心石得名）题匾，这在当时传为美谈，也是陶澍最感得意的"旷代之荣"。

道光十六年（1836）九月，陶澍赴安徽、江西校阅营伍后，获准回乡省墓（罗正钧《左文襄公年谱》载陶澍省墓在道光十七年，误。据陶澍奏折，此事应在道光十六年，见《陶澍全集》），遂由萍乡水路入湖南界，途经醴陵时，县令热情接待，并特请左宗棠为接待的馆舍题写楹联，左宗棠欣然命笔，其中一副是：

春殿语从容，廿载家山，印心石在；
大江流日夜，八州子弟，翘首公归。（罗正钧：《左宗棠年谱》，第15页）

这副对联，既表达了故乡人对陶澍的景仰和欢迎之情，又道出了近一年前陶澍在京城所获得的"旷古隆恩"。联语不仅语言洗练，对仗工整，且寓意深刻，热情洋溢，这让陶澍极为赞赏。询知为左宗棠所作，立即约请相见。一见之下，左宗棠果然谈吐不凡，识见超群，年已六旬的陶澍与只有二十五岁的青年才俊彻夜畅谈，上下古今，无不涉及。陶澍十分惊叹，认为遇到了不可多得的"奇才"。

道光十七年冬，左宗棠北上，准备第三次参加会试，这时他已是育有四个女儿的父亲了（周夫人生三女，侧室张氏生一女）。经过岳阳时，他特地拜谒了"洞庭君祠"。洞庭君的故事，取材于唐人李朝威的传奇小说《柳毅传》。柳毅原为一介书生，只因替受尽折磨的"龙女"传递书信，而终得主掌八百里洞庭湖，左宗棠有感于柳毅的骤然发迹，遂题联语一副：

"迢遥旅路三千,我原过客;管领重湖八百,君亦书生"(罗正钧:《左宗棠年谱》,第15页)。同为落魄书生,左宗棠相信自己也有时来运转的一天。

道光十八年(1838)正月,左宗棠在汉口度岁后,立即北上参加第三次会试。途经正定府栾城县,看到知县桂超万颁布的劝民耕种告示,告示中倡导农民种植木棉、甘薯以及备荒的办法。经询问得知县令是位关心民间疾苦的好官,这令他肃然起敬,记忆深刻。直到二十多年后,回忆起这位廉吏时还让他仰慕不已:"忆昔会试北行,道出栾城时,聆其政声洋溢,即已心仪而敬慕之。"(《全集》"书信"一,第525页)

但是,第三次会试仍然落第,这让左宗棠心灰意冷,绝意进取,下决心不再参加会试。南归时绕道江南,特地谒见对自己有"知遇"之恩的两江总督陶澍,受到热情款待。陶澍还主动提出要与宗棠联姻。陶澍历年生子均夭折,唯存幼子陶桄,年方五岁,与宗棠长女孝瑜同龄,遂欲结秦晋之好。但左宗棠为避"攀高枝"之嫌,以亲家年龄、门第、名位不合为由婉言辞谢。以一代名臣之贵求婚于会试落第的举人,足见陶澍对左宗棠的器重。

回到家乡后,宗棠情绪低沉,三次会试失败使他既愤愤不平,又无可奈何。他自恃才高,有强烈的功名心,但科场屡屡受挫,只能叹息命运不济,于是想归隐林下,"甘于农圃"。不过,科场失意反让他能集中精力钻研经世之学,可谓是"失之东隅,收之桑榆"。首先是专心农学,曾撰专文《广区田图说》,后又编写了一部《朴存阁农书》(完成于道光二十五年)。此外,还留意阅读各省通志,对各地山川关隘、驿道远近一一记录,所作笔记达几十巨册。另外又绘置舆图,条列历代兵事,勾勒边疆沿革,其经世学问大有长进。

道光十九年(1839)春,左宗棠从湘潭来到长沙,住在二哥宗植家中。秋,其师贺熙龄买舟东下,欲往北京赴任,左宗棠与罗汝怀到湘江边送行,师生情重,依依惜别。旅途中,贺熙龄赋《舟中怀左季高》七律一首,诗云:"六朝花月毫端扫,万里江山眼底横。开口能谈天下事,读书深抱古人情",并自注:"季高近弃词章,为有用之学,谈天下形势,了如指掌。"(贺熙龄:《寒香馆诗钞》)这位经世学者对弟子才气的横溢,学问的长进赞赏有加。

四、山馆忧时

道光十九年(1839)六月初,陶澍病死江宁,妻儿护送灵柩返回湖南安化,陶桄时年七岁,孤儿寡母颇让亲友们担心。陶澍的亲家贺熙龄(陶澍之女琪姿嫁熙龄之子贺𪢮)致信宗棠,托他就馆陶家,以培育陶桄。左宗棠既秉承师命,又念及陶澍的知遇之恩,遂于道光二十年(1840)赶到安化小淹,在陶家执教达八年之久,这虽然耗去了其大量精力,但却在学问上得到了补偿。

安化陶澍故居

安化清代属长沙府,地处湖南中部,资江之滨。安化东、西、南三面环山,名峰不下十余座,而资江则"岧峣磅礴,湍洄清冷",所以陶澍说他的故乡是"冠盖所不至,红尘所不入",真有点世外桃源的味道。陶家为名宦之家,家中藏书极为丰富,最著名的是藏有清康、雍年间编纂的一部大类书《古今图书集成》(共一万卷,仅次于《永乐大典》),此外还有大量的清朝宪章、奏疏。宗棠授读之余,就在陶家藏书楼中博观纵览,畅游书海,其乐融融。

左宗棠虽身居穷山僻壤,但时刻心系时局,关心天下大事。

道光十九年(1839),当时世界上头号资本主义强国英国为保护鸦片贸易,竟预谋蓄意挑起一场不义的侵华战争。史载到十九世纪三十年代,各国输入中国的鸦片一年已达三万余箱,其中英国占百分之九十左右。烟毒泛滥全国,吸食者数以百万计。贩毒、吸毒的后果十分严重,它引起了一系列的连锁反应:白银外流,银贵钱贱;税额骤增,百姓负担加重;同时,官吏、军人吸食鸦片也败坏了吏治,削弱了军队战斗力。正如林则徐在道光十八年(1838)八月的一份奏折中所说:"若犹泄泄视之,是使数十年后,中原几无可以御敌之兵,且无可以充饷之银,兴思及此,能无股慄!"(《林则徐集》,奏稿中册,第601页)

鸦片流毒已严重威胁到清朝统治者的根本利益,道光皇帝不得不严肃对待,于是就有了林则徐广州之行。林则徐,字元抚,一字少穆,福建侯官人。道光十八年冬,他受命为钦差大臣,节制广东水师,赴广东查办海口事件。十九年正月二十五日(1839年3月10日),林则徐抵广州,立即掀起了轰轰烈烈的禁烟运动,共收缴鸦片二百三十七万斤,并于四月二十二日(6月3日)起在虎门公开销毁,历时二十二天。对中国的严厉禁烟,英国政府的反应是"应该出之以迅速而沉重的打击"。随之,英国议会通过了战争提案,道光二十年五月(1840年6月),英国派军舰十六艘,武装汽艇四艘,运输船二十八艘以及四千名士兵开到中国海面,一场龌龊的侵华战争开始了。战争初始,英国侵略军在广东、福建沿海都未能得逞,转而北上,攻陷浙江定海,其主力又继续北上,于七月初直达天津海口。

当时,道光帝的对外方针是遵循一条"不失国体,不启边衅"的基本原则,而他所信任的一批满洲权贵,如军机大臣穆彰阿、直隶总督琦善、两江总督伊里布、盛京将军耆英,都是鸦片贸易的间接受益者,他们暗中抵制严禁鸦片的政策,一旦前线战局不利,更是公开攻击林则徐、邓廷桢等严禁派为"先许价买,而后负约,以致激变"。虚

林则徐画像(清人绘)

骄昏愦的道光帝也惊慌失措,即派琦善去天津大沽口与英国人交涉,并指责林则徐"措置失当"。交涉中,琦善应允如英军退回广东,朝廷将"秉公查办,定能代伸冤抑"。英国指挥官乔治·懿律鉴于兵力、补给不足,遂折返南下,以观动静。

这时,左宗棠的恩师贺熙龄正在北京,已由都察院监察御史(从五品)转署户科给事中(正五品),是个品级不高的闲职,对朝廷政策的走向无能为力。目睹政治风云的变幻,林则徐等爱国官员遭到申斥,贺熙龄胸中郁闷,曾有感事诗一首云:"似闻南国来驯象,谁截重洋戮巨鲸?和议重来多误国,即看朝命决专征"(《寒香馆诗钞》卷三)。但形势越来越恶化,"专征"朝命未见下达,对主战派的迫害却逐步升级。九月初三日(9月28日),道光帝又下谕旨,谴责林则徐禁烟抗英是"误国病民,莫此为甚",并将林则徐、邓廷桢等交部严加议处。五天后,林、邓同时被革去两广总督、闽浙总督的职务,琦善被任为钦差大臣,赴广东与英国人谈判。眼见时局逆转,贺熙龄于九月以"目疾"为由告假回到长沙。

贺熙龄的返湘,为密切关注时局发展的左宗棠提供了便利条件。宗棠就馆安化,身处偏僻,消息闭塞,如他自己所说,简直是"埋头庸下,如蛰瓮中"(《全集》"书信"一,第16页)。为及时了解前线战况,他一面与京中诸友保持通信联系,一面急切求教于回到长沙的老师:"军中议论,未尝闻问,伏乞吾师见闻之余,备以见示","吾师想必时有消息,仍就示悉为幸!"(《全集》"书信"一,第16页)贺熙龄刚从北京归来,当然能提供一些有关时局的消息。

左宗棠不仅是个时局的关注者,而且抱定"天下兴亡,匹夫有责"的志向,把自己看作是反侵略战争中的一员。他出主意,提方案,甚至直接表达投身抵御外侮行列的愿望。根据自己的分析、判断,左宗棠指出,英国"包藏祸心,为日已久,富强之实,远甲诸番"。又根据自己阅读"海防记载"的心得,"揆度今日情形",提出了"练鱼屯,设碉堡,简水卒,练亲兵,设水寨,省调发,编泊埠之船,设造船之厂,讲求大筏、软帐之利,更造炮船、火船之式"(《全集》"书信"一,第16页)等抗敌设想。而且阐明"敌之所恃专在火炮,能制其长,即可克日蒇事",并建议发动疍户(世代以船为家的水上居民)、水勇乘坐小艇用木炮夜袭敌人。他告诫当局："和戎自昔非长算，为尔豺狼不可驯"。用妥协、退让的办法，不可使侵略者放弃自己的野心。同时，左宗棠也向往在抵御外侮的斗争中建功立业，正如他在诗中所说："书生岂有封侯想，为播天威佐太平。"不过令他沮丧的是庙堂上的高官、火线上的将帅，根本不会理睬一介书生的建议，真个是"群公自有安攘略，漫说忧时到草莱"（《全集》"诗文·家书"，第459页）。

更让人痛心的是，前线折兵失地的败报频频传来，为数不多的英军竟能横行东南沿海，这使左宗棠悲愤交加，忧心忡忡，在给贺熙龄的信中，他这样表达自己此时的心情："愁愤何言"？"令人愤懑"。清廷上下诸多官员浑浑噩噩，文恬武嬉，左宗棠极为不满，却无可奈何，他只好把希望寄托在已被撤职的爱国官员林则徐身上："其实目前人望无如此公。若荷殊恩，上足昭天子虚怀善任之明，下足固岭南千里之守，此天下所诚心仰望者耳！"（《全集》"书信"一，第17—24页）

希望没有盼来，时局更加恶化。道光二十年十一月初六日（1840年11月29日），琦善到达广州，八天后，即与英国副代表查理·义律交涉。他一反前任林则徐所为，遣散所募数千丁勇，拔除珠江口水底暗桩，并不准添造船炮，以为这样就可以得到侵略者的欢心。结果则适得其反，经充分准备后，义律决定进一步施加武力胁迫，以逼琦善就范。十二月十五日，英军一千四百六十一人突然发动攻击，占领虎门口外沙角、大角两座炮台，副将陈连升父子奋战阵亡。此后，双方交换照会，至二十八日，义律单方面发表所谓《给英国女王陛下臣民的通知》，捏造双方已"达成了初步协议"（即所谓"穿鼻草约"），内容包括清方割让香港岛和港口，赔偿英国政府六百万银元。道光二十一年正月初四日（1841年1月26日），英军正式占领香港，以造成既成事实。

道光帝得知英军不肯退出定海且重新提出种种无理要求，大为不满，下诏表示："若不乘机痛剿，何以示国威而除后患？"（《清宣宗实录》卷三四二）沙角、大角炮台失陷的消息传来后，皇帝更为恼怒，朱批道："逆夷实堪发指"，随即派皇侄奕山为靖逆将军，驰赴广东，指挥攻剿事宜，并从鄂、川、黔三省调兵三千援粤。二月初六日，广东巡抚怡良报告英军强占香港并弹劾琦善的奏章到京，道光帝更是怒不可遏，他痛斥琦善"丧尽天良"，下令将其革职锁拿。同一天拂晓,驶入虎门的英舰十八艘攻击虎门炮台,尚未接到"锁拿"之命的琦善竟不发援兵,炮台失陷,守将水师提督关天培殉职。对于琦善在广东的所作所为,左宗棠极为气愤,他痛斥琦善"以奸谋误国,贻祸边疆,遂使西人俱有轻中国之心,将士无自固之志,东南海隅恐不能数十年无烽火之警,其罪不可仅与一时失律者比",认为对这样的误国奸臣应当"斩首军前"(《全集》"书信"一,第24页)。

当广州危如累卵之际,义律出于恢复贸易的考虑,暂时停止了进攻。当时,作为通商口岸的广州已对英商关闭了两年,五十九艘来华英船(总吨位在两万吨以上)不能进行贸易,损失很大。为减少英商经济损失,义律玩起了"停战通商"的把戏。左宗棠得此消息,即指出这是一个阴谋,他说:"英人诡托陈乞通商,必因旷日持久,赀货匮乏,冀得暂资接济",并认为广东当局答应英人的提议是受其愚弄,"长寇仇而损国体,怠军心而资寇粮,实为无策"(《全集》"书信"一,第20页)。事实确如左宗棠的分析,义律不但利用暂时休战赢得时间,使海军司令伯麦得以赴加尔各答请求增兵;而且通过恢复贸易获利甚厚,仅收购茶叶一项,英国政府就征到税款三百万英镑。

左宗棠对时局的分析以及他的主张、建议是有相当价值的。但当时他人微言轻,决策高层甚至没有可能听到这种声音,更不用说予以采纳了。左宗棠曾考虑过把自己关于海外的知识以及如何防海的思考写成专论,以备高层参考,但终因顾及不会有结果而作罢。在此期间,左宗棠日坐山斋,有"宏论",却找不到知音,正所谓"欲效边筹裨庙略,一尊山馆共谁论"(《全集》"诗文·家书",第459页),每当前线溃败的消息传来时,左宗棠心情十分沉重,他深憾自己报国无门,满腔爱国热忱,只能付之东流!

道光二十一年七月初九日(1841年8月25日),英国舰队北上突袭厦门,八月十七日,定海再次失陷,守将葛云飞、郑国鸿、王锡鹏三位总兵殉国。随后,镇海、宁波失守。二十二年(1842)三月底,英军进犯长江,五月初八日,吴淞口陷落,老将陈化成力战牺牲。英军沿江西上,攻占镇江,直抵江宁(今南京)城下。道光帝决定妥协,终于于七月二十四日(8月29日)签订了屈辱的城下之盟——《江宁条约》。

中英签订《江宁条约》(南京条约)

左宗棠目睹清廷在侵略者的武力威胁下屈服,为之痛心疾首,他在写给贺熙龄的信中说:"时事竟已至此,梦想所不到,古今所未有,虽有善者,亦无从措手矣!"(《全集》"书信"一,第34页)忧国之心,跃然纸上。

第二章 征战江南

一、幕府生涯

鸦片战争对左宗棠的刺激是很大的,时局险恶,他却无能为力,这让他产生一种"出世"之想,即去寻觅一个"桃花源",幻想做一个"太平有道之民"。道光二十三年(1843),左宗棠用自己多年教书积蓄在湘阴东乡柳家冲买了七十亩土地,署名"柳庄",并在第二年秋天,举家从湘潭迁至此,督工耕作,日巡陇亩,自称"湘上农人"。

不过事与愿违,对外战争虽然结束了,天下却并不"太平"。鸦片战争后,随着外国资本主义势力入侵,封建剥削加重,阶级矛盾更加激化。战后,鸦片输入有增无已,白银外流加剧,银价持续上涨,这对于须用铜钱

柳庄今貌

兑换白银纳税的劳动者无异是雪上加霜。此外,清政府为缓解财政困难,还不断增加赋税,仅地丁税一项,道光二十九年(1849)就比四年前增加了二百六十万两。生活濒临绝境的贫苦农民和手工业者,被迫铤而走险,揭竿而起。据政府极不完全统计,从道光二十一年至二十九年(1841—1849),九年中各地农民暴动已达一百一十次之多,仅在道光九年(1829)这一年内,较大规模的农民暴动就有十次以上。

从全国范围看,农民暴动以湖南、两广一带较为频繁,左宗棠正生活在这个阶级斗争的漩涡中心,自然更能感受到这种"山雨欲来风满楼"的形势。道光二十四年(1844),他在给贺熙龄的信中,对内忧外患纷至沓来的形势是这样分析的:"诸戎狉獉思逞,无有纪极,而国威屡挫之余,内地奸民啸聚山泽者,亦复在在有之","司事者不能早为徙薪之谋,徒玩愒以幸一日无事,谓之何哉!"(《全集》"书信"一,第46页)对此,左宗棠忧心如焚,甚至两三年前就感叹道:"一邑之水可走而违,天下汤汤,曷其而归?午夜独思,百忧攒集,茫茫世宇,将焉厝此身矣!"(《全集》"书信"一,第27页)中国有句古语:"小乱居城,大乱居乡",既然局面已是"天下汤汤",那就只能"买山而隐"了。

道光二十六年(1846),为实现"买山而隐"的计划,左宗棠用了三天时间特地考察了湘阴县东南的双狮、白鹤、望塔、梓木诸洞,他缘崖涉涧,不避劳苦,希望找到一个避乱的"世外桃源",最后相中了距左家塅不过数里的廖家坪。这里交通便利,虽然"山场树木成林",亦颇幽险,但因离老家近,"族众一呼可集",人心可恃。不过这一计划被连年不断的自然灾害打乱了。湘阴在连续两年大旱后,又于道光二十八年(1848)发生水灾,柳庄田禾被淹,左宗棠的家人生病,全家生计窘困,避地之议只好暂时作罢。

道光二十九年(1849),陶家从安化迁到省城长沙,左宗棠顺便在长沙设馆授徒,学生除陶桄外,还有周开锡等数人。这一年,水灾更重,道殣相望,宗棠拿出自己的"束脩"买谷煮粥,救济家乡灾民,同时设局制药,治疗病者。他的两位夫人也亲率仆役临门督察,经费不足时,还典当首饰以应急。

这年冬天,当时的名臣林则徐因病辞去云贵总督,回福建疗养。还在上一年时,左宗棠的好友、时任贵州安顺知府的胡林翼就曾向林则徐举荐过左宗棠,说他有"异才"。故此,林则徐途经长沙时,特地派人到柳庄相邀。十一月二十一日(1850年1月3日),林、左在长沙岳麓山下、湘江水滨的船中会晤,"江风吹浪,柁楼竟夕有声,江中宴谈达曙,无所不及"(《全集》"书信"一,第73页)。两人惺惺相惜,林则徐视左宗棠为"不凡之材""绝世奇才",大有相见恨晚之意;左宗棠则称林则徐为"天人",对他佩服得五体投地。二人通宵达旦的长谈,话题十分广泛,有时政分析,人物品评,也有边疆屯垦、民族关系,特别是林则徐曾流放伊犁,三年间走遍了天山南北,对新疆形势、时务十分熟悉,这次长谈让左宗棠对新疆问题的重要性有了更清醒的认识,林则徐"终为中国患者,其俄罗斯乎"(李元度:《国朝先正事略》卷二五)的观点无疑对左宗棠产生了影响。

林、左湘江夜话雕像

道光三十年(1850)正月,道光皇帝去世,皇四子奕詝继位,即后来的咸丰皇帝。这一年,湘阴人翰林院编修郭嵩焘(字伯琛,号筠仙)丁忧回乡。岁末,左宗棠也回到湘阴,两人意趣相投,为避"乱世之祸",遂一起考察湘阴东山,为"山居结邻之约",不过时局的变化比左宗棠估计的还要快。在广西,天地会众攻城略地,逼近桂林,奉命前往镇压的林则徐病死赴任途中(逝于广东普宁),继任钦差大臣为前两江总督李星沅。李星沅字子湖,号石梧,也是湘阴人。据称,此时左宗棠曾应这位新任钦差之邀,准备随其去广西,但不想李星沅于咸丰元年(1851)四月病死广西,此行遂不果。左宗棠又回到柳庄,过着他的"田舍翁"生活。他自称:"东作甚忙,日与庸人缘陇亩,秧田初茁,田水琮琤,时鸟变声,草新土润,别有一段乐意,出山之想,又因此抛却矣!"(《全集》"书信"一,第75页)

在烽火连天的形势下,左宗棠的田园生活只能是短暂的一瞬。此时,太平天国农民革命已狂飙突起,把左宗棠"买山而隐"的清梦打破了。道光三十年十二月初十日(1851年1月11日),洪秀全经过长期准备后,于广西桂平金田村正式宣布起义,建号"太平天国",屡次挫败前往镇压的清军,并于咸丰元年闰八月初一日(1851年9月25日)一举攻克永安州(今广西蒙山县)。

咸丰元年(1851),一直关心时局的左宗棠写信给好友、贵州黎平知府胡林翼,为其对付农民暴动出谋划策说:"兵法曰:'谋定而后战',又曰:'善用兵者致人,而不致于人',贼知之,而我不悟此,胜败利钝之机所由分也。果于附近贼巢之处,令乡民尽为碉堡,官给经费以倡之。险要之地,官兵营之,亦如碉堡之式,以步步为营之法,同时渐进,逼近贼巢,贼知我将合闱,必并力来扑,则贼为客而我为主矣!"(《全集》"书信",第78页)这年冬天,胡林翼致函湖广总督程矞采,力荐左宗棠,但这位方面大员并不重视,宗棠也不愿勉强出山。

咸丰二年(1852)二月中旬,太平军从永安突围,疾趋桂林城下,攻城不克,撤围北上,破全州,入湘境,败于蓑衣渡,被迫在湘南稍作停留,补充人力、物力,同时发布檄文,宣传举义反清在于与民"同享太平之乐",又

洪秀全画像

号召读书人变计来归,"同心勠力,扫荡胡尘"。太平军在湖南扩军五万,声势大振,连克道州、江华、永明、嘉禾、蓝山、桂阳、郴州等地,西王萧朝贵则率前锋经安仁、攸县、醴陵,于七月二十七日直抵长沙城下。

咸丰二年五月初四日(1852年6月2日),清廷以云南巡抚张亮基代骆秉章为湖南巡抚,胡林翼又向张亮基极力推荐左宗棠:"此人廉介刚方,秉性良实,忠肝义胆,与时俗迥异。其胸罗古今地图、兵法、本朝国章,切实讲求,精通时务,访问之余,定蒙赏鉴"(胡林翼:《胡文忠公遗集》卷五四)。八月,左宗棠因太平军围长沙,举家徙居到湘东一个距湘阴县城五十余华里的白水洞以自保。张亮基当时正从云南赴湖南途中,身边急需辅佐之人,因此抵常德后即派专人到山中礼聘。但左宗棠对张亮基为人并不了解,同时,也想观察一下形势的发展,没有马上应聘。后来有一种传说,认为左宗棠"尝投太平军"(简又文:《太平天国全史》第427页),演义小说甚至说他"满望上书洪天王,得个重用,故经许多人聘请过他,他到不愿出"(黄世钟:《洪秀全演义》第368页)。此种传言显然是猜测与杜撰,以左宗棠"湘中名士"的身份、地位,特别是他与湖南官绅的密切关系,投靠太平军的可能性是根本不存在的,他不受聘请,不过是在选择时机和对象,待价而沽罢了。

当时,长沙危在旦夕,湖南士绅极为关注时局发展,亲戚、朋友们都力劝左宗棠"出山"。首先是胡林翼,其父胡达源与宗棠父左观澜交谊甚厚,林翼又为陶澍女婿,常在安化与宗棠畅论古今大政,深知其才。他在信中力劝说:"张中丞(指张亮基,中丞是对巡抚的称呼)不世奇人,虚席以待先生,先生其毋后悔!设楚地已沦于贼,梓木洞之高才非胁逼之所乎!"(《中国社科院图书馆藏曾、左、胡等人信札》)正领兵驰援长沙的江忠源(字常孺,号岷樵,湖南新宁人)也寄书催促。此外,与左宗棠同居山中的郭嵩焘(字伯琛,号筠仙,湘阴人,曾中进士,选翰林院庶吉士,时丁忧居家)、郭崑焘(字意城)兄弟以及宗棠的二哥宗植都劝其应聘,郭嵩焘诚恳地说:"朝廷大员不礼贤下士已习以为常,现在,张公这样敬重你,你应该成人之美!"在众人的推动下,经过认真思考,左宗棠终于出山应聘了。

八月十九日(10月2日),左宗棠与张亮基一同抵达长沙城外。二十四日傍晚,由北门登梯入城。此时,太平军大队在洪秀全、杨秀清率领下已到达长沙城南,继续攻城。而张亮基对宗棠极为信任,"一以兵事任之"。左宗棠也竭心尽力,日夜策划守城之策,他向张亮基建议说:"贼背水面城,援师既扼其东北,已自趋绝地。惟西路之要在土墙头、龙回潭。贼时过江掠食,先以一军西渡,扼其他窜,可一鼓歼也"(罗正钧:《左宗棠年谱》卷一)。张亮基虽然采纳了这一"河西合围"之策,但长沙城内外的清兵并不完全听从他的指挥。当时城内有二巡抚(张亮基、骆秉章)、一帮办(罗绕典)、二提督(湖南提督鲍起豹、广西提督向荣),城外还有十总兵,兵力虽逾五六万,却莫相统摄。或迁延不进,或不听调度,终不能形成合围之势。不过太平军聚兵坚城之下,进展也不顺利,他们挖地道,施地雷攻城,南城炸裂缺口至八丈宽,又被清兵堵住。围城两个多月而不能破,遂从龙回潭西经宁乡,北上益阳,乘船攻占岳州。左宗棠布防湘水之西,合围太平军的计划终成泡影。

  长沙解严后,左宗棠把主要精力集中于协助张亮基整顿吏治、镇压会党上。首先是镇压浏阳的"忠义堂"(清朝官方称"征义堂")起事。"忠义堂"首领周国虞(官方称"周国愚")早年倡立团练,后聚众四千余人,以"劫富济贫"为号召。太平军逼近长沙时,与之有书信往来,被团总王应苹截获,周国虞杀王应苹,毁狮山书院。浏阳在籍士绅邹焌杰(曾任翰林院编修)密疏上报,清廷遂谕张亮基出兵征讨。咸丰二年十二月十二日(1853年1月20日),张亮基派驻守岳州的候补知府江忠源南下,经平江直扑浏阳,对外则声称要开赴江西,而实际筹划此役的正是左宗棠。他首先要求江忠源采取分化瓦解的攻心政策,嘱其"到时即宜大张告示,谕以此来奉抚部院札谕,不问征义堂非征义堂,但问为匪与不为匪";在具体用兵上,则强调一个"快"字:"进兵宜神速,令其不测也"。(《全集》"书信"一,第81—82页)果然,江忠源只用了十二天就"斩首七百,解散万人",把"忠义堂"镇压下去。对此次用兵,左宗棠颇为得意,他在家信中说:"我与中丞密谋办之,通省司道以下无一知者。"(《全集》"诗文·家书",第2页)

  十二月初四日(1853年1月12日),太平军攻克武昌,军威大振,这让左宗棠异常震惊。二十一日,奉命帮办团练的在籍侍郎曾国藩(字伯涵,号涤生,湖南湘乡人)从湘乡抵长沙,左宗棠与之相见后,彼此赏识,他在给女婿陶桄的信中说:"其人正派而肯任事,但才具稍欠开展,与仆

甚相得,惜其来之迟也。"(《全集》"书信"一,第85页)

咸丰三年正月初二日(1853年2月9日),太平军放弃武昌,五十万大军顺流东下,十一日攻占九江。十二日,左宗棠随新任湖广总督张亮基向武昌进发,此时,宗棠已被保举为知县加同知衔,二十二日抵武昌。不久,原署湖北巡抚骆秉章调任湖南。五月,署湖北按察使江忠源由鄂入赣,屯九江。六月,左宗棠随张亮基赴黄州,设防田家镇。在湖广总督幕府中,左宗棠大权独揽,据他自己说:"制军(总督的别称,指张亮基)于军谋一切专委于我,又各州县公事禀启皆我一手批答,昼夜无暇。"(《全集》"书信"一,第89页)左宗棠做事好独断专行,张亮基委以全权,正合其意。但身居幕宾,虽握实权,毕竟名位卑微,这是左宗棠所不甘心的,他曾说:"若朝廷予制军以钦差大臣剿贼,吾与岷樵(指江忠源)佐之,老贼何遂猖狂至此!"(《全集》"书信"一,第90页)其时,江忠源已是三品大员,左宗棠急欲与之并列的心情流露于字里行间。

八月,张亮基调任山东巡抚,左宗棠不愿远离家乡,加上对新任湖广总督吴文镕又不熟识,遂与同在幕府的王柏心(字子寿,湖北监利人)一起辞归。途中,在王家小作勾留,于九月二十二日抵湘阴县城,次日,回到白水洞家中。

咸丰三年二月初十日(1853年3月19日),太平军攻占江宁(今南京),遂定都,并改称天京。随后派兵北伐和西征。四月初一日,太平军将领林凤翔、李开芳、吉文元率军二万从扬州开始北伐,入河南,渡黄河,自济源进山西,再折转河南,由武安入直隶,于八月二十七日攻克临洺关,乘胜北上,直抵保定附近,折而东于九月二十七日占领天津附近的静海。

北伐太平军长驱直入的消息传来,使身居乡间的左宗棠忧心忡忡,他在给朋友的信中说:"金陵、镇江、扬州三城竟未克复,北窜之贼闻又由晋入燕,大局直不堪问,如何!如何!"(《全集》"书信"一,第92页)湖南巡抚骆秉章得知左宗棠回到家乡的消息,就派人到湘阴礼聘。但宗棠此时因感"心血耗竭"却不得显名,颇觉心灰意冷,又鉴于太平军发展迅速,声势大振,前途未卜,不免有所顾虑。经反复思量,他决计暂不出山,以静观其变,对骆秉章的礼聘"托词谢之"。左宗棠形容自己此时的心境是:"自此匿迹销声,转徙荒谷,不敢复以姓字通于尘界矣!"(《全集》"书信"一,第92

页)他打定主意要蛰居待时。

太平军在北伐的同时,还开始西征。四月十二日(5月19日),胡以晃、赖汉英率军溯江西上,连克和州、安庆,直入江西,围困南昌。攻占九江后,又兵分两路:胡以晃、曾天养进军皖北,围攻庐州(今合肥);石祥贞、韦志俊则从九江沿江上溯,攻入湖北。九月十三日,大败清军于田家镇,十八日,第二次占领汉口、汉阳,旋即撤出回师。不久,又大举西征,于咸丰四年正月十五日(1854年2月12日),在黄州大败吴文镕,逼使这位新任湖广总督投水而死。十九日,第三次占领汉口、汉阳。石祥贞、林绍璋又继续沿江入湖南,占领岳州,并连克湘阴、靖港、宁乡,长沙大震。

当西征太平军占领湘阴县城时,据说曾准备入山搜索左宗棠。左氏写给朋友的信中曾说:"从贼中脱出者,言贼将入梓木洞得吾而甘心焉,今幸暂免,是又得一生也!"(《全集》"书信"一,第96页)

太平军以风卷残云之势由鄂入湘,不料却遇上一个死硬对手,这就是曾国藩的湘军。此时,湘军刚刚练成,有陆军十五营,兵员五千余人;水师十营,有大小船只四百七十艘,水勇五千人,加上夫役、工匠,全军总计一万七千余人。咸丰四年(1854)正月二十八日,湘军水陆两部会师湘潭,欲同太平军决战。三月,曾国藩函邀左宗棠共事,而左已答应骆秉章入巡抚幕府。

此前在湖南军情紧急之时,巡抚骆秉章及其僚属"三遣使、币入山,敦促再出",但左宗棠仍不为之动。二月初一日,太平军再次攻占岳州,南距长沙只有七十余里,骆秉章急需辅佐人才,不得不对左宗棠"以计劫之"。到底用了什么"计"呢?据说,骆秉章先把宗棠的女婿陶桄请到巡抚衙门,安顿在后花园,同时对外宣称:巡抚胁迫陶桄助饷万金,如不从,必将受辱。宗棠闻听大惊,急赴抚署,投刺(刺,名

骆秉章朝服像

帖、名片)请见。骆秉章如获至宝,"倒屣迎之"。左宗棠见陶桄不但未受委屈,反而"供张极盛"(见《晨报》,民国二十四年四月五日),受到上宾礼遇,这才察觉原是骆秉章为促自己"出山"而安排的一计。感其诚意,遂于三月初八日再次进入湘抚幕府,同时,亲自将家眷从梓木洞接出,派人送往湘潭辰山周家。

经过短暂观察后,骆秉章对左宗棠可谓是言听计从,"一年以后,但主画诺,行文书不复检验"。曾入曾国藩幕府的王闿运(字壬秋,湖南湘潭人)也说:"巡抚专听左宗棠,宗棠从此权重,司、道、州、县承风如不及矣!"(王闿运:《湘军志》"湖南防守篇")在以后六年中(从咸丰四年三月至咸丰十年正月),左宗棠主要协助骆秉章办了三件大事:

第一,为湘军作战出谋划策,并筹措后勤供应。

左宗棠第二次出山后不过两天,太平军即再克岳州,并乘胜南下,于三月二十五日攻克靖港,又克宁乡,并于二十七日占领湘潭,从而对长沙形成南北夹击之势。此时,长沙上下数十里均被太平军控制,清军龟缩省城,形势岌岌可危。曾国藩聚众商讨对策,许多人主张北取靖港,独左宗棠建议南下湘潭。于是,湘军主力南下,副将塔齐布率陆军四千援湘潭,水师总统褚汝航率彭玉麟、杨载福等水师五营继发。不过曾国藩并未完全按左宗棠的意见办,在主力南下的同时,他又亲率战船四十艘、兵丁八百人,以偏师北趋靖港。看似兼顾了两种意见,实则分散了兵力。结果,湘军于四月初二日惨败于靖港,沮丧而羞愧的曾国藩几次想投水自尽,均被部下救起,只得率残军退回长沙。次日早晨,左宗棠闻讯出城,在船上会见曾国藩,此时的曾国藩仍极为狼狈,"气息仅属,所著单襦沾染泥沙,痕迹犹在"。左宗

曾国藩

棠安慰并鼓励他说："事尚可为,速死非义。"(《全集》"诗文·家书",第269页）

湘军虽败于靖港,却在湘潭大获全胜。塔齐布的陆师先在湘潭城外获小胜后,直逼城下,并架设大炮以待,太平军中计进攻,遇伏大败,湘军毁木城四座,望楼一座。其水师距湘潭十里,闻陆军胜,鸣角发炮直上,焚毁、俘获太平军战船百余艘(另有七百艘、二千艘之说),火光烛天,浮尸蔽江。四月初五日,攻占湘潭。

湘潭之役是带有全局性的关键战役,影响极大。如太平军胜,长沙难保,刚刚组建的湘军很可能从此瓦解。若湘军获胜,不但可使自己摆脱困境,而且稳定了湖南全局,并可乘胜东下,将战场移向湖北、江西,战局必将发生根本性转变。

此时,西征太平军已攻占武昌,控制了武汉三镇。曾国藩决心趁湘潭大捷的余威,发动第二次攻势。在稍加整顿、补充后,即于六月十五日率广东、广西增援水师自长沙抵岳州。双方交锋,互有胜负。最后,太平军败走武昌,曾国藩亦回长沙,筹划出省作战。在此期间,曾、左二人过从甚密,用左宗棠的话讲是："无一日不见,无一事不商。"(《全集》"书信"一,第114页)

在湖南巡抚衙门,左宗棠协助骆秉章"内谋守御,外筹军实"。当时,广东、广西都有天地会农民武装暴动,而太平军则在湖北固守武昌、汉阳。为稳固湘南,左宗棠通过巡抚调湘勇五百人会合游击周云耀驻军江华,以防广西之敌;另调李辅朝率楚勇九百人会同知府王葆生驻扎宜章,以防广东之敌。后又增派江忠济赴临武,会同李辅朝防守郴州、桂阳州,王鑫部会同周云耀防守永州,从而加强了湖南南部的防务。同时,又奏调贵东道胡林翼驻防岳州(胡部奉调由黔入鄂,再入湘),以固北路。除调兵遣将,稳固防守外,左宗棠另一个着眼点就是军械建设,经过筹划,长沙开始设局制造船炮,实际负责人是黄冕等,左宗棠则代表巡抚亲自督促。制造局除造船外,还创制了一种熟铁炮(名"劈山炮"),共铸成百尊,炮弹有半斤重,射程达四五华里,被称为"利器"。

八月二十三日,湘军占领武昌,并顺流而下,攻占兴国、大冶、蕲州,再败太平军于田家镇,十一月中旬,直抵九江城下。此时的曾国藩踌躇志满,大有飘飘然之概,而在后方的左宗棠则头脑比较清醒,多次给曾国藩写信,让他小心谨慎,戒骄戒躁,但曾氏不以为然。后来左宗棠写信给王鑫说:"东征大局为天下所仰望。自复岳州以后,直捣浔阳,节节得手,军威大振,然将士之气渐骄,主帅之谋渐乱,弟尝贻书戒之,而不我察也!"(《全集》"书信"一,第120页)果然,形势很快就发生了变化。为挽回不利局面,太平天国翼王石达开率援军兼程西进,并抓住湘军"将士皆骄""兵力分散"(同时进攻九江、湖口、彭泽)的弱点,封锁湖口,把湘军水师截为两段。十二月二十五日(1855年2月11日)夜半,太平军轻舟逆流而上,在九江江面击毁湘军战船百余艘,连曾国藩的座船也被俘获,幸亏曾国藩当时在另一艘舢板船上,得以幸免。

咸丰五年(1855)秋,太平军三万人自安庆西上,进援武昌。十月,石达开由湖北入江西,连克多座县城,并于六年二月中旬占领战略要地樟树镇(该地被称为"两岸之关键,省城之咽喉"),曾国藩固守南昌,惶惶不可终日。

为了解救曾国藩,左宗棠向骆秉章建议:"贼不得志西北,欲且逞于东南,江西一有蹉跎,则江、浙、闽、广皆为贼有,而湖南亦危,东南大局不可问矣!以时局论,固无有急于援江西者。"(罗正钧:《左宗棠年谱》卷二)骆秉章完全赞同这一意见,于是,左宗棠提出了一个"三路援赣"的计划:南路由酃县、茶陵攻吉安;中路由浏阳、醴陵攻袁州;北路由平江攻义宁(今江西修水),取瑞州(府治在今江西高安)。这样全线出击,是考虑到当时湖南的兵力不足以支撑三面出击的状况,是想迅速打开局面,避免战斗旷日持久。骆秉章只能抽调五千人援赣,这支援军由即选道刘长佑指挥,兵分两路:以州同(州之佐官,从六品)萧启江之"老湘营"出浏阳,刘长佑自率"楚勇"出醴陵。援军于咸丰六年正月二十三日(1856年2月28日)从长沙出发。此时的左宗棠也因"接济军饷功"升为兵部郎中(正五品文官),赏戴花翎。

二月,刘长佑攻占萍乡。四月底,萧启江攻占万载。十一月底,刘长佑军在围攻五个月后占领袁州(今宜春)。此时,骆秉章又按照左宗棠的三路进兵之策,开辟南线战场。命曾国藩之弟曾国荃率四千人(自募两千人,配属周凤山"道勇"两千人)自萍乡取道安福,南趋吉安(后又调萧启江部将刘培元一军交其指挥)。十二月,复命赵焕联一军自茶陵攻永宁;余星元自鄳县攻永新;刘拔元、胡兼善等攻崇义、上犹。

当时,太平天国正值"杨韦事变"之后,元气大伤,但石达开回朝辅政后,基本上稳定了不利的军事形势。石达开深知江西在战略上的重要性,要求各部"谨守江西"。太平军以瑞州(府城在商安)、临江、抚州为进攻南昌的三大据点,这三座城市分别位于南昌以西、西南和东南方向,控制锦江、袁水、盱江三条水路,再加上赣江上游的吉安被称为掌控江西的四座军事重镇,瑞州、临江更被视为江西的根本。所以左宗棠认为援赣湘军的主攻方向应该是临江、瑞州一线:"攻临、瑞乃顾江西大局","为江西起见,原为天下大局。为天下大局起见,则江西不可不援,为江西大局起见,则临江不可不复"。(《全集》"书信"一,第204页)咸丰七年(1857)正月,刘长佑出新喻,萧启江出上高,合击临江。但刘长佑在临江西南太平墟遭大败,将士死伤甚多,刘长佑走投无路,想引刀自杀,被部下刘坤一阻止,收拾残部退守分宜。左宗棠认为此役事关重大,不仅江西大局难保,就连湖南也处于危急之中。为挽回颓势,在左宗棠的策划下,骆秉章一面调江忠义所练新军千人充实刘长佑部;一面急调王錱部"湘勇"三千人入赣。为游击之师。五月,王錱部东渡赣水,援吉安,与太平军战于永丰、宁都、广昌一带。

湖南派出的援赣之师总数不过一万六千余人,兵力有限,且又分道出击,战线太长,很难取得成效。为摆脱被动地位,左宗棠又提出"以守为战"的策略。他写信给王錱说:"其筑老营也如城然,取其小而固,多开枪炮眼,多置枪炮,专主守。其分兵四出也,务乘机蹈瑕,相机策应,专主战。城贼如扑营,则枪炮以轰之,亦如我之攻城,必伤精锐也。贼如围营,则游兵回援,可以夹击;贼如分股游掠,吾亦分兵应之,是我常有争锋逐利之事,得反客为主之势,不强于老对坚城、求战不得哉!"(《全集》"书信"一,第238页)这一策略的核心是"反客为主",扭转顿兵坚城,久攻不克的不利局面,变被动为主动。八月,王錱病死乐安,其部由张运兰、王开化继统。

咸丰七年(1857)五月,太平天国领导集团再一次发生分裂,石达开因洪秀全猜忌,出走安庆,别树一帜。当时,太平军将领陈玉成正在湖北黄梅一带与清军鏖战,左宗棠担心石达开会全力进攻湖北,但出乎左的意料,石达开竟于八九月间自安庆南下建德入江西,并沿鄱阳湖及赣江继续南进,十月,抵吉水,声势大振。面对太平军在江西的凌厉攻势,左宗棠仍坚持"以守为战",他写信给前线将领赵焕联说:"贼势虽张,然果能力扼赣河,亦岂能飞渡哉!"(《全集》"书信"一,第270页)十五日,张运兰一军渡赣江,守吉水,击败石达开,太平军转而东向。

随着战事的推进,左宗棠的军事才干终于引起了朝廷重视。咸丰七年(1857)五月,皇帝在一道"上谕"中咨询骆秉章"现当军务需才,该员素有谋略,能否帮同曾国藩办理军务?"骆秉章不愿宗棠离开左右,就以"湖南军事方急"为由,奏请留湘。这一次皇帝专门下诏垂询,让左宗棠颇为得意,认为是"旷世难逢之奇遇"。骆秉章为留住人才,也极力笼络左,除政务、军务的信任外,还会同湖北巡抚胡林翼用白银五百两在长沙司马桥购住宅一所送给左宗棠,让他摆脱了"赁屋而居"的生活。咸丰八年(1858),由于骆秉章的奏保,左宗棠还被赏加四品卿衔。其实,清廷加左宗棠四品卿衔,实则是胡林翼贿赂肃顺买来的。有材料记载说:"昔胡文忠(指胡林翼——引者注)以四万金贿肃顺,求赏左文襄四品卿督师,于是中兴之基定焉。"(梁启超:《觉迷要录》卷四,转引自中国近代史资料丛刊《戊戌变法》第2册,第546页)

咸丰八年(1858)二月,石达开由上饶经玉山进入浙江。左宗棠立即复函胡林翼,代筹"保浙之计"。他建议派杨载福率水师赴镇江,入常州,泛太湖,直抵杭州;另咨请督办江南军务和春派兵援浙;江西则调李续宾部东援。但石达开无意经营浙江,于七月由浙入闽,九月,复西上赣南。咸丰九年(1859)二月,石达开由赣南分两路入湖南,连克郴州、桂阳、嘉禾,北上祁阳,进围衡阳。骆秉章十分紧张,认为"倘不能迅速剿除","东南大局且将不可复问"(骆秉章:《骆文忠公奏议》卷一四)。这当然也是左宗棠的担心,他平日最怕石达开,认为石达开"狡悍著闻,素得群贼之心,其才智出诸贼上。而观其所为,颇以结人心、求人才为急,不甚傅会邪教俚说,是贼之宗主而我之所畏忌也"。(《全集》"书信"一,第241页)对石达开的这一分析是相当中肯的,可见左宗棠在"知己知彼"上很下了一番功夫。

对石达开率军入湘,左宗棠不敢掉以轻心。他飞檄各府、县,火速征集军队,一月之内调集四万余人,择隘设守。时太平军克嘉禾,掠祁阳,围永州(今零陵)。左宗棠料定石达开定会进攻宝庆(府治在邵阳),于是调田兴恕军守宝庆,萧启江军从江西回师湘东的茶陵、攸县,另派佘星元、杨恒升、李金旸各军赴永州。三月,刘长佑至永州督战,太平军走祁阳,克东安。四月,太平军趋宝庆。其时,邵阳守军已有水陆一万三千人,由于各部"进止不一",缺乏统一指挥,左宗棠曾向骆秉章要求亲赴前敌筹度,但骆秉章没有同意。石达开围攻宝庆达两月余,不能得手,遂于七月退入广西境内。

左宗棠协助骆秉章办的第二件大事是改革赋税征收办法,积极筹措军饷。

对筹措湘军军饷,左宗棠可算是呕心沥血,后来他的儿子左孝同在《先考事略》一文中说:"湖南一贫弱之区,支五省兵事,羽檄交驰,兵饷两绌。筹饷以抽厘、减漕为大端,尤瘁尽心力,减漕事,发端湘潭周君焕南,其时排群议以定章程,府君(指左宗棠——引者注)实主之焉。"(转引自罗正钧:《左宗棠年谱》卷二)

当时,湖南征收赋税十分混乱,地方官吏任意聚敛,民间实际负担很重。据骆秉章的奏报说,"地丁"税正银本来只征一两,可实际却要征数两,"漕米"本只征一石,实际则征数石,而且名目繁多,全凭书吏意志办事。随着银价飞涨,百姓实际负担更重。以前一两白银折合铜钱一千文,后涨到二千三四百文,而农民纳税必须使用白银,无形中实际负担增加了一倍多。咸丰五年(1855),湖南收成较好,一石谷米仅值钱四百文,农民卖谷换钱,再以钱易银,五石谷才得银一两。这样,有田百亩的地主,所缴钱粮就占到租谷的五分之一。这不但加重了农民的负担,也损害了地主的利益,并给湖南筹集军饷造成困难。像湘潭这样的上等县份,咸丰四年(1854),只收银四千余两,咸丰五年(1855)到了七月份还"未见征纳"。就在这一年,湘潭举人周焕南到省城布政使衙门,要求核定征收钱粮章程,竟被押送回县。十月,周又到长沙递呈禀帖,提出自愿将地丁税每两加四钱,"漕米折色"(明、清两代南方省份征大米水运以供京师,谓之"漕粮"或"漕米",以米按价折银完纳者,称为"折色银")除照户部章程每石纳银一两三钱外,还加纳一两三钱以"助军需",另加纳银四钱,充作县里的费用。周焕南之所以提出这种要求,无非是想把"法定"赋税之外的附加税固定化,以防无休止地加派。左宗棠了解情况后,不顾某些官员的反对,劝说骆秉章采纳了周焕南的建议。咸丰七年(1857),湖南首减湘潭浮折漕粮,定军需公费,以前"私取十五者率改为公取一",通过"漕章"改制以后,"岁增银二十余万,民乃得减赋数百万"(王闿运:《湘军志》"筹饷篇")。这样,不但调整了地主阶级内部的紧张关系,也暂时缓和了本已十分尖锐的阶级矛盾,同时还使近于枯竭的饷源宽裕了。

筹饷的第二个办法是"抽厘"。为镇压农民起义,清政府用去的军费,到咸丰三年(1853)六月累计已近三千万两,其时库存仅仅只有二十二点七万余两。这样一笔数目,甚至连当年七月份的军饷都发不出去。为支撑这岌岌可危的局面,清政府不得不采取预征、卖官、捐输等办法,并开始征收"厘金"。所谓厘金就是一种商业税。咸丰三年(1853),太常寺卿雷以諴首先在扬州仙女庙试行,以后,曾国藩在汉口抽厘,随即湖南于咸丰五年(1855)四月开设厘金局,由郭嵩焘主持总局事务,左宗棠极力赞助,左氏后来在写给朋友的信中说:"其时湖南厘局纷起,弟创为布署(指布政使衙门)"(《全集》"书信"三,第779页)。咸丰六年(1856)四月,湖南郴州、宜州设局抽起盐厘、货厘,接着又在岳州及各府遍设厘局,每年可收厘金税八九十万至一百一二十万不等,大大缓解了湖南的兵饷不足。

厘金的实行固然暂时挽救了清廷的财政危机,但它是一种沉重的经济勒索,不但加重了人民的负担,也阻碍了商品经济的发展,不良后果是严重的。

对左宗棠在骆秉章幕府所起的作用,《湘军记》作者王定安有如下一段评语:"宗棠刚明有智略,内绥土寇,外协邻军;东征兵源、饷源倚之为根本。湖南屹然强国矣!"(王定安:《湘军记》卷二)

左宗棠在骆秉章幕府做的第三件事是在第二次鸦片战争中为抵抗外来侵略献计献策。

咸丰六年九月(1856年10月),英国借口"亚罗号事件",突然进犯广州,挑起了第二次鸦片战争(1856—1860),法国也借口"马神父事件"(马神父即马赖),对中国进行讹诈。咸丰七年(1857)十一月,英法联军进攻广州。清廷此时的指导思想是尽量避免与英、法决裂,正如咸丰帝发布的"上谕"所说:"此次已开兵衅,不胜固属可忧,亦伤国体,胜则该夷必来报复","当此中原未靖,岂可沿海再起风波?"(《筹办夷务始末》咸丰朝卷一四)而左宗棠目睹时艰,却颇想有所作为。英法联军占领广州后,俘获两广总督叶名琛,成立了以广东巡抚柏贵为首的地方傀儡政府,但北京对此茫然无知。骆秉章派人向来自广东的商人了解情况后,于十二月二十六日奏告了广州失守情况。不久,又上奏揭露"叶名琛以渊默镇静为主,毫无布置,惟日事扶鸾降乩,冀得神祐",指出"广东省城之祸,由于叶名琛平日不能固结民心,临时不能豫为戒备,非由夷人狡悍难防所致"。如果能够"经理得宜,民心悉固,兵气渐扬,逆夷亦何能为患?"(以上选自《筹办夷务始末》咸丰朝卷一八)当时,左宗棠是骆秉章奏稿的主要撰写人,奏折的内容当然也反映了左宗棠本人的思想。

针对紧急形势,左宗棠又写信给朋友胡林翼(时任湖北巡抚)说:"夷务屈辱至极,恐将更有不堪者,然窃意华夷杂处,衅端之开必速,彼时以一支劲旅护天津,而后与之决死战,当可得志,但只求勋旧诸公勿参异论以惑视听,则吾事谐矣。"(《全集》"书信"一,第298页)这个意见,后来在骆秉章的奏折(咸丰八年正月二十日)中作为一个完整的御敌方案提出来:

香山、东莞、新安三属,民气最强,但得一二好州县暗为布置,许以重赏,令其密相纠约,勿漏风声,飙忽而来,趁夷兵赴省之时,乘虚捣其巢穴(指香港——引者),夺其辎重炮械,则逆夷回顾不遑,安能久踞省城,肆其要挟?亦未尝非制夷之一奇也;天津内河水面窄狭,非夷船之利,诚能制之于陆,一再痛创,亦当不敢妄萌要挟之心。总之,制夷宜于内河,宜于陆战,不宜与之角逐海口。(《筹办夷务始末》咸丰朝卷一八)

胡林翼像

但当时清廷根本没有抵抗到底的决心，一味"曲意姑容"，左宗棠代骆秉章所拟的"制夷"之策，自然不会被采纳了。

左宗棠所拟的抵御外侮之策虽受到冷落，但他在与太平军对垒过程中显露的才干却为时人所注目，名噪一时，一些高级官员竞相向皇帝举荐。

咸丰五年十二月（1856年1月），御史宗稷辰上疏说："所知湖南有左宗棠，通权达变，为疆吏所倚重。若使独当一面，必不下于林翼、泽南。"（《清史稿》卷四二三"宗稷辰传"）这一道奏章，引起了咸丰皇帝的注意，遂命湖南巡抚"加考送部引见"，骆秉章则以"该员有志观光，俟湖南军务告竣，遇会试之年，再行给咨送部引见"回复，此事就搁置下来。

咸丰六年（1856）七月，署湖北巡抚胡林翼（十一月实授）又上疏极力推荐左宗棠：

> 臣与兵部郎中左宗棠同受业于前御史贺熙龄之门，深知其才学过人，于兵政机宜、山川险要，尤为究心。臣曾荐于前两江总督臣陶澍、前云贵总督臣林则徐，均称为奇才，……臣荐于前抚臣张亮基，召入幕府，专襄兵事，……湖南抚臣骆秉章、侍郎臣曾国藩招入幕中办事，其才力犹称。兼及江西、湖北之军，而代臣等为谋，业经御史宗稷臣奏明在案。该员秉性忠良，才堪济变，敦尚气节，刚烈而近于矫激，面折人过，不少宽假，人多以此忧之，故亦不愿居官任职。伏思圣明之世，正气常伸，该员畏罹世网，殊为过虑，……臣既确知其才，谨据实胪陈圣听，以储荆楚将材之选。（胡林翼：《胡文忠公遗集》卷十）

咸丰帝看到这份奏折后，于咸丰七年（1857）五月发出"上谕"，要骆秉章探询左宗棠能否帮办曾国藩军务，但因为此时曾、左之间有些矛盾，"彼此不通音问"，骆秉章也不愿左宗棠离去，此议遂寝。不过，左宗棠对于皇帝的青睐还是非常感激的，他给湘军将领刘腾鸿（1819—1857）写信说："前此间曾奉廷寄，垂询及鄙人可否帮同曾某办理军务，并谕左宗棠素有谋略，无意仕进，与人寡合云云，实为钦感之至。"（《全集》"书信"一，第250页）

咸丰八年十二月初三日（1859年1月6日），咸丰帝在养心殿召见翰林院编修郭嵩焘，询问了左宗棠的一些情况，郭嵩焘后来追记了这次谈话的内容：

郭嵩焘旧照

上曰："汝可识左宗棠？"

曰："自小相识。"

上曰："自然有书信来往？"

曰："有信来往。"

上曰："汝寄左宗棠书，可以吾意谕知，当出为我办事。左宗棠所以不肯出，系何原故？想系功名心淡。"

曰："左宗棠自度赋性刚直，不能与世合，所以不肯出。抚臣骆秉章办事认真，与左宗棠性情契合，彼此亦不能相离。"

上曰："左宗棠才干何如？"

曰："左宗棠才尽大，无不了之事。人品尤端正，所以人皆服他。"

上曰："年若干岁？"

曰："四十七岁。"

上曰："再过两年五十岁，精力衰矣！趁此时人尚强健，可以一出办事也，莫自己遭踏，汝须一劝劝他。"

曰："臣也曾劝过他，他只觉自己性太刚，难与时合。在湖南亦是办军务，现在广西、贵州两省防剿，筹兵筹饷，多系左宗棠之力。"

上曰："闻渠尚想会试？"

曰："有此语。"

上曰："左宗棠何必以科名为重。文章报国与建功立业所得孰多？渠有如许才，也须得一出办事才好。"

曰："左宗棠为人是豪杰，每谈及天下事，感激奋发。皇上天恩如果用他，他也断无不出之理。"（郭嵩焘：《郭嵩焘日记》第一卷，第203—204页）

从以上对话中可以看出,咸丰帝确实对左宗棠寄予很大期望。但"天威"难测,时隔不久,左宗棠却因"樊燮事件"险些身败名裂。

樊燮是湖南永州镇总兵,咸丰八年(1858),骆秉章到北京时曾弹劾他"私役兵弁,乘坐肩舆"。以后,又派专人到永州调查,再次指控樊燮私自提用军费银九百六十余两,公项钱三千三百六十余串,又动用"米折"银两。咸丰九年(1859)四月,樊燮被革职。此事的起因,王闿运的《湘军志》说是樊燮"以骄倨为巡抚所劾罢",而据刘成禺《世载堂杂记》的记载是:"樊谒大帅毕,再谒左师爷,谒大帅请安,谒师爷不请安。左怒,奏劾免官回籍。"樊燮不服,两湖地区的满族高官也暗中支持他向湖广总督衙门和都察院控告。骆秉章在《自订年谱》中说:"有人唆耸樊燮在湖广递禀",《湘军志》记载:"(湖南)布政使文格亦忌宗棠,阴助燮。总督(指湖广总督官文)疏闻,召宗棠对簿武昌。"案情起由,众说纷纭,而樊燮上控,矛头直指左宗棠,不仅是樊、左的个人恩怨,也反映了清朝统治内部满、汉官僚的矛盾:一方面,左宗棠独断专行,不知顾忌,引起了文格、官文等满族高官的不满;另一方面,湘军的兴起和汉族官员的得势,也使一些满洲贵族深感不安。他们抓住一个仅具"幕宾"身份的左宗棠大作文章,实际是要给掌握两湖军政大权的湖南巡抚骆秉章、湖北巡抚胡林翼、湘军统帅兵部侍郎曾国藩等汉族官员一些颜色看,因为这些人和左宗棠都有很深的关系。

在一些满族地方大员的操控下,"樊燮事件"越闹越大,左宗棠被召"对簿武昌"。八月二十五日,骆秉章在复奏中进行辩驳,并将查明的账簿、公禀以及樊燮的供词咨送军机处。不久,咸丰帝下旨将此案交由湖广总督官文、湖北乡试正考官钱宝青审办。由于此案来头很大,两湖官员除胡林翼极力斡旋外,都不敢贸然表态,所以左宗棠在"家书"中说:"官文因樊燮事欲行构陷之计,其时诸公无敢一言诵其冤者。"(《全集》"诗文·家书",第63页)据薛福成记载,咸丰帝已下令官文密查,"如左宗棠果有不法情事,可即就地正法"(薛福成:《庸庵笔记》卷一)。

当时,郭嵩焘正做京官,闻讯后极为惊讶,立即通过王闿运(时在肃顺家教读)向权倾满朝、炙手可热的肃顺求援,并请侍读学士潘祖荫(字伯寅,江苏吴县人,时与郭同值南书房)出面营救。潘遂上疏为左辩护说:"左宗棠之为人,素性刚直,疾恶如仇。该省不肖之员不遂其私,衔之刺骨,谣诼沸腾,思有以中之久矣!近闻湖广总督官文惑于浮言,未免有引绳批根之处。"又说:"国家不可一日无湖南,即湖南不可一日无宗棠也。"(《潘文勤公奏疏》,第25—26页)胡林翼在奏疏中亦以"名满天下,谤亦随之"为宗棠剖白,其中特别是肃顺的干预起了很大作用,肃顺在与咸丰帝的答对中称赞左宗棠"赞画军谋,迭著成效","人才难得,自当爱惜"(薛福成:《庸庵笔记》卷一)。官文见皇帝有意起用左宗棠,才见风使舵,"与僚属别商,具奏结案"。

潘祖荫画像

"樊燮事件"对左宗棠的打击很大,官场的险恶使他感到自己"早已为世所指目,今更孤踪特立,日与忌我疑我者为伍",遂决定"奉身暂退,以待时机之可转"(《全集》"书信"一,第339页)。咸丰九年十二月二十五日(1860年1月12日),左宗棠正式搬出湖南巡抚衙门,从而结束了他的幕客生涯。

二、独当一面

咸丰十年(1860)是咸丰皇帝三十整寿,这年三月特开所谓"万寿恩科",增加一次会试。左宗棠一直以未中进士,不能从"正途"入仕为憾事,因此离开湘抚幕府后,即想赴京应试。

十年正月,左宗棠从长沙启程北上,渡过洞庭湖后,风雪很大,他踏雪而行,于二月二十六日(3月18日)抵湖北荆州。三月初三日抵襄阳,雪仍未止,泥深没踝,行程艰难。在襄阳,安襄郧荆道毛鸿宾(字翙云,亦号寄云,山东历城人)面交他一封胡林翼的密札,止其北行。信中说官文

"方思构陷之策,蜚语满都中"。左宗棠闻讯,感到进退维谷,他写信给好友郭嵩焘说:"(胡林翼)密信言'含沙者意犹未惬,网罗四布',足为寒心,盖二百年来所仅见。杞人之忧,曷其有极。侧身天地,四顾苍茫","帝乡即不可到,而悠悠我里,仍畏寻踪"(《全集》"书信"一,第383页)。既然去京师有危险,回家乡又怕"寻踪",栖身军旅也许可以避祸。左宗棠在写给朋友、时任荆宜施道的李续宜(字希庵,湖南湘乡人)的信中表示:"将就涤老(指曾国藩)及麾下作一小营官,学战自效。"(《全集》"书信"一,第385页)这时,胡林翼已由湖北黄州(今黄冈)驻军安徽英山,并与曾国藩合力攻占太湖、潜山。左宗棠遂由襄阳坐船顺汉水东下,准备投奔胡林翼。三月十八日,离开汉口,翌日晚抵兰溪。兰溪位于浠水入长江处,英山即在浠水上游,胡林翼大营距兰溪不过一百八十里路程。见到胡林翼后,左宗棠又于闰三月二十七日(5月17日)由英山至宿松,会晤曾国藩,并留其幕中。此时,曾国藩已收到咸丰帝有意起用左宗棠的"寄谕",遂于四月十三日奏请简用。适在此时,左宗棠却收到了一封告知儿子病重的家信,只得于当月十八日启程回湘。

五月初五日,左宗棠抵长沙。初八日即接到清廷给予四品卿衔,襄办曾国藩军务的谕旨。皇帝的破格起用,出乎他的意料,他在写给朋友的信中表示皇上的知遇之恩,大大超出他的期望值。原本,曾国藩是想让左宗棠别建一军,支援安徽,但左宗棠却另有他图,提出了"保越图吴"之计,认为应"取远势而不能图速效"。关于建军规模,按左氏的意图,开始应在二千五六百人左右,但曾国藩却嘱其募勇五千。这让左宗棠既兴奋,又担心,此时的心情正如他自己所描绘的:"今选募五千,自为统带,譬如乡居富人弃农学贾,起手即开大店,生意虽是好做,恐不免折阅之虞。"(《全集》"书信"一,第399页)为避免偾事,他决定先网罗一批人才,以资倚靠。除礼聘王鑫的弟弟道员王开化(字梅村,时在湖南养病)外,又延揽了湘楚旧将弁崔大光、李世颜、罗近秋、黄有功、戴国泰、黄少春、张志超、朱明亮、张声恒等九人,然后四出招募。应募之兵有所谓湘勇、郴勇、桂勇,共建四营(每营五百人)、四总哨(每总哨三百二十人),又以精壮二百人为亲兵,分为八队。还收集王鑫"老湘营"旧部一千四百人,加上火勇(炊事兵)、长夫(运输兵)总计十一营五千四百人,号称"楚军"。左宗棠以王开化总理全军营务,刘典(字克庵,湖南宁乡人)、杨昌濬(字石泉,湖南湘乡人,曾随罗泽南办团练)副之。老湘营一部由王鑫的另一个弟弟王开琳(字毅卿)统领。按楚军营制规定:每五百人设一营官,"坐粮"(驻扎时粮饷)每月二千五百余两,"行粮"(行军时的粮饷)每月二千八百两,"散勇"每名每月四两二钱,火勇一钱,长夫一钱。招募成军后,每日"口食钱"(伙食费)每名一百文。招募经费、军装费以及一个月坐粮、一个月行粮总计约需银六七万两,均由湖南巡抚骆秉章饬局给领。

楚军指挥系统及编制表

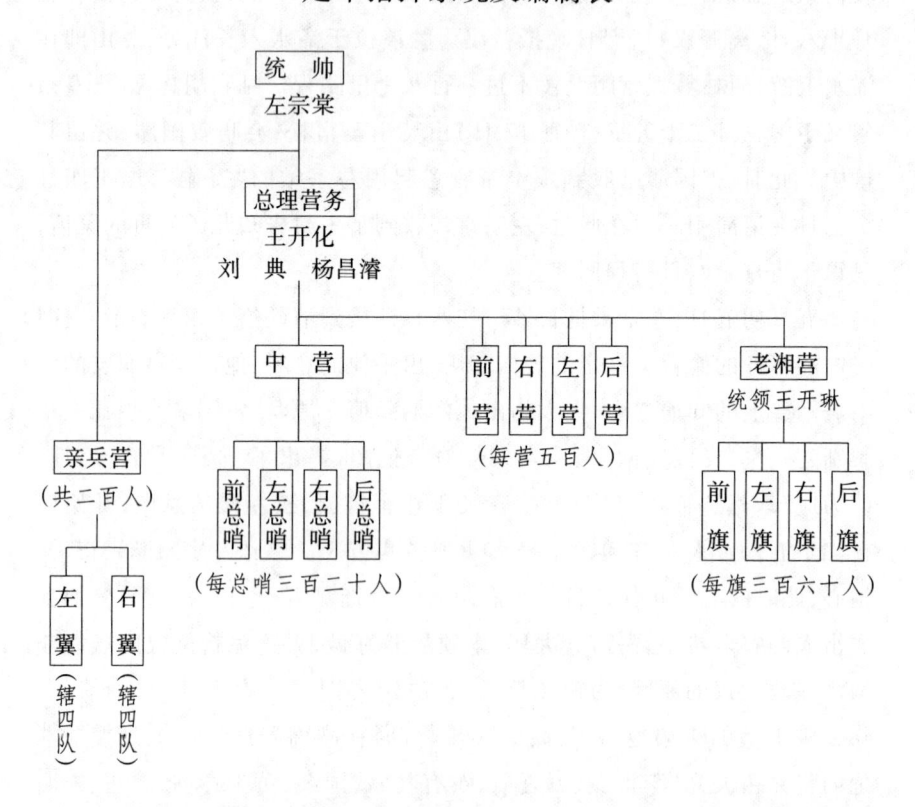

```
                    统  帅
                    左宗棠
                      │
                   总理营务
                    王开化
                  刘 典 杨昌濬
      ┌──────────────┼──────────────────────┐
      │          ┌───┴───┬───┬───┬───┐      │
    中营         前营  右营 左营 后营       老湘营
      │              (每营五百人)         统领王开琳
   ┌──┼──┬──┐                         ┌──┬──┬──┬──┐
  前  左 右  后                        前  左  右  后
  总  总 总  总                        旗  旗  旗  旗
  哨  哨 哨  哨
  (每总哨三百二十人)                    (每旗三百六十人)

  亲兵营
 (共二百人)
  ┌─┴─┐
  左   右
  翼   翼
 (辖四队)(辖四队)
```

六月初二日,新建的楚军已经集中了二千三百余人,左宗棠即亲自在长沙城外校场每日训练,"昼夜少暇",二十四日,所募兵员陆续到齐,全军遂由校场移驻城南金盆岭,晨夕训练。

咸丰十年(1860)春,石达开部太平军进入广西,达开驻节庆远(今宜山县)。五月,连克永宁州、广顺州、归化厅。消息传到北京,清廷认为石达开可能假道进军四川,拟派左宗棠率部入川阻击。但左宗棠却有自己的打算,他认为四川烽烟四起,形势严峻,刚刚开始独领一军的左宗棠决不愿把这点"血本"白白送掉,他对胡林翼明确表示:"我志在平吴,不在入蜀矣!"(《全集》"书信"一,第402页)当时,曾国藩已实授两江总督,并任钦差大臣、督办江南军务,也急需宗棠相助,自然不同意派左军入川;胡林翼认为他们的"事业"在下游,所以也来信相劝:"公入蜀则恐气类孤而功不成。"(胡林翼:《胡文忠公遗集》卷七六)并给在北京的郭嵩焘写信说:"季公(指左宗棠)得林翼与涤丈左右辅翼,必成大功,独入蜀中非所宜也。"(胡林翼:《胡文忠公遗集》卷七六)在这些地方实力派的反对下,清廷才改变主意,另派湖南巡抚骆秉章督办四川军务。

咸丰十年八月初八日(1860年9月22日),在英法联军于京郊八里桥大败清军后,咸丰帝携后妃、皇子仓皇北逃。也正是在这一天,左宗棠从长沙率楚军东向,由醴陵取道江西,出祁门。对于这次出征,左宗棠极为重视,把它看成是独自创业的开端,两个多月后,他在家书中说:"我此去要尽平生之心,轰烈做一场。"(《全集》"诗文·家书",第14页)

这时的太平军,已经渡过了因"杨韦事变"和石达开出走造成的危机,洪秀全重建了领导核心。咸丰八年(1858)八月,陈玉成、李秀成率军于浦口击破清军江北大营,歼敌一万余人;十月,又在三河镇大破李续宾部湘军,歼其精锐六千多人,李续宾以下骨干四百余人毙命,战场形势有了转机。咸丰十年(1860)闰三月,各路太平军在天京(南京)城外第二次击破清军江南大营,歼敌数万,清军主帅和春自缢。咸丰帝不得不把消灭太平军的整个希望寄托在曾国藩率领的湘军身上,这也就是曾国藩能获两江军政大权的原因。

咸丰十年(1860)八月,太平军各路将领齐集天京,决定南北配合进行第二次西征,以解安庆之围,并预定于咸丰十一年(1861)三月会师武昌。英王陈玉成统率的北路军于八月十六日从天京渡江北上,二十五日,占领安徽定远炉桥;南路军侍王李世贤部于二十五日攻克徽州,旋取休宁。十月十九日,太平军从石埭破羊栈岭、桐林岭,李秀成的大军进至离曾国藩祁门大营只有六十里,"朝发夕至,毫无遮阻"(曾国藩:《曾文正公家书》卷七),吓得曾国藩连遗嘱都准备好了。只是李秀成在与敌援军交战失利后,未能坚持进攻,竟改道浙江入赣,使曾国藩绝处逢生。

九月初五日,曾国藩檄调左宗棠一军由江西南昌东进驰援。九月二十日,左军进抵赣东北的景德镇。二十七日,左宗棠亲至祁门会见曾国藩,面商军事,然后回景德镇驻守。十月,左宗棠派部将王开琳率老湘营四旗共一千四百人在周坊(广信西北)击败来自广东的农民军。十一月初一日,左军攻占德兴,初三日又克婺源(属安徽)。这时,西征太平军中路杨辅清、黄文金、刘官方等部正分别自宁国、芜湖西进,十一月初九日,黄文金、李远继一军进克彭泽,十一日又占景德镇东北的浮梁,切断了曾国藩祁门大营的粮道。与此同时,太平军侍王李世贤于十一月十七日自休宁由东面逼近祁门;右军主将刘官方及古隆贤、赖文鸿等于十五日自黟县从东北方向向前挺进;南面的李秀成大军则于二十一日进抵婺源。湘军祁门大营处在三面包围之中,只有西南方向还保存了一条运输补给线。景德、浮梁被称为"江西前门,祁门后户",所以驻扎景德镇的左部楚军就成了屏障祁门西南门户的一支举足轻重的军事力量。

十一月十二日,杨载福率湘军水师复夺彭泽。十四日,太平军黄文金部攻湖口不克,南下都昌。李远继部在左军压迫下从浮梁西行,攻克饶州府城(今鄱阳)。二十五日,黄文金、李远继从饶州分兵五路直捣景德镇,并分兵攻浮梁,左宗棠悉调各营回防。二十七日,太平军猛攻浮梁,被左军击退。二十八日,鲍超的"霆军"自皖南增援景德镇。咸丰十一年正月初十日(1861年2月19日),太平军由浮梁退回彭泽及皖南的建德,清军乘势追击,攻占建德县城,太平军此次在赣东北终未能站稳脚跟。

其时,杨辅清部已往宁国,黄文金部退驻芜湖一线,刘官方部则扎池州府,至咸丰十一年(1861)正月,活动于江西的太平军只剩下李秀成和李世贤两支。李秀成率部从广丰、广信直下吉安,攻入江西腹地;李世贤则于正月二十七日从安徽休宁前进,占领婺源,准备进入江西,截断湘军粮道,与左宗棠形成对峙局面。二月,左军与李世贤多次交战,互有胜负。二月三十日,李世贤攻占景德镇,左宗棠从金鱼桥退守乐平,湘军赣北粮道终被切断,曾国藩所部三万人候粮三十日不至,军心动摇。太平军在达到截断湘军粮道的目的后,李世贤即回师皖南,再攻祁门大营。左宗棠一军虽被击退,但元气未伤,在乐平略作整顿,几天后即卷土重来。三月初六日,与太平军李尚扬部战于乐平之桃岭、塔前。李世贤闻讯,遂统军南下,号称十余万,于十三、十四日围攻乐平。左宗棠命军士在城外挖筑掩壕,凭借工事抵抗,并引水塞堰,使其溢漫,大大限制了太平军骑兵的作用。然后他督王开化、刘典、王开琳、丁长胜等分三路越壕出击。当时风狂雨骤,两军奋力厮杀,结果太平军败走,阵亡四千余人(据《李秀成自述》,此役李世贤损失万余人)。经此大败,李世贤被迫东撤,由赣东北折入浙西。左军这一胜利,巩固了祁门后路,曾国藩大喜过望,他在家信中说:"凡祁门之后路一律肃清,余方欣欣有喜色,以为可安枕而卧。"(《曾文正公家书》卷七)左宗棠乘胜向东追击,由德兴南下,进至广信(今上饶)。

四月,太平军将领李远继、胡鼎文(均黄文金部)由池州进占皖南的建德,并进入江西饶州府境。五月初七日,左宗棠率部从广信北返,回到景德镇,败李、胡部太平军于饶州松树岭。二十二日,左军王开化、黄少春部占领建德。未几,左宗棠因功晋升为太常寺卿(正三品),帮办军务。

六月初二日,左宗棠留军守景德镇,自率四千人东进,移驻皖南婺源。此时,左宗棠全军已增至七千余人,但面临两大困难:一是军饷严重不足;二是部队因作战、患病,减员很多。对此,左宗棠甚感苦恼。

咸丰十一年(1861)下半年,中国国内局势发生了很大变化。七月十五日,在第二次鸦片战争中逃往热河的咸丰帝,病死于承德行宫,年仅六岁的儿子载淳继位。载淳的生母叶赫那拉氏(1835—1908)被尊为"圣母皇太后",加徽号称慈禧太后。慈禧拉拢咸丰帝的皇后钮祜禄氏(尊为"母后皇太后",加徽号称慈安太后),依靠咸丰帝的六弟、恭亲王奕訢于九月三十日发动政变,解除了八个"赞襄政务王大臣"的职务,协办大学士肃顺被处死,怡亲王载垣、郑亲王端华被逼令自尽,其他辅政大臣也受到相应处分。奕訢则被任为议政王,兼管军机处。原拟定的年号"祺祥"被改为"同治"。此时名为慈安、慈禧两宫皇太后"垂帘听政",实则是一种太后垂帘与亲王辅政体制,慈禧由于统治经验不足,对奕訢还处于一个依赖阶段,正如一位曾长期服务于中国海关的美国人所说,这两个人"在谨慎地互相监视着"(马士:《中华帝国对外关系史》第二卷,第67页)。从太平天国的事业来看,咸丰十一年(1861)下半年也是个转折关头。八月初一日,湘军攻占了被称为"扼江淮之吭,当吴楚之冲"的军事重镇安庆。曾国藩对争夺这个天京西面门户一向非常重视,他曾说:"吾但求力破安庆一关,此外皆不遑与之争得失。"(《曾文正公全集》,"家训"卷上)安庆失守,使整个军事形势急转直下,从此,太平天国的事业转入低潮。

慈禧太后与恭亲王掌权后,更加重用曾国藩集团。十月十八日,曾国藩受命统辖苏、皖、赣、浙四省军务(两江总督原不辖浙江),提、镇以下悉归节制。曾国藩在准备调遣湘军顺流东下之时,太平军却在东线发动凌厉攻势,连克浙江大部分地区,直捣杭州,威逼上海。上海官绅惶惶不可终日。基于政治、军事、经济多方面的考虑,曾国藩决定分兵救沪,以形成从东西两面夹击天京之势。于是李鸿章受命招募淮勇,组建援沪之师。同时,左宗棠又多次与曾国藩函商,以援浙为己任。全军援浙的建议得到了曾国藩的肯定,认为"不援浙江,不能并力,一向终无了日,亦至当之论"。(曾国藩:《曾文正公全集》"书札",卷一六)十月十六日,曾国藩奏请以左部援浙,十一月二十六日,左宗棠接到"督办浙江军务"的诏命。二十八日,太平军攻占杭州,席卷浙江全境,清浙江巡抚王有龄自缢而死。三十日又攻克杭州内城。十二月二十四日,清廷根据曾国藩的保荐,任命左宗棠为浙江巡抚。同治元年正月初四(1862年2月2日),又任湘军将领蒋益澧(字芗泉,湖南湘乡人,先投王鑫、罗泽南,后由骆秉章派援广西)为浙江布政使,带所部八千人赴浙。

当太平军围攻杭州时,忠王李秀成曾派辅王杨辅清西进皖南,围徽州府治,以牵制左宗棠的援浙之军,掩护主力行动。迫使左宗棠不得不派刘典率马步三千余人于咸丰十一年(1861)十二月初三日从广信回防婺源(婺源原防军仅一千六百人),"拟固婺以援徽,事竣后即由此入浙"。十九日,宗棠自己亦移驻婺源,另派王开来率老湘七营共二千五百人赴德兴、婺源交界的白沙关。同月,太平军逼近皖、浙交界的大镛岭、济岭。二十

左宗棠任浙江巡抚时画像

六日,杨辅清在徽州战败,左军刘典部又于浙西开化县张村击败杨辅清部将钟明佳一军。二十九日,杨辅清撤徽州之围,向浙江遂安、淳安一带退却。这样,就解除了左宗棠的后顾之忧。

左宗棠的作战原则是"宁肯缓进,断不轻退"。同治元年(1862)正月十五日,在后路稳固后,左宗棠率全军从皖南翻山越岭进入浙江开化县境,十八日在篁岸击败太平军钟明佳、蓝以道部。两天后,左军又分道出击,占领开化及高坪、高环、马金街等处,太平军向东北遂安方向败退。宗棠除留王开来一军守开化外,全军扎于马金街。

太平军攻占杭州后,清廷十分震惊。曾国藩在奏疏中分析浙江局势时说:"全浙惟衢州一府可以图存。"(曾国藩:《曾文正公奏稿》卷一七)清廷据奏严令左宗棠速入衢州,以图金华、严州两府。左即派部将王开来、刘典、刘璈、李耀南、杨鼎勋等由马金街进援衢州。二月初五日,太平军侍王李世贤派卢有成、黄文政、谭世德、陈老北等部会合遂安守将赖连绣(杨辅清部)进攻开化,骚扰左军后路。于是,左宗棠飞檄调援衢各军分三路回攻遂安,"以为攻严州,保衢州之计"(曾国藩:《曾文正公家训》卷上)。初八日,太平军弃遂安县城,退至杨村。初九日,左军赶至交战,太平军失利,赖连绣、卢有成阵亡,黄文政等率余部南撤,左军占领遂安县城。

二月十三日,左宗棠留王开来、王文瑞率老湘营二千五百人守遂安,自己则率大军援衢州。十八日,抵常山。二十三日、二十八日,淳安太平军两次反攻遂安,均被王文瑞击退,分走严州、徽州府境。二十九日,侍王李世贤亲率大队从金华、龙游至大洲、金旺,南趋江山。时清军由总兵李定太、崇志守衢州;新任浙江按察使李元度守江山,各拥众八千余人(三月,曾国藩劾李元度援浙不力将其革职)。三月十五日,左军进入江山,在江山以南之清湖镇击败李世贤部。李部东走龙游、寿昌、兰溪。此时,太平军杨辅清部从安徽宁国南下,由浙江昌化直取遂安。左宗棠坚持"慎于前敌,亦当慎于后顾"的方针,从常山北上,返回开化。三月二十二日,刘典部抵马金街,太平军退走。五月初四日,左宗棠从江山进衢州,以衢州为夺取全浙的基地。十二日,左督新任按察使刘典、道员屈蟠、王德榜及处州镇总兵刘培元、总兵李定太等分九路并进,在龙游附近击败李世贤部。十五日,太平军再战又失利,遂从龙游退守金华府,二十四日,天王洪秀全命李世贤率军回救天京,太平军在浙江逐渐处于被动地位。

同治元年(1862)五月初三日,湘军水陆并进,逼近天京,曾国荃率陆师驻雨花台,彭玉麟率水师泊护城河口。此时,忠王李秀成正率大军第二次进攻上海(太平军第一次攻上海在咸丰十年六七月间),尽管上海正式成立了"中外会防局",英、法军队直接参与对太平军作战,但太平军仍取得了一系列胜利。但天京被围,使李秀成不得不于五月二十三日自松江撤军,并于八月下旬回援天京。

六月初七日,左宗棠分南北两路继续东进,一路由刘典、杨昌濬率领进攻衢州北部地区,连破太平军营垒三十余座;另一路由刘培元、屈蟠、王德榜等指挥进攻衢州东、南两面太平军营垒,迫使太平军退守龙游、兰溪。李世贤因急于摆脱左军纠缠,回援天京,遂于六月中旬以攻为守,调大军分两路直取遂安,奔袭左军后路。于是,左宗棠调刘典等九营四千人回援。六月二十日,刘典部与太平军战于遂安东南,二十二日,李世贤退回金华,集中兵力于金华、兰溪、龙游、武义一线,作坚守打算。

在浙东方面,英、法军队于四月十二日协助清军悍然占领宁波,迫太平军撤走。当时英军出动有军舰四艘、水兵三百三十人;法军有军舰两艘,水兵七十余人。经过激战,太平军戴王黄呈忠、首王范汝增受重伤撤退,法军统领"伊台"号舰长耿尼(Lieut Kenney)亦被击毙,由"孔夫子"号舰长勒伯勒东(A.F. Lebreihon de Caligny)继任统领。此外,英国驻宁波海军军官刁乐克在当地招募一千人,由英国人训练,组成所谓"常安军"和"定胜军"(即中英混合军,又称"绿头勇");六月,法国人、宁波海关税务司日意格(Giquel Prosper)也招募四百人组成中法混合军——"常捷军"(亦称"花头勇")。他们伙同清朝已革道台张景渠攻占慈溪。七月初八日,又占余姚,闰八月二十五日,夺得奉化。清廷还应法国公使之请,任命勒伯勒东为署浙江总兵,率"常捷军"一千五百人防守宁波。宁波是对外贸易的一个重要商港,通过宁波既可输入军火、粮食等重要补给品,又可以取得海关税这笔重要收入。所以它在军事上、经济上均居重要地位。左宗棠对这个重要港口是很重视的,在宁绍台道梁恭辰滞留福建原籍七八个月之久后,他奏请将其革职,另推荐正在上海劝办捐输的前江西南昌知府史致谔任宁绍台道,并对其寄予厚望:"宁、绍两郡在浙中失事各郡中受祸稍轻,宜慎以图之。""浙之肥壤在嘉湖与宁绍,吾军积欠实已九个月有奇,今方有事于浙西、皖南,非巨款不济","请阁下急为我谋之,不但沪上所得不宜分取,即甬上所得亦未可私之,自惭德薄能浅,于浙事少所裨益,不能不过望于公也!"(以上《全集》"书信"一,第479页、第540页)

左宗棠统军入浙后,进展相当缓慢。由于兵力单薄,不足一万人,入浙八个月始终未能越过衢州一线。直至同治元年七月,新任浙江布政使蒋益澧率广西左江镇总兵高连升、副将熊建益部湘军八千人从广西经湖南开抵衢州,战局才发生变化。其时,福建总兵秦如虎由浙南温州攻占处州府(府治在今丽水县)。闰八月十三日,蒋部高连升一军攻占严州府寿昌。李世贤见一时无法击溃左军,只得一面派李尚扬、刘政宏等分领十余万人扼守金华、汤溪、龙游一带,阻截其东进,一面自率一军北上救援天京。作为浙江太平军主帅的侍王李世贤至此一去不复返,浙西太平军陷于群龙无首的境地,使左军得以乘机东进。

九月初五日,左宗棠进驻衢州府龙游县的新凉亭,其对龙游的几次进攻均未获胜。此后数月内,双方在金华府西的兰溪、汤溪一带展开激战,互有胜负。十一月,太平军戴王黄呈忠、首王范汝增、梯王练业坤率十余万人增援金华。同治二年正月十一日(1863年2月28日),蒋益澧会同粤军康国器部攻占汤溪。汤溪失守使龙游太平军腹背受敌,次日,太平军即弃龙游东走。同一天,太平军兰溪守将谭星弃城撤至浦城,兰溪被刘典攻占。十三日,黄、范、练等太平军主力又在汤溪东面的白龙桥被击败,向义乌、诸暨方向撤退。清军占领汤溪、龙游、兰溪后,高连升部再克金华府城,同时,金华府属之武义、永康、东阳诸县亦为福建清军林文察部及团练所占。二十五日,蒋益澧又夺义乌。十八日,刘典等攻下义乌西北的浦江,并继续东进,占领诸暨(属绍兴府)。二十九日,刘培元等水陆并进(左宗棠在衢州设船厂制造战船,建立内河水师),攻克桐庐(属严州府)。桐庐位于浙江中游,自桐庐七里泷往下地势渐平,江面渐阔,往下即富春江、钱塘江。由于桐庐失守,太平军在杭州上游的关键驻点只有富阳(属杭州府)一城了。为便于指挥各军沿江直取杭州,左宗棠将大本营从金华北移至建德(严州府治)。在东线,清军于正月二十六日占领绍兴,而"常捷军"头目勒伯勒东在绍兴之役被击毙。二月初,已革道台张景渠部又占萧山,逼近杭州。

太平军方面,自绍兴失守后,陆续从金华、龙游、严州、温州、台州等处撤退,兵屯富阳。听王陈炳文、归王邓光明(均李秀成部将)亦赶来增援,力保杭州。二月,左军水师由副将杨政谟率领在富阳击毁太平军船只数百艘。三月,左宗棠升任闽浙总督,兼署浙江巡抚(新任巡抚曾国荃不到任),负责浙江、福建军务,节制两省军队。

为牵制左军东进,皖南太平军分两路入赣,以扰左军后方:一路由歙县、休宁准备越婺源直取江西德兴、乐平;一路由黟县拟越祁门取江西浮梁、景德镇。为巩固后方,左宗棠不得不将刘典一军八千余人调回建德,转向皖南。这时由左宗棠直接指挥的兵力虽已达三万余人,但相当分散,除刘典、王开琳两军一万余人(王开琳部三千余人)部署在皖南外,还有一万人左右分守下游的新城、桐庐和上游的淳安、遂安以及衢州、金华、严州等地,进攻富阳的部队只有蒋益澧一军万余人,加以军饷缺乏、瘟疫流行(左军前后病死四千多人),所以在富阳与太平军相持五个多月,毫无进展。左宗棠自己也得了疟疾,陷于一筹莫展的境地。于是他决计求助于法国人组织的洋枪队。同治二年(1863)七月二十六日,左宗棠将浙东德克碑的"常捷军"一千五百人调来配合蒋益澧进攻富阳。八月初七日,清军与"常捷军"联合攻破富阳城外卡垒,翌日,即占领富阳城。高连升部亦破新桥,并进迫杭州。九月初六日,太平军听王陈炳文、归王邓光明集中一万余人分四路反攻,被击败。十月十八日,太平军再次从杭州反击,又被高连升及"常捷军"击退。十一月初十日,左宗棠由富阳赶到余杭督师,双方在杭州、余杭两地展开了激烈的争夺战。

当杭州太平军正进行顽强抵抗时,其周围地区的防线却已逐步瓦解,局势急转直下:首先,太平军在长江下游的重镇苏州被李鸿章的淮军夺取。十月二十四日,苏州守将郜永宽等八人刺杀慕王谭绍光,向淮军投降。接着,在浙江也出现了一连串叛降事件,从十一月初七日到同治三年(1864)正月初八日,平湖、乍浦、海盐、澉浦、嘉善、海宁、桐乡(均属靠近江苏的嘉兴府)等地的太平军守将纷纷投敌,杭州成了一座孤城。

此时,皖南太平军由绩溪进入昌化(属杭州府),并南下淳安、遂安(属严州府),威胁左军后路。同治三年(1864)正月初九日,左宗棠将提督黄少春一军从余杭调至严州,以阻扼从皖南援浙的太平军。同时,又命魏喻义自新城南屯严州,俞得成屯金华,戴奉聘屯衢州,并调援皖的王开琳部"老湘营"由屯溪下趋淳安,加强了后路防务。正月十五日,王开琳会合黄少春部击败太平军于遂安之昏口,太平军分走婺源(皖南)、玉山(赣东)。

二月十八日,进入浙江北部的淮军攻占嘉兴。其实,早在四个月前,淮军即兵分三路,北围无锡,中取苏州,南入浙江。同治二年(1863)十一月,淮军刘秉璋、潘鼎新部攻占了浙江嘉善、乍浦、海盐、澉浦等县。淮军进入自己辖区,这是左宗棠不愿看到的,但他鞭长莫及,无力北顾,只好听之。嘉兴失守后,杭州太平军更失犄角之势,城内个别将领图谋通敌。二十一日,蒋益澧、高连升等用大炮轰塌城垛三丈,二十三日后半夜,听王陈炳文弃城北走。二十五日清晨,左军攻占杭州。蒋益澧、高连升等部及德克碑的"常捷军"入城后即大肆抢掠。同一天,太平军康王汪海洋也弃余杭,北走武康(属浙江湖州府),清军康国器等占领余杭城。三月初二日,左宗棠进驻杭州城,始"申房获之禁,妇女、财物各从其主,有敢取自'贼'中者,罪之。禁军士无入民居,招商开市"(《湘军志·浙江篇》)。由于夺得杭州,清廷特加左宗棠以太子少保衔,并赏穿黄马褂。

三月初四日,左宗棠又遣杨昌濬督亲军攻占武康。初五日,太平军石门(属嘉兴府)守将邓光明投降。同日,李世贤、杨辅清、陈炳文、汪海洋等从德清汇合西走。初八日,退至昌化。以后,李世贤由皖南进入江西,汪海洋、陈炳文等转战浙、皖。黄文金、杨辅清则留守湖州,与清军在湖州一带激战两个多月。

六月十六日,湘军占领天京。时天王洪秀全已于一个多月前病死,忠王李秀成护送幼天王洪天贵福突围被俘。幼天王溃围后由洪仁玕、吉庆元等保护到达安徽广德。二十六日,黄文金迎幼天王入湖州,因湖州城小兵单,难以立足,拟经江西入湖北,据荆、襄,以图西安。七月初三日,复回广德。其时,湘军、淮军已向湖州合击,二十五日,湖州南门守将陈学明向蒋益澧投降。翌日,洪仁玕、黄文金弃湖州,走江西。二十七日,左军将领蒋益澧、高连升以及洋将德克碑会同淮军将领郭松林、潘鼎新、张树声、刘秉璋等占领湖州府城。二十八日,左军又在梅溪击败由湖州西走的太平军。同日,杨昌濬经过月余围攻,占领湖州府西境的安吉县城,并追击至孝丰。

七月底、八月初,黄文金与洪仁玕、黄文英、李继佑等在皖南作战失利,东走浙江昌化。八月初五日,黄文金病死,其弟黄文英接统其军。初七日,左军总兵罗大春、刘荣合,副将崔大成等在昌化白蛇岭击败黄文英等,迫其西走。初八日,左军提督黄少春、道员李耀南、总兵刘明灯、杨芳桂,副将周绍濂、张福齐等在淳安之蜀口(浙、皖交界处)再败太平军。初十日,黄文英、李继佑折回淳安,又失利于建口。十八日,黄少春在遂安十六都迫使太平军两万余人投降。八月下旬,左军刘明珍、王德榜、萧得龙、戴奉聘等部分别在常山、江山(属衢州府)一带击败太平军,太平军由浙江转入江西广丰,浙江境内战事基本结束。

九月初九日,太平天国干王洪文玕、昭王黄文英在江西广昌、石城交界处被清军席宝田部俘获,二十五日,幼天王亦在石城县荒谷被俘。清廷论功行赏,江西巡抚沈葆桢被封一等轻车都尉,左宗棠则于十月十一日被封为一等伯爵,并赐爵名"恪靖"。

三、"借师助剿"

所谓"借师助剿",是指清政府与西方列强相互勾结,联合镇压太平天国。当然,这种结合,是经历了一个过程的,并非一蹴而就。

早在咸丰三年(1853)太平军逼近江宁时,苏松太道吴健彰就曾在上海代表署两江总督杨文定邀美、英、法派海军进入长江,阻止太平军前进。咸丰四年(1854)四月初七日、六月二十一日,美国驻华公使麦莲(Mclane R. M.)两次表示,如清政府同意"修约",给予美国更多利益,他们愿意帮同镇压太平军,但此时咸丰帝尚心怀疑惧,拒绝了。

"小刀会"起义占领上海,共同的利益驱使让清政府与西方列强走到一起。咸丰四年(1854)底,法国海军陆战队与清军配合,攻破上海县城,咸丰帝虽同意给洋人"赏赐",但在随后举行的"修约"谈判中,仍拒绝了英国提出的"助剿"建议。

咸丰十年(1860)四月,两淮盐运使乔松年向皇帝上奏折建议说,如果同英国达成妥协,"不但可以匀出兵力,专以灭贼,即征夷兵为用,且必乐从"。四月二十九日,咸丰帝在这份奏折上批道:"速就抚局,原属正办。若藉资夷力,后患无穷。"(《筹办夷务始末(咸丰朝)》卷五一)说明皇帝仍不赞成"借师助剿"。八月下旬,英、法联军打到北京,火烧了圆明园。九月十一、十二日,清廷与英、法分别签订了中英、中法《北京条约》。随后,法国公使布尔布隆(de Bourboulon)向恭亲王奕䜣提出:愿意帮助清廷"攻剿发逆"。九月二十二日,咸丰帝对军机大臣们表示,可以考虑"借师助剿",实则仍犹豫不决,两个月后,又在十二月十四日的"上谕"中说:"藉夷剿贼,流弊滋多,自不可贪目前之利,而贻无穷之患。"(《筹办夷务始末(咸丰朝)》卷七二)可见,终咸丰之世,"借师助剿"的方针并未被清朝最高统治者采纳。不过,当时在北京与外国人谈判的恭亲王奕䜣却认为英、法"似可曏而就我",主张乘此时"卧薪尝胆,中外同心,以灭贼为志"(《筹办夷务始末(咸丰朝)》卷七九)。洋人也颇欣赏这个"处事表现很开明看法"的亲王,并极力支持他。

有了洋人的支持,慈禧太后在与奕䜣联合发动"北京政变"后,随即表示要与西方列强合作,同心"灭贼"。咸丰十一年(1861)十二月上旬,李秀成兵分五路第二次进攻上海。清廷立即于同治元年正月初十日(1862年2月8日)发布"上谕",宣称:"'借师借剿'一节,业经总理衙门与英、法驻京使节商酌",并指示江苏巡抚薛焕"与英、法两国迅速筹商,克日办理,但于剿贼有裨,朕必不为遥制"(《筹办夷务始末(同治朝)》卷四)。三天后,又发出"上谕"称:"上海为通商要地,自宜中外同为保卫"(《筹办夷务始末(同治朝)》卷四)。这样,外国侵略者就在清政府的正式邀请下参加了镇压太平军的战争。随即,驻天津英军统领士迪佛立将军率部抵达上海,组建了一支共约二千七百人的"挺进队"(携炮十一尊),其中包括英国陆、海军四百八十人,印度兵八百人,法国陆、海军四百人,"常胜军"一千人,总指挥是英国海军司令贺布(J. Hope)。

所谓"借师助剿"实际上包括两种形式:一种是由欧美列强直接出兵;另一种则是招募中国兵员,由外国人指挥、训练,组成中外混合军。同治元年(1862)二月,美国人华尔(Ward F. T.)组建的洋枪队改名"常胜军",计四千五百人,其中外国军官一百数十人,也就是"以中国民勇隶外国将弁"(李鸿章语)。这种由外国人训练、指挥,用中国人打中国人的办法最合西方列强的口味,英国驻华公使布鲁斯(Bruce F. W. A.)赞赏说:"其功效较英军直接参加攻战尤为巨大"(转引自郭廷以:《太平天国史事日志》,第 886 页)。

同治元年(1862)四月,"借师助剿"的两种形式均被应用于浙江。三月二十八日,英舰"争胜"号舰长刁乐克(R. Dew)自上海抵宁波策划实施对太平军的围剿。四月初七日,已革宁绍台道张景渠照会英驻宁波领事夏福礼(Harvey Frederick),要求英、法军队协助进攻宁波太平军,于是刁乐克和张景渠共拟了进攻计划。四月十二日,英、法海军经六小时炮战后登陆,占领宁波城。十六日,又帮张景渠夺取慈溪。

浙江的中外混合军最早是由英国领事派通事(翻译)郑阿福组织的"绿头勇"(约三百人)。占领宁波后,刁乐克又增募华人千名,派英国军官训练,配以英国枪械。法国亦仿照华尔的办法,由驻宁波法军司令勒伯勒东和宁波税务司法人日意格训练了一支中法混合军,约一千四百人,名曰"花头勇"。清政府又应法国公使布尔布隆之请,委中法混合军(即所谓"常捷军")统领勒伯勒东为署浙江总兵,防守宁波。闰八月二十日(10月13日),清廷在一份给钦差大臣薛焕、江苏巡抚李鸿章、浙江巡抚左宗棠的"上谕"中说:

> 现值宁波海口吃紧,(法国)愿将伊国副将勒伯勒东权受中国职任,带兵防剿,是其愿为中国出力,以敦和好之忱,尚无虚假。且据该国照会内,有宁波绅士公呈宁波道移知上海道,转请法国即派勒伯勒东前赴宁郡,筹办防守等情。当此兵勇缺乏之时,自应俯顺舆情,以资守御。惟用外国之兵剿贼,必须听受中国节制,其所保守地方,仍应中国主持。现由总理各国事务衙门与之定议,该国情愿以勒伯勒东权受中国职任,听浙江巡抚及宁波道节制。著薛焕、李鸿章、左宗棠将该副将在宁波所练中国兵丁一千五百名应给饷项即行支放,……该副将既受中国职任之后,即应一视同仁,遇事持平办理,一切按照中国法制,不得稍存偏倚,亦不得稍有宽纵,以肃军律。(《清穆宗实录》卷四〇,同治元年闰八月庚子)

所谓"借师助剿",当时已经清廷"定议",但左宗棠在执行中仍保持一定警惕,他于十月二十二日上奏清廷,详细阐明了自己的看法:

> 惟是沿海各郡自五口既开之后,士民嗜利忘义,习尚日非。又自海上用兵以来,至今未睹战胜之利,于是妄自菲薄,争附洋人。其黠者且以通洋语、悉洋情猝致富贵,趋利如鹜,举国若狂。自洋将教练华兵之后,桀骜者多投入其中,挟洋人之势,横行乡井,官司莫敢诘治。近闻宁波提标兵丁之稍壮健者,且多弃伍籍而投洋将充勇丁,以图厚饷,此"常胜"一军所以增至四千五百人也。若不稍加裁禁,予以限制,则客日强而主日弱,费中土至艰之饷,而贻海疆积弱之忧,人心风俗,日就颓靡,终恐非计。(《全集》"奏稿"一,第124—125页)

左宗棠认为对外国雇佣军"若不稍加裁禁,予以限制",必将造成"客日强而主日弱"的尾大不掉局面,其结果只能是"费中土至艰之饷而贻海疆积弱之忧"。可见,他对"借师助剿"政策是有很大保留意见的,"终恐非计"的结论也说明他实质上对此持反对态度。

在执行清政府"借师助剿"方针的过程中,左宗棠多次向直接与中外混合军打交道的宁绍台道史致谔告以"洋将华兵之弊",要他提高警惕,慎重为之。同治二年(1863)二月三十日,左宗棠在给史致谔的信中,认为"借师助剿"将导致严重后果,不可不早为之备。他说:西方列强"十数年来见我军政之不修,将士之驽弱,思驾而上之。又审我为时局所缚,不能不降心相从,遂亦多方要挟,驯至于今,则固有难堪者。我不求彼之助,彼无可居之功,尚可相蔽以安,否则衅端日积,何以善其后乎?海上士大夫多不知兵,故宜妄自菲薄,所思议无非得过且过之计,公宜图自强之策,勿为所误"(《全集》"书信"一,第542页)。

同治元年(1862)十二月三十日至二年(1863)正月二十六日,英、法雇佣军围攻绍兴,法军酗酒贪婪,大肆抢掠,左宗棠在给史致谔的信中说:"绍郡士民,重困于洋人之滋扰"。他上书总理衙门也指出:"洋人在内地强横之状,实有不可以情理论者。上年冬间,宗棠曾以洋将、洋兵之害详告史致谔,嘱其勿事招致,以湮其源。无如甬、沪各绅富均视洋将为重,必欲求其助同防剿","已饬史道乘我军声威正盛,将洋兵陆续遣撤","此勇必须早撤,地方庶可安谧,饷需庶可节省"。这些,都说明左宗棠对清廷借助洋人打"内战"是不满的。

在进攻绍兴时,中法混合军炮队统带莫得理(Tardif dem oidrey,或译达尔第福)重伤毙命,同治二年(1863)正月初十日,驻上海法军司令命德克碑(D. Aigabelle)接统其部。德克碑要求增募千人以扩大中法混合军,左宗棠"严饬不准"。其时,总理衙门拟以实德棱(Stirling)代替德克碑,德克碑不自安,遂到严州(府治在建德)求见左宗棠,宗棠"待之以礼貌,而微示以威严",并与他签署协议,不准节外生枝,协议用中、法两国文字书写,签字存档。

尽管左宗棠对"借师助剿"颇多不满,对借助洋人存有戒心,甚至持过反对态度,但当他看到外国雇佣军确实能帮自己夺取浙江时,又情不自禁地流露出赞赏之意。对勒伯勒东、莫得理等战死沙场,左宗棠在给清廷的奏折中给予表彰,称其"督军助剿,极肯出力","忠义愤发,恭谨有加"。特别对德克碑、日意格二人更为欣赏,称其"在诸洋将中最为恭顺"。左宗棠还特意把英、法两国雇佣军做了一番比较:"就英、法两国而言,英诈而法悍。其助我也,法尚肯稍为尽力,英则坐观之意居多,法之兵头捐躯者数人,英无有也。法人与中国将领共事尚有亲爱推服之词,英则忌我之能,翘我之短。"(《左宗棠全集》"奏稿"三,第68页)

左宗棠的议论看似前后矛盾,其实不难理解:他对洋人、洋务的总原则是"为我所用"。在征讨太平天国农民军的过程中,只要洋人肯于帮忙,并接受驾驭,他便不拒绝使用雇佣军。如果外国雇佣军别有所图,并跋扈恣睢,他就要采取措施,加以防范,以免造成后患。

四、进军闽粤

同治三年(1864)春夏之交,太平军分五路向江西集中:谭星部由浙江开化进入江西玉山、广信;陈炳文、汪海洋部从皖南直入江西德兴;李世贤、陆顺德部由开化至江西玉山;刘肇均、朱兴隆部亦由苏南经浙西、皖南进入江西;洪仁玕、黄文金等亦准备由皖南经浙江趋江西。但向江西集中的太平军并没有统一规划,基本上是各自为战。九月上旬,洪仁玕、黄文英在广昌被俘后,李远继、谭体元往投汪海洋,汪海洋驻军于江西宁都、石城一带;李世贤则活动于赣、粤边境。

九月,太平军余部分四路向福建挺进,声势浩大。来王陆顺德从广东大埔北上,占领闽南永定县,再北取龙岩州;侍王李世贤于九月十四日东向进克闽东南的漳州府,击杀漳州镇总兵禄魁、汀漳龙道徐晓峰,漳州知府札克布丹;天将丁太阳、林正扬等于九月中旬由江西雩都、瑞金南入闽境,十一日占领闽西南的武平,擒斩福建按察使张运兰,随后东走永安。同时,康王汪海洋、佑王李远继、偕王谭体元从江西宁都、瑞金进入福建汀州府境。据称,同治三年(1864)秋,进入福建的太平军总数在三十万人左右,这使任闽浙总督的左宗棠极为震惊,他奏请清廷以蒋益澧护浙江巡抚,以杨昌濬署浙江布政使,自己则准备赴闽浙总督任所——福州。

十月二十八日,左宗棠从杭州出发,途经建德、兰溪、龙游、西安各县,取道浦城入闽督战。其部队则分三路进入福建:西路饬帮办福建军务刘典所部新军八千人由江西建昌府赴汀州,又奏请以记名按察使王德榜署福建按察使,带所部五营约二千五百人自江西瑞金入汀州会合作战;中路以提督黄少春、副将刘明珍两军共四千五六百人由衢州、江山取道福建浦城、建宁赴邵武一带接防,替出康国器一军进攻漳州府;东路则以署浙江提督高连升部四千人、知府魏光邴部五百人由杭州东赴宁波,雇轮船经海道赴福州,以出兴化(今莆田)、泉州。

十月上旬,署福建陆路提督林文察进攻漳州,被太平军击退。十一月初三日,李世贤又在距漳州二十余里的万松关阵斩林文察,并击退署福建水师提督曾玉明的援军,泉、厦震动。当时在福建的太平军余部主要有两大支:以漳州城为中心的李世贤占有南靖、云霄(均属漳州府)、龙岩(属龙岩州)、永定(属汀州府),拥众十余万;扎老营于南阳(位于汀州府长汀、连城、上杭交界处)的汪海洋拥众约九万人,分军守古田、下车、南岭一带。左宗棠命高连升趋同安,以保泉、厦;黄少春趋长泰(属漳州府,时为李世贤控制),以规漳州;刘典进连城(属汀州府),王德榜继其后,会攻龙岩。左宗棠自己则率亲兵于十六日抵浦城,并拟进延平,策应各军。

十一月十九日,汪海洋、李远继、谭体元等在长汀、上杭、连城间大破左军西路刘典部。翌日,刘典退守连城,王德榜、王开琳等从汀州赴援。

二十七日，左宗棠从浦城进驻延平（今南平县），护浙江巡抚蒋益澧派署衢州镇总兵刘清亮率三千人援闽。当时，在福建的太平军号称三十万众（实数亦在二十万左右），而左宗棠全军不过两万多人，加上协同作战的闽军、粤军亦不过四五万，左宗棠深感双方实力悬殊，难于应对，他说："李、汪诸逆狡悍凶顽，倍于群寇。"（《左宗棠信札》手稿，湖南社会科学院藏）清廷为增加福建兵力，于十二月初五日谕令时在广东的福建水师提督吴全美、时在江苏的福建陆路提督郭松林以及汀州镇总兵沈俊德、漳州镇总兵李成谋（均在湖北），金门镇总兵王东华（在江苏），建宁镇总兵张得胜（在安徽）各带本部赴任。

十二月初四日（1865年1月1日），左军中路黄少春部在漳州北溪会同高连升进攻李世贤。二十八日，闽、粤清军占领永定县。李世贤拟调军攻取安溪、长泰、泉州，以断左军饷道，径取福州，但此计划被高连升获悉，不果。

同治四年（1865）正月二十四日，福建建邵道康国器率部攻占九龙江上、下游咽喉要地——龙岩，切断了李世贤与汪海洋两军的联络。二十七日，刘典、王德榜联军大破汪海洋于连城新泉，使其精锐丧失过半。二月初四日，又占领南阳乡，太平军南走上杭、永定。初七日，刘、王联军又在上杭白沙击败汪海洋部。

三月初三日，李世贤自漳州分路北进，败于高连升、黄少春。还在二月初时，李鸿章奉朝命派淮军郭松林、杨鼎勋两部共八千人（配有洋枪）坐轮船由海道援闽，并分别于三月初五日、三月十七日抵厦门。左宗棠令其分道进海澄、漳浦，以攻漳州府南。十六日，郭松林联合高连升、黄少春击败李世贤之军。十八日，李世贤屡攻清军漳州以北营垒，均被击退。左宗棠再调刘明灯五营取道福州，由兴化、泉州赴安溪，增加进攻漳州兵力，他本人也于四月十五日抵福州，就近督战。四月中旬，淮军郭、杨两部，左军王德榜部分别在漳州南面和西北击败太平军，合围漳州府城。二十一日，黄少春、王德榜会同郭松林、杨鼎勋击杀太平军万余，俘虏三四千人，一举攻占已由太平军坚守七个月的漳州府城。李世贤等出西门，向西南方向败走。二十二日，刘典、王德榜等又占领府城西北的南靖。

三月下旬，刘典、康国器分路进攻汪海洋部。四月中旬，汪海洋南走广东大埔,因遇广东清军阻击,折回闽南。汪海洋会同李远继合兵七万,分七路进攻汀州府永定县,清军设伏狮龙岭,并以抬枪射击,获胜。翌日再战,康国器仍分三路以抬枪应战,汪海洋再败,撤向西北,据上杭、中都一带。此役,康国器以八千之众击败太平军七万人,主要仰仗抬枪之力。左宗棠对康国器以少胜多,予以嘉奖。

李世贤撤出漳州后,即退向闽、粤交界的平和县,王德榜、高连升、黄少春等紧追不舍,太平军伤亡颇众。四月二十七日,淮军郭、杨两部攻占漳浦县城,次日,又入云霄厅。五月初一日,再取福建东南端的诏安。初二日,刘典、康国器等在永定县塔下大败李世贤,太平军损失几万人,世贤只身逃脱。随着战局不断变化,左宗棠的指挥部也步步前移,四月二十九日,至兴化,五月初四日,抵泉州,初十日即达漳州。十一日,高连升等又在闽西南上杭击败汪海洋,迫其走武平。至二十一日,汪部太平军已由福建折入广东境内,二十二日,占领广东镇平县(今蕉岭)。

李世贤军败永定后,也潜往镇平,投靠汪海洋。左宗棠一面下令紧追,一面派康国器统所部五千人入粤夹击。同治四年闰五月二十三日(1865年7月15日),汪海洋与康国器交战失利,退回镇平。左宗棠命高连升、黄少春、刘清亮等距镇平数十里处扎营,汪海洋则在镇平城外分垒三十余垒,收稻积谷,为久守计。左宗棠的部署是:以康国器、关镇邦攻镇平东南;高连升、黄少春、刘清亮严扼闽、粤交界的武平边境,堵住太平军北上之路;刘典、王德榜两军则分屯福建南部的上杭、武平,作为第二道堵截线,并饬粤军扼镇平西南,准备把汪海洋部紧紧困在镇平,然后一举消灭。

六月二十八日,李世贤逃至镇平,几天后竟被汪海洋派人刺杀。在此危难之际,太平军内部还不能和衷共济,竟自相残杀。这样,太平军余部的悲惨结局就不可避免了。七月十三日,由江西至广东参战的"霆军"鲍超部提督娄庆云在镇平大招击败佑王李远继。汪海洋集中两万兵力攻高思,康国器埋伏精锐于山岭间,用抬枪轰击太平军,汪海洋左腕受伤,全军大乱。

清军在广东嘉应州地区(镇平亦为辖县)集中了来自闽、粤、赣三省的部队,急需统一指挥,协调作战。清廷于八月十三日采纳了前护江西巡抚沈长绂的建议,命左宗棠入粤督师,节制广东、江西、福建三省各军。八月十四日,汪海洋施诱敌之计,引高连升、康国器穷追至嘉应州城西南的兴宁山中,伏军八千人突起,击毙高连升部数千人,高军大将关镇邦授首,康军亦亡精卒数百。经此战,高、康两军均受沉重打击,而汪海洋也得以攻入江西境内,但终因连战不利,被迫于二十八日再入粤境。九月初三日,攻占和平县(属惠州府),十八日,自和平东进,于二十一日一举攻克嘉应州城(今广东梅州梅县区),这也是太平军占领的最后一座州城。汪海洋于城外建土城、望楼为死守计。他这样困守孤城,无异于坐以待毙。

太平军占领嘉应州城后,康国器疾驰至左宗棠大营献策。他认为"嘉应已成困兽","诚以闽师逼其东,粤师逼其西,连营稍前,合成长围,然后作堑困之。别布罗遮师,阻其骧突。得三万兵,三月饷,可聚而歼也。"(康有为:《康公事状》)左宗棠接受这一建议,调新任浙江提督鲍超(字春霆,四川奉节人)率军一万二千人入闽,至武平、上杭,再由广东平远径趋嘉应西北,是为北路;刘典率军八千人由赣入闽,自永定、大埔趋松口(在嘉应州城东北),攻其东;左宗棠(时带亲兵营及总兵杨和贵营驻闽南平和县王官溪)亲率署浙江提督黄少春一军三千人、福建布政使王德榜一军二千五百人攻东南;又商调广东布政使李福泰一军驻兴宁(嘉应州城西南),总兵方耀驻兴宁县东,扼嘉应西面;再以粤军记名提督曾敏行、副将郑绍忠扼南路。江西巡抚刘坤一(字岘庄,湖南新宁人)也予以配合,令按察使席宝田、总兵刘胜祥两军由平远、镇平南下。左宗棠决心要在嘉应打一个最后的歼灭战。

十一月二十九日(1866年1月15日),左宗棠至粤东大埔县(属潮州府),帮办军务刘典也率军从福建永定赶到,左命其前部由松口进至嘉应州城东南,与扼州城正东的王德榜部相接;黄少春挡东北,与驻樟树坪的高连升部相连,而高部又与驻乌泥坪的康国器军相望(两军相距丨里)。这样,东路、东南、东北及北路的月牙形包围圈已经形成。十二月十二日,汪海洋在激烈的战斗中头部负伤,次日,卒于州城。余部由谭体元带领。十五日,鲍超率"霆军"抵平远县,十七日进至州城以西的相公亭,广东布政使李福泰亦至城西蓝口,形成合围。左宗棠本人亦由松口前进,十九日,清军对嘉应州城的总攻开始,左军、霆军、粤军分七路围攻。

二十二日夜,谭体元见城已不可守,遂开州城西南门,向群峰陡立的黄沙嶂溃走。四更时,高连升、黄少春等攻入东门,高连升、王德榜、康国器各军均向黄沙嶂方向追击。二十三日夜,王德榜军在黄沙嶂左路北溪围截招降太平军约四万人。二十四日黎明,高连升一军在大田追上太平军,招降万余人。鲍超部"霆军"则于北溪白沙坝四面围困东平王何明亮部,招降两万人,何明亮等七八百人被杀。同治五年正月二十一日(1866年3月7日),太平军偕王谭体元撤退时堕崖受伤,呻吟道旁,被黄少春俘获,送至左宗棠松口行营中,后被杀。总计这一战役,太平军余部阵亡万余人,投降五万余人(《湘军记》载,黄沙嶂降者十余万,显系夸大之词)。至此,长江以南太平军的斗争遂告结束。左宗棠于正月下旬返回福州闽浙总督衙署,并因战功被清廷赏戴双眼花翎(花翎即孔雀翎,是插在帽上的一种装饰品,有单眼、双眼、三眼之分,双眼花翎非大官不能得),其长子孝威亦被特赏主事(正六品)。

第三章 初办洋务

一、"师夷长技"

随着西方资本主义势力像狂澜一样冲击闭关自守的中国,一些先进的中国人逐渐认识到凭着窳陋不堪的武器和"天朝无所不有"的虚骄心理,是无法对抗"船坚炮利"的侵略者的。正确的途径是睁开眼睛看世界,承认现实,并从敌人那里学习抵御的手段。这是时代向真正的爱国者提出的严峻任务。林则徐、魏源正是以"睁开眼睛看世界"为特点走进近代爱国者行列的。

林则徐在禁烟运动中,不但坚决查禁烟毒,抵抗侵略,而且还组织人力翻译外国人在澳门、广州出版的各种书报,"借以探访夷情"(林则徐:《致怡良书柬》),从而开创了研究西方的风气。魏源,字默深,湖南邵阳人。是嘉道年间著名的经世学者,曾提出南漕海运、改行票盐、修治河道、改革兵制等主张,他曾受聘于江苏布政使贺长龄幕府,并替贺长龄辑有《皇朝经世文编》,与贺熙龄的关系也比较深。鸦片战争中,魏源曾应邀至宁波钦差大臣伊里布军中,参与审问过英军俘虏,后又

魏源

入钦差大臣裕谦幕府。道光二十一年七月(1841年8月),在京口(今镇江)巧遇遣戍伊犁的林则徐,林则徐以所搜集的外国资料及《四洲志》手稿相赠,嘱其编纂《海国图志》,一年半后,《海国图志》五十卷本完成。正是在这部名著中,魏源不仅认为"欲制外夷者,必先悉夷情始"(魏源:《海国图志》卷二"筹海篇"),而且在《海国图志·原叙》中明确阐明"是书何以作,曰为以夷攻夷而作,为以夷款夷而作,为师夷长技以制夷而作"的观点,提出了"师夷长技以制夷"的新课题。这一新课题的提出,对当时万马齐喑的思想界无异是一声惊雷,它也为以后先进的中国人指出了寻求真理的道路。

左宗棠在青年时代就钻研"经世致用"之学,注重研究实际问题,这种务实精神与他在鸦片战争中表现出的反侵略思想相结合,便产生了一种强烈愿望:要求面对现实,研究西方情况,以寻求御敌自强之道。当英国人的战舰、大炮肆虐东南沿海时,他认为"敌之所恃专在火炮,能制其长,即可克日藏事"(《全集》"书信"一,第20页)。但如何才能"制其长"呢?当时左宗棠还不能提供一个明确的答案。因为鸦片战争爆发时,他正在交通不便的安化,消息很不灵通,要了解西方,只能从中国史籍"有关涉海国故事者"中去查考,而这样得来的有关外国的知识往往是不准确的,甚至是错误的。比如左宗棠读了一些不经记载后就认为"米里坚(即美利坚)即明之洋里干,西海中一小岛耳",即是一例。

魏源的《海国图志》为左宗棠认识世界形势开辟了新径。《海国图志》是中国近代第一部全面介绍世界地理、历史、宗教、政治以及科学技术的巨著,该书五十卷本完成于道光二十二年(1842),当年十二月,即出了最初刻本。两年后,又增为六十卷,至道光二十七年(1847),增为一百卷。左宗棠究竟在哪一年读到此书,不能准确判断,但道光二十六年(1846)四月初三日,魏源给贺熙龄的信中曾说:"今因舍弟回楚之便,寄上《圣武记》十部,以备特赠,至去冬所寄呈《海国图志》等件谅已呈清览矣。"(魏源:《魏源集》,第841页)《圣武记》是魏源的另一部著作,成书于道光二十二年(1842),该书记述了清王朝自开国至道光年间重大的军事活动,通过颂扬盛世武功,其意在激励当局发愤图强,振兴武备。而在《圣武记》寄出前几个月(即道光二十五、六年冬、春之交),贺熙龄已收到了魏源寄来的《海国图志》。道光二十四年(1844)，左宗棠曾致函贺熙龄索借《圣武记》，以后又自称"近阅新书，殆不啻万卷"。以左对新知识的渴求，加上他与贺熙龄的特殊关系，在道光末年看到《海国图志》应在情理之中。

左宗棠一向推崇魏源的著作，对《海国图志》尤为赞赏，他说："默深《海国图志》，于岛族大概情形，言之了了，譬犹禹鼎铸奸，物形无遁，非山经海志徒恢奇可比。"(《全集》"书信"三，第346页)光绪元年(1875)，魏源的族孙、甘肃平庆泾固道魏光焘重刻是书，特邀左宗棠作叙(即序言)，左宗棠在叙中明确指出魏源撰写《海国图志》的用意：

> 海上用兵，泰西诸国互市者纷至，西通于中，战事日亟，魏子忧之。于是蒐辑海谈，旁摭西人著录，附以己意所欲见诸施行者，俟之异日。呜呼！其发愤而有作也。(《全集》"诗文·家书"，第255—256页)

魏源在《海国图志》里，将他当时所能了解到的世界历史、地理及新式船炮方面的知识，系统地加以介绍，并明确提出了"以夷攻夷"，"以夷款夷"，"师夷长技以制夷"的主张，但这些主张未被当权者采纳。对此，左宗棠深为惋惜，他说：

> 百余年来，中国承平，水陆战备少弛。适泰西火轮车、舟有成，英吉利遂蹈我之瑕，构兵思逞，并联与国竞互市之利，海上遂以多故。魏子数以其说干当事，不应，退而著是书，其要旨以西人谈西事，言必有稽。……所拟方略，非尽可行，而大端不能加也。书成，魏子殁廿余载，事局如故。(《全集》"诗文·家书"，第256—257页)

在左宗棠看来，中国要不受外敌侵凌，并富强起来，首先，统治者应改变妄自尊大、故步自封的态度，敢于正视现实，承认西方科学技术的先进性。他说："泰西弃虚崇实，艺重于道，官、师均由艺进。性慧敏，奸深思，制作精妙，日新而月有异。"(《全集》"诗文·家书"，第256页)承认自己不如别人，并非妄自菲薄，而是要学其所长，以为己用，从而达到克敌制胜的目的。据左宗棠看，西方先进技艺，并非可望而不可即，而是"有迹可寻，有数可推，因者易于创也。器之精光，淬厉愈出，人之心思，专壹则灵，久者进入渐也，此魏子所谓'师其长技以制之'也"。(同上书，第257页)为了抵抗外来侵略,富国强兵,左宗棠迫切希望把魏源提出的"师夷之长技以制夷"的主张付诸实践,他大声疾呼:"策士之言曰:'师夷之长以制之',是矣!一惭之忍,为数十百年之安,计亦良得,孰如浅见自封也!"(《全集》"诗文·家书",第292页)

魏源把西方的"长技"归纳为三项内容:一战舰,二火器,三养兵练兵之法。左宗棠也把他"师夷长技"的首选定位在仿造轮船上。

二、马尾船政

同治二年十二月(1864年1月),左宗棠还在浙江与太平军作战时,就已开始思考仿造轮船了。他在写给宁绍台道史致谔的信中说:"轮舟为海战利器,岛人每以此傲我,将来必须仿制,为防洋缉盗之用。中土智慧岂逊西人,如果留心仿造,自然愈推愈精","意十年之后,彼人所恃以傲我者,我亦有以应之矣"!(《全集》"书信"一,第549页)造船固然能用以"缉盗",但左宗棠的侧重点显然在于"防洋",也就是说在西方列强面前,要"有以应之"。在列强频频入侵的形势下,如何使积弱的中国强盛起来,始终是萦回在左宗棠脑际的重大课题。后来,他在一份"说帖"(意见书)中曾这样侃侃而言:"从海上用兵以来,泰西诸邦以机器、轮船横行海上,英、法、俄、德又各以船炮互相矜耀,日竟其鲸吞蚕食之谋,乘虚蹈瑕,无所不至。此时而言自强之策,又非师远人之长,还以治之不可。"(《全集》"札件",第575页)

同治三年(1864),为了实践制造轮船的夙愿,左宗棠请了一位六十多岁的老工匠,由他主持在杭州试造蒸汽船。结果,造成一艘小轮船,"形模初具",各部分机器大体齐全,可载两人。这年八月,洋将德克碑卸任"常捷军"统领后,便直接与左宗棠商议设厂造船的计划,并出示法国造船图册。九月十六日(1864年10月16日),左宗棠又在杭州接见宁波税务司日意格(后调任汉口),商讨解散中法混合军问题时,专门请他参观了新造的小轮船。看毕,日意格评价说:"很好,总督阁下,这证明中国人是非常聪明的。"(转引自林庆元:《福建船政局史稿》第15页)当然,这一评价带有礼貌性质,须知,当时的中国既没有造轮船的机器设备,也没制造轮船的技术，问题自然很多，左宗棠也承认："试之西湖，驶行不速"。但无论如何，这毕竟是中国人创办近代造船业道路上的一次有益尝试，也更坚定了左宗棠自造轮船的信心。

当年十二月，德克碑奉左宗棠之命回法国购机雇匠。同治四年（1865）元月，他提交了一个有关筹设造船厂的预算报告。由于左宗棠的造船计划还没有得到清政府的批准，德克碑不能马上赴欧洲，只能先去越南西贡等候消息，真是好事多磨。但机遇正在向左宗棠招手。

同治五年（1866）春，左宗棠在结束了与太平军余部的作战后，由广东回到福州。当时，清廷受总税务司赫德、英国驻华参赞威妥玛鼓吹"新政"的影响，正在考虑购雇轮船的问题，左宗棠立即写信给总理各国事务衙门，指出："就局势而言，借不如雇，雇不如买，买不如自造。"（《全集》"书信"一，第704页）当年夏天，他又上疏清廷，阐明制造轮船，以加强海防的重要性："自海上用兵以来，泰西各国火轮、兵船直达天津，藩篱竟成虚设，星驰飙举，无足当之。""臣愚以为欲防海之害而收其利，非整理水师不可；欲整理水师，非设局监造轮船不可。泰西巧，而中国不必安于拙也。泰西有，而中国不能傲以无也。"他分析当时的形势，认为不但西洋各国"互相师法，制作日精"，就是岛国日本也已开始起步，"不数年后，东洋轮船亦必有成"（后来的事实证明，这一预测是非常准确的）。左宗棠急迫地呼吁，在外国争雄逞强之际，中国决不可停滞于落后状态。又形象地比喻说："彼此同以大海为利，彼有所挟，我独无之。譬犹渡河，人操舟而我结筏；譬犹使马，人跨骏而我骑驴，可乎？"（《全集》"奏稿"三，第60页、第61页、第63页）为了扭转这一极其不利的局势，他建议先办造船厂，制造火轮船。他认识到用中世纪的落后武器，不可能有效地抵御拥有洋枪、洋炮和新式轮船的西方入侵者，也正是从这点出发，开始了他兴办洋务的活动。

左宗棠特别重视制造轮船，认为"制造轮船，实中国自强要着"（《全集》"奏稿"五，第230页）。因此，他的洋务活动，就从办船厂入手。他是把造船工业当成基础工业对待的："至轮车机器、造铁机器，皆从造船机器生出，如能造船，则由此推广制作，无所不可"（《全集》"奏稿"三，第69页），在左宗棠看来，如果船厂果有成效，"则海防、海运、治水、转漕一切岁需之费,所省无数,而内纾国计、利民生、外销异患、树强援,举在乎此。"(《全集》"书信"一,第721页)可见左氏创办近代造船工业,除着眼于加强国防、抵御侵略外,还包含着发展民族经济、有利国计民生的深意。

左宗棠自造轮船的方案很快得到清政府的批准,从上折到准奏前后不到三个星期。在经清政府批准后,左宗棠开始筹建马尾船政局(亦称福州船政局)。创办之始,他就估计到面临的困难是很多的:"非常之举,谤议易兴,始则忧其无成,继则议其多费,或更讥其失体,皆意中必有之事。"(《全集》"奏稿"三,第63页)但仍坚持要设局自造轮船,他说:"窃谓海疆非此,兵不能强,民不能富,雇募仅济一时之需,自造实擅无穷之利也。于是则虽难有所不避,虽费有所不辞。"(《全集》"奏稿"三,第338页)

举办船政时的左宗棠

同治五年七月(1866年8月),左宗棠亲至离福州二十公里的马尾镇。此处面临马江(闽江下游),距海口五十余公里,实为福州外港。从地势上看,马尾四面环山,山下大江,靠山面江,形势险要,且港宽水深,涨潮时,六七千吨的大轮可以驶入,堪称省会咽喉。经过亲自勘测,左宗棠与日意格、德克碑两位洋员均认为这里是适合造船的地点,于是购买了马尾山下民田三百二十八亩作为厂基(征购价每亩五十五两白银),聘请日意格、德克碑为船政局正、副监督,计划兴建铁厂、船槽、船厂、学堂、住宅等工程,并向国外订购机器、轮机、大铁船槽,又聘请外国工程技术人员(主要是法国人)。同时还设立"求是堂艺局",左宗棠认为"艺局"是"造就人才之地","艺局之设,必学习英、法两国语言文字,精研算学,乃能依书绘图,深明制造之法,并通船主之学堪任驾驶。"此外左宗棠还为马尾船政局拟订了一个五年预算,为船政局的发展做了初步规划。

正当筹备工作紧张进行时,清政府却于八月十七日将左宗棠调任陕甘总督,让其去西北镇压回民起义。九月初六日,宗棠接到调任上谕,这突然的变化使他极为忧虑,因为他深知一旦安排不妥,处于草创阶段的船局工程有夭折的危险。他在私人信函中这样表述自己的焦虑心情:"西行万里,别无系恋,惟此事未成,又恐此时不能终局,至为焦急耳!"(《全集》"书信"一,第713—714页)左宗棠立即上奏清廷,表示已经起动的船政工程绝不应半途而废:"臣维轮船一事势在必行,岂可以去闽在迩,忽为搁置。"(《全集》"奏稿"三,第133页)为此,"日夜计画,必期章程周妥,经理得人而后去"(《全集》"书信"一,第719页)。

离闽在即,眼前的头等大事是选择一位能接替他事业的接班人,而当时在籍丁忧的沈葆桢正是这样的人选。沈葆桢(1820—1879),字幼丹,福建侯官人,林则徐的女婿,曾任江西巡抚。他思想开放,重视西方科技,"久负清望","虑事详审精密",很为左宗棠所器重。但上一年其母去世,按清朝制度规定,应在家居丧二十七个月,加上对这项新生事物心中全无把握,因此沈坚辞不出。左宗棠三次造访沈府,终于用自己的诚意感动了沈葆桢,把这位"面辞者四,函辞者三,呈辞者再"的前任江西巡抚请出来"总理船政",并请求清廷给予全权,颇有刘备"三顾茅庐"恳请诸葛亮出山相助的味道。办船厂的经费则责成署福建布政使周开锡(字受三、寿珊,湖南湘阴人,左宗棠的学生)随时调拨;又委福建候补道胡光墉(字雪岩,浙江钱塘人,著名富商,曾为宗棠办军需)办理筹措工料、聘请匠师、雇工人、开艺局。此外,还推荐较为熟悉"洋务"的前台湾兵备道吴大廷(字桐云,湖南沅陵人)、广东补用道叶文澜、候选同知黄维煊、五品军功贝锦泉、候补经历徐文渊等相辅佐。左宗棠特别指出,周开锡、夏献纶、吴大廷、胡光墉均为"船政局断不可少之人"。后来,周开锡、夏献纶、吴大廷被任命为船政局提调(地位仅次于船政大

沈葆桢

臣),叶文澜任总监工,成为沈葆桢的左膀右臂。

左宗棠还向朝廷表示,他虽然离开了福建,也不再负责船政,但如船政出了问题,他绝不推卸责任:"此事系臣首议试行,倘思虑未周,致多疏漏,将来察出,仍请将臣交部议处,以为始事不慎者戒。"(《全集》"奏稿"三,第134页)清廷在批准开办船政局的上谕中也说:"左宗棠虽赴甘肃,而船局乃系该督创立,一切仍当预闻",并规定以后有关船局事项,在陈奏时"均仍列左宗棠之名,以期终始其事"(《东华续录》同治五年十一月)。一切安排就绪后,左宗棠才于同治五年十一月十二日(1866年12月18日)离开福州,取道江西、湖北入陕西。当时,张宗禹率西捻军已攻入陕西,关中震动,因此清廷急调左宗棠入陕援救。

马尾船政局

经过一年多的筹备,马尾船政局于同治六年十二月二十四日(1868年1月18日)正式开工,以后几经扩建,规模不断增大,计包括绘事院(即制图班)、模厂、铸铁厂、船厂(附有舢板厂、皮厂、板筑所)、铁胁厂、拉铁厂、轮机厂(附有合拢厂)、锅炉厂、帆缆厂、储炮厂、广储所(附有储材所)等厂所,以及船槽、船坞等。此外,根据左宗棠的计划,还在船政局内创办了船政前、后学堂(前学堂学制造,后学堂学驾驶)和"艺圃"(技工学校)以培养自己的造船工程师、近代海军军官和技术工人。

船政局包括工匠、徒工、学生、管理人员、警卫官兵在内,共有两千六百多人,并有五十名左右的欧洲雇员(原规定雇佣洋员不超过三十八名),成为中国第一座新式造船厂(江南制造总局于同治六年[1867]夏亦设轮船厂,开始试制兵轮,但它同时生产枪炮、弹药、地雷、水雷,并非单一的造船厂),也是当时远东最大的造船厂之一。它建造的第一艘轮船"万年青"号(木质)于同治八年五月初一日(1869年6月10日)下水,排水量一千四百五十吨。截止到同治十三年(1874),马尾船政局共造船十五艘,总排水量为一万五千九百三十二吨。到同治十二年(1873)底,洋员匠均遣散归国。

左宗棠虽在马尾船政局创建时就离开了福州,但他一直关心着船厂的建设,"身虽西行,心犹东注",每当听到一艘艘新造轮船相继下水的消息时,都兴奋异常,他在写给沈葆桢的信中说:"今船局、艺堂既有明效,以中国聪明才力兼收其长,不越十年,海上气象一新,鸦片之患可除,国耻足以振矣!"(《全集》"书信"二,第194页)但由于国内工业基础极其薄弱,船局又缺乏管理经验,且管理体制陈旧、落后,马尾船政局在建设中遇到了重重障碍,特别是后几任闽浙总督与船政局常有龃龉,不能和衷共济,像接替左宗棠任闽浙总督的吴棠就公开唱反调说:"船政未必成,虽成亦何益?"(中国史学会:《洋务运动》第五册,第58页)同治十年(1871)十二月十四日,内阁学士宋晋又上奏清廷,认为"闽省连年制造轮船,闻经费已拨用至四五百万,未免糜费太重。此项轮船将谓用以制夷,则早经议和,不必为此猜嫌之举。且用之外洋交锋,断不能如各国轮船之利便,名为远谋,实同虚耗",因此要求"暂行停止"。(中国史学会:《洋务运动》第五册,第105页)左宗棠当即加以驳斥,指出:"窃维此举为沿海断不容已之举,此事实国家断不可少之事,若如言者所云,即行停止,无论停止制造,彼族得据购雇之永利,国家旋失自强之远图,隳军实而长寇仇,殊为失算。"(《全集》"奏稿"五,第233页)由于左宗棠和沈葆桢的坚持,马尾船政局终于得以维持下去,直到光绪三十三年(1907),才因种种不可克服的矛盾而停办。该局自同治六年(1867)十二月正式开工起,到光绪三十三年(1907)停办为止,几十年间共造船四十艘,详情列表如下:

马尾船政局历年造船一览表

船名	船式	料质	排水量（吨）	速率（浬）	试洋年月	船价（两）	监造人
万年青	商	木	1370	10	同治八年八月	163000	总监工达士博（法）
湄云	兵	木	550	9	同治九年九月	106000	达士博
福星	兵	木	515	9	同治九年九月	106000	代理总监工安乐陶（法）
伏波	兵	木	1258	10	同治十年二月	161000	安乐陶
安澜	兵	木	1258	10	同治十一年十一月	165000	安乐陶
镇海	兵	木	572	9	同治十一年六月	109000	安乐陶
扬武	兵	木	1560（1400）	12	同治十一年十一月	254000	安乐陶
飞云	兵	木	1258	10	同治十一年九月	163000	安乐陶
靖远	兵	木	572	9	同治十一年十一月	110000	安乐陶
振威	兵	木	572	9	同治十二年二月	110000	安乐陶
济安	兵	木	1258	10	同治十三年三月	163000	安乐陶（法）
永保	商	木	1353	10	同治十二年九月	167000	安乐陶（法）
海镜	商	木	1358	10	同治十二年十二月	165000	安乐陶（法）
琛航	商	木	1358	10	同治十三年二月	164000	安乐陶（法）
大雅	商	木	1358	10	同治十三年七月	162000	安乐陶（法）
元凯	兵	木	1258	10	光绪元年八月	162000	安乐陶（法）
艺新	兵	木	245	9	光绪二年五月	51000	前学堂制造学生汪乔年、罗臻禄等
登瀛洲	兵	木	1258	10	光绪二年七月	162000	华员自督
泰安	兵	木	1258	10	光绪三年三月	162000	华员自督
威远	兵	钢胁木壳	1268	12	光绪三年八月	195000	总监工舒斐（法）

（接上表）

船名	船式	料质	排水量（吨）	速率（浬）	试洋年月	船价（两）	监造人
超武	兵	钢胁木壳	1268	12	光绪四年八月	200000	舒斐(法)
康济	商	钢胁木壳	1310	12	光绪五年十月	211000	舒斐(法)
澄庆	兵	钢胁木壳	1268	12	光绪六年十一月	200000	舒斐(法)
开济	巡洋舰	钢胁双重木壳	2200	15	光绪九年八月	386000	前学堂制造毕业生吴德章、李寿田等
横海	兵	钢胁木壳	1230	12	光绪十年二月	200000	吴德章、李寿田等
镜清	巡洋舰	钢胁双重木壳	2200	15	光绪十年七月	366000	吴德章、李寿田等
寰泰	巡洋舰	钢胁双重木壳	2200	15	光绪十三年七月	366000	吴德章、李寿田等
广甲	兵	钢胁木壳	1300	14	光绪十三年十月	220000	前学堂制造毕业生魏瀚、陈兆翱等
平远	巡洋舰	钢甲壳	2100	14	光绪十五年四月	524000	魏瀚、陈兆翱等
广乙	鱼雷快舰	钢胁壳	1030	14	光绪十六年十月	200000	前学堂制造毕业生魏瀚、陈兆翱等
广庚	兵	钢胁木壳	316	14	光绪十五年十月	60000	魏瀚、陈兆翱等
广丙	鱼雷快舰	钢胁壳	1030	13	光绪十七年十月	200000	魏瀚、陈兆翱等
福靖	鱼雷快舰	钢胁壳	1030	13	光绪十九年十一月	200000	魏瀚、陈兆翱、郑清濂、杨廉臣
通济	练船	钢胁壳	1090	13	光绪二十年八月	22600	魏瀚、陈兆翱、郑清濂、杨廉臣
福安	商	钢胁壳	1700	12	光绪二十三年七月	20000	魏瀚、陈兆翱、郑清濂、杨廉臣

（接上表）

船名	船式	料质	排水量（吨）	速率（浬）	试洋年月	船价（两）	监造人
吉云	拖船	钢胁壳	135	11	光绪二十四年八月	56000	正监督杜业尔（法）
建威	鱼雷快舰	钢胁壳	850	23	光绪二十八年十一月	637000	杜业尔（法）
建安	鱼雷快舰	钢胁壳	850	23	光绪二十八年十一月	637000	杜业尔（法）
建翼	鱼雷快艇	钢胁壳	50	21	光绪二十八年五月	24000	杜业尔（法）
江船	浅水商船	钢胁壳	2160	15	光绪三十三年八月	370000	总监工柏奥铿（法）

左宗棠创办了马尾船政局，这是一个重要的洋务企业。那么，左宗棠办洋务有什么特点呢？

首先，左宗棠办洋务具有积极进取的精神，体现了他强烈的民族自尊心和自信心。他认为要抵抗外来侵略，维护民族利益，必须立足于自强，他说："我能自强，则英、俄如我何！不能自强，则受英之欺侮，亦受俄之欺侮，何以为国？"（《全集》"书信"二，第570页）为了达到自强目的，左宗棠迫切希望改变中国科学技术落后的状态，强调"中不如西，学西可也"。（《全集》"书信"三，第117页）又说："谓我之长不如外国，藉外国导其先可也；谓我之长不如外国，让外国擅其能不可也。"（《全集》"奏稿"三，第63页）他认为中国人的聪明才智绝不低于西方人，只要自己努力，又善于学习，是完全可以迎头赶上的。在他看来，中国所以在科学技术上落后于西方，主要是因为轻视"艺事"，他说："中国人才本胜外国，惟专心道德文章，不复以艺事为重，故有时独形见绌。"（《全集》"书信"二，第65页）在得知马尾船政局已初见成效后，左宗棠十分欣慰，立即给沈葆桢写信说："后此赓续，恢张规模，既得熟极巧生，安知不突过西人耶！"（《全集》"书信"二，第432页）他提倡学习西方的先进技术，却不迷信洋人而妄自菲薄，这就是左宗棠办洋务的可贵之处。

左宗棠办洋务的第二个特点是他坚持自造、自管的独立自主原则，反对外国控制。他在总结自己办洋务的经验时说："因思自强之道，宜求诸己,不可求诸人,求人者制于人,求己者操之己。"(《全集》"奏稿"八,第136页)也就是说,欲达自强之目的,必须坚持自力更生的原则。

还在创办船政之始,左宗棠就毫不含糊地指出:"所以必欲自造轮船者,欲得其造轮机之法,为中国永远之利";"夫习造轮船,非为造轮船也,欲尽其制造、驾驶之术耳!"(《全集》"奏稿"三,第342页)之所以这样强调"自造"和"自驾",目的就在于摆脱外国的控制,他说:"既能造船,必其能自驾驶,方不至授人以柄。"(《全集》"书信"一,第712页)这一方针基本上是由左的接班人沈葆桢贯彻执行了的。同治八年(1869)夏,船政局制造的第一艘轮船"万年青"号下水,"该轮船自管驾官游击贝锦泉以下,正、副管轮、管队、舵工、水手、管水气表、头二等升火各色人等,均系浙江宁波府人居多,无一洋人在内"(台北近代史研究所编:《海防档》乙《福州船厂》上,第199页)。而且以后新造各船,俱由华人驾驶,并无洋人搀杂其间。再从制造看,同治十一年(1872),船政局与日意格约限将满,沈葆桢"力催洋员、洋匠认真教导中国匠徒,刻意讲求"(中国史学会:《洋务运动》第五册,第114页、第111页、第139页)。在沈葆桢的催促下,日意格从同治十二年(1873)夏开始"逐厂考校,挑出中国工匠、艺徒之精熟技艺、通晓图说者为正匠头,次者为副匠头,洋师付与全图,即不复入厂,一任中国匠头督率中国匠徒放手自造,并令前学堂、绘事院之画童分厂监之,数月以来,验其工程,均能一一吻合"(沈葆桢:《沈文肃公政书》卷四)。这一年年底,沈葆桢辞退所雇洋匠,日意格也离开了马尾船政局。从此,船政局完全在中国当局管理下进行生产。左宗棠在给友人的一封信中曾说:"东南之有船局,惟沪与闽。沪非洋匠、洋人不可,闽则可不用洋匠而能造,不用洋人而能驾。"(《全集》"书信"一,第327页)这是符合事实的。同治十三年(1874),外国雇员如约撤走,中国工程师和技术工人完全承担了造船任务。光绪二年(1876)二月,英国海军军官寿尔(H. N. Shore)在参观了马尾船政局后说:"这里最近造的一只船——船引擎及一切部分,在建筑过程中,未曾有任何外国人的帮忙","现在船政局的管理实际上是在中国人手中。"(中国史学会:《洋务运动》第八册,第373页)后来,马尾船政局为了改进技术,制造"康邦"轮机(复式蒸汽机,有两个汽缸)和"铁胁"兵船(铁、木合构军舰),才又重新聘请外国技术人员,但受聘者纯属雇员,根本不能在船政局起支配作用。随着中国工程技术人员逐步掌握了新技术,少量洋员也在合同期满后立即归国,而"以学成、艺成之学生、艺徒代之"(《船政奏议汇编》卷三六)。

以往论者曾对左宗棠任用法国人日意格、德克碑提出非议,认为两人是船政局的"太上皇",并由此推论出左宗棠是法国的"代理人"。这种指责显然是带有先入为主的成见,根本没有去研究客观存在的事实。确实,左宗棠对日意格、德克碑相当信任,"一切事务,均责成两员承办"(《左宗棠全集》"奏稿"三,第339页)。但当时的形势是中国要想自造轮船只能如此,因为"中国无一人曾身历其事者,不得不问之洋将"(中国史学会编:《洋务运动》第五册,第115页)。后来,德克碑与日意格闹矛盾,于同治九年(1870)二月离开船政局,去甘肃找左宗棠,监督职务就由日意格一人担任。船政局监督负责通盘设计、制造等工作,权限相当大,但他必须受总理船政的节制和调遣,并不是随心所欲、独断独行的"太上皇"。左宗棠在任命正、副监督时就指出他们的权限,在于"承办船政大臣委托的一切事务",要求两人信守合同,"条约外勿多说一字,条约内勿私取一文"(台北近代史研究所编:《海防档》乙《福州船厂》上,第53页)。沈葆桢也曾明确指出:"监督为船政而设,船政为中国工程,中国有大臣主之"(台北近代史研究所编:《海防档》乙《福州船厂》上,第213页)。日意格自己也承认总理船政大臣"盖总中国、外国员匠而理之也。总理之下设立监督,固有约束洋员匠、督工教造之任,然每事必请示钦宪(指总理船政大臣——引者)而后行,盖以钦宪膺船政之重责也"(台北近代史研究所编:《海防档》乙《福州船厂》上,第211页)。当外国雇员被辞退后,左宗棠十分兴奋,他在答友人的信中说:"其始请法人为监督,带其师匠教华人,今已辞洋匠而用华人,自造自驾,法监督亦于上年资遣归国。识者颇谓海上用兵以来,唯此举为是。"(《全集》"书信"三,第3页)

左宗棠办洋务的第三个特点是他重视对洋务人才的培养。左宗棠的人才观,在当时是很可取的,他早年就提倡研究有实用价值的学问,反对读书人埋头于时文制艺(即八股文)中。他在写给儿子的信中,一针见血地批评了"开科取士"的八股时文,认为它是人才成长的大敌:"人才之少,由于专心做时下科名之学者多,留心本原之学者少。且人生精力有限,尽用之科名之学,到一旦大事当前,心神耗尽,胆气薄弱,反不如乡里粗才尚能集事,尚有担当。试看近时人才,有一从八股出身者否?八股愈做得入格,人才愈见庸下,此我阅历有得之言。"(《全集》"诗文·家书",第20页)这种提倡实学,培养有用人才的思想,在左宗棠从事洋务活动时又有所发展。

左宗棠认为,中国和外国对人才的判断和培养存在很大差别:"中国之睿知运于虚,外国之聪明寄于实。中国以义理为本,艺事为末,外国以艺事为重,义理为轻"(《全集》"奏稿"三,第63页);"中国人才本胜外国,惟专心道德文章,不复以艺事为重,故有时独形见绌。"(《全集》"奏稿"三,第63页)为了改变这一状况,他希望能扭转轻视"艺事"(即工业文明)的社会风气,并致力于培养一批把"聪明寄于实"的有用人才。在左宗棠看来,如果中国有了一批精通洋务的人才,那么"彼族(指西方列强)无所挟以傲我,一切皆自将敛抑,自强之道此其一端"(《全集》"书信"二,第65页)。也就是说,培养洋务人才是摆脱列强挟制、谋求自强的重要举措。

为培养洋务人才,在马尾船政局创办之初,左宗棠就决定在局内设立"求是堂艺局"(即后来的船政前、后学堂),以培养造船和海军人才。他在一份给清政府的奏折中说:"夫习造轮船,非为造轮船也,欲尽其制造、驾驶之术耳;非徒求一二人能制造、驾驶也,欲广其传,使中国才艺日进,制造、驾驶展转接受,传习无穷耳。故必开艺局,选少年颖悟子弟习其语言文字,诵其书,通其算学,而后西法可衍于中国。"(《全集》"奏稿"三,第342页)为此,左宗棠具体主持制定了"艺局"开办的章程,对学制、培养目标、学生待遇、考试制度都做了具体规定。学校的学制是五年,只是在端午、中秋、岁末时才放假;考试制度很严,每三个月考试一次,并根据考试成绩对学生进行奖惩。考一等者,赏洋银十元;二等者,无赏无罚,三等者"记惰"一次。三次连考一等,除照章奖赏外,还另奖衣料,以示鼓励。两次连考三等者要戒责,三次连考三等就要除名。而学生的待遇却比较优厚,除伙食、医疗都是免费外,每人每月还要发给赡养银四两,而且"学业日进,则赡银日增"。当时,福州的大米价格大约是每仓石一点五至二点五两银子,四两白银可买米约两石(约合二百四十市斤),基本上可以解决一个八口之家的吃饭问题。

左宗棠还主张向外国派出"游历"和"游学"人员（即出国考察人员和留学生），以进一步培养军事、技术和外交方面的人才。同治六年（1867），他上书总理衙门，要求责成沿海督抚及船政大臣在江、浙、闽、粤等省通晓外国语的士商中，"精为访择"，确定名额，"以游历为名"派赴国外考察学习，将来驻外使节"即从此项人才内挑派"。同治十二年（1873），船政大臣沈葆桢奏请派船政学生赴英、法两国深造，左宗棠力表赞同，他说："艺局生徒赴各国游学，以扩见闻、长识解，自题中应有之义"（《全集》"书信"二，第432页），并提出"不独英、法、咪（即美国）应遣人前往"，而且凡有长技可学的国家，都应在考虑之列。以上事实，足以说明左宗棠对培养洋务人才，是非常重视的。

船政学堂派往英国的留学生在英皇家海军学院前留影

对于左宗棠创办马尾船政局应该如何评价呢？以往论者往往是贬低的多，肯定的少，这种评论其实在船政创办的过程中就一直存在。但如果全面地、客观地、历史地去分析，就可以比较清晰地认识到它的历史意义了。

首先，它是在排除了种种阻力之后，我国创办的第一个新式造船厂，这件事本身就是有意义的。尽管自造的船舰在质量上还存在这样或那样的问题，但创建了本民族的国防工业，从无到有，毕竟是件好事，正如左宗棠所说:"纵令所制不及各国之工,究之慰情胜无,仓卒较有所恃。且由钝必巧,由粗而精,尚可期诸异日,孰如羡鱼而无网也!"(《全集》"奏稿"三,第64页)

仅就船局所造船舰质量而言,也应做具体分析。当时的中国采掘工业、钢铁工业、金属冶炼业、机器制造业都毫无基础,自然不能建成独立的造船工业体系,船政局不得不向外国购买机器、钢料、钢板、优质煤以及大炮、水雷、电缆等物。创办伊始,技术水平落后,船舰质量不高,是正常现象。但难能可贵的是,由于技术人员和工人的不懈努力,造船技术在不断进步中。

马尾船政局开始不能自造轮机,前四艘轮船的轮机都购自外国,但从同治八年(1869)起,船局开始有能力自造一百五十匹马力的轮机,到同治十年(1871)夏,第五号轮船"安澜"号下水,所配轮机、锅炉都是由厂中自制的,而且第二副、第三副轮机还在继续按图样生产。光绪二年(1876),英国海军军官寿尔参观船政局,他在谈到自己的观感时这样说:"我到时,人们正在把两对一百五十匹马力的船用引擎放到一块儿去。它们是本船政局制造的,它们的技艺与最后的细工可以和我们英国自己的机械工厂的任何出品相媲美而无愧色。"(中国史学会:《洋务运动》第八册,第370页)

随着时间的推移,马尾船政局的设计水平和造船能力也不断得到改善和提高。船厂开始时所造的轮船都是木胁,到光绪二年(1876)建成铁胁厂后,就开始建造铁胁轮船了,翌年三月下旬,第一艘铁胁轮船造成,命名"威远",五月初旬,第二艘铁胁轮船"超武"号又造成,"所有铁胁、铁梁、铁牵、铁龙骨、斗鲸及所配轮机,均系华工按图仿造,视'威远'经始时手技较熟","与购自外洋一辙"(中国史学会:《洋务运动》第八册,第208、第211页)。光绪五年(1879)初夏,船局所雇拉铁洋匠期满归国,"铁胁、铁梁、铁牵及船舱、锅炉应用四尺零阔之铁板,华工均能自制"(中国史学会:《洋务运动》第五册,第217页)。而当时世界先进的造船国家如英国也是在十九世纪五十至八十年代才开始由木胁过渡到铁胁的。同治九年(1870),英国"拥有轮船一百一十万吨,其中大部分尚系木船"([英]克拉潘:《1815—1914年法国和德国的经济发展》,中文版,第277页),至光绪元年(1875),散德兰(Sunderland,当时的英国造船业中心)建造的最后一艘木船下水,"此后十年左右,这类船都是用铁建造的,继而开始了钢和帆的混合时代"

（［英］克拉潘：《现代英国经济史》中卷，第98页）。光绪元年（1875），日意格回国，沈葆桢托其代购七百五十匹马力"康邦新式卧机、立机各一副"，第二年，船政局即开始仿造"康邦轮机"（复式蒸汽机）。

光绪七年（1881）九月十八日，马尾船政局试制两千吨级巡洋舰"开济"号，这艘船吨载二千二百吨，配新式二千四百匹马力康邦卧机一副，机件之繁，马力之大，是船政局开设以来从未有过的。该舰由船政毕业生吴德章、李寿田、杨廉臣等根据国外式样设计、监造。由于首次试造大舰，缺乏经验，无先例可循，技术上难免会出现一些差误，如试航时遇飓风，抽水机即不合用，速率也未达到设计水平。但对于首次试制来说，是完全可以理解的。不过"开济"号仍有自己的亮点，无论从排水量（二千二百吨）还是速率（十五浬）来看，都远远超过了以前制造的蒸汽轮船。不久，船政局为南洋制造的另两艘巡洋舰"镜清"号、"寰泰"号相继下水，质量有明显提高。光绪十七年（1891），南洋大臣、两江总督刘坤一在奏折中评论南洋水师各舰时曾说："内惟'寰泰'、'镜清'、'开济'三号工料坚致，驾驶甚灵。"（《刘坤一遗集》第二册，第688页）对船政局自造军舰的评价超过了购自德国的巡洋舰"南琛"号、"南瑞"号，足见船政局造船技术的进步。

以后，船政局又试造双机钢甲战舰，在购办了钢料、钢板后，于光绪十二年十一月十二日（1886年12月7日）安上龙骨，由留法归国学生魏瀚、陈兆翱监造，据称此舰制造是中国设计师"独运精思，汇集新法，绘算图式，累黍无差"（中国史学会：《洋务运动》第五册，第354页）。该舰于光绪十三年十二月十七日（1888年1月29日）下水，排水量二千一百吨，马力二千四百匹，时速十四浬，命名"龙威"，经过试航，被誉为"船身极为坚固，机器极为灵动，行驶极为稳快"（中国史学会：《洋务运动》第五册，第390页）。后编入北洋水师，改名"平远"，成为舰队主力之一，在甲午黄海海战中，于战斗后阶段加入战阵，激战中中弹二十余处，经受了实战检验。试造钢甲战舰，不仅在中国造船史上是一个创举，就世界范围看，在当时也是比较先进的。直到十九世纪六十年代初，世界上第一艘钢质装甲舰才在俄国造成，英国则到十九世纪八十年代才普遍制造钢质轮船，中国在十九世纪八十年代制造钢质军舰应是中国造船史上的飞跃。

创办马尾船政局的意义还在于它所制造的船舰在反对外来侵略的斗

船政局建造的中国第一艘钢质巡洋舰"平远"号

争中起到了一定作用,这是有目共睹的事实。

　　同治十三年(1874)夏,发生了日本入侵台湾的事件。五月初一日,沈葆桢亲率舰队赴台湾布防,以"扬威""飞云""安澜""靖远""振威""伏波"等舰驻澎湖,"福星"驻台北,"万年青"驻厦门,"济安"驻福州;又以"永保""琛航""大雅"三艘商轮运送援台淮军唐定奎部和装载军火。经过一番部署,大大加强了台湾的防务,遏制了日本侵略者的嚣张气焰,最终迫使他们从台湾退兵,而当时调用的军舰和商船都是由马尾船政局制造的。

　　光绪十年(1884),法国侵略者挑起了中法战争。在反抗侵略者的战争中,用马尾船政局生产的船舰装备起来的福建水师,是海战的主力(只有两艘军舰购自美国),各参战军舰的舰长和军官也都是船政学堂的毕业生。七月初三日(8月23日),马尾海战爆发,尽管法国海军在吨位、火力、人员方面均占有绝对优势,但福建水师的官兵们仍奋勇抵抗,死战不退。后来只因清朝当局避战求和,舰队最高指挥大员张佩纶、何如璋等昏庸无能、指挥失当,终使全军覆没。光绪二十年(1894)夏,甲午中日战争爆发,马尾船政局建造的"广甲""广乙""广丙""平远"等军舰都参加了甲午海战。在黄海一役中,"平远"号表现突出,连续击中日舰主力"松岛"号、"吉野"号、"严岛"号。至于甲申、甲午两次战役的失败,自有其深层次的原因,自造军舰在具体战斗中的表现也颇多复杂因素,不能简单归咎于船政局。

再次,船政局在培养人才方面也发挥了一定作用。由左宗棠建议创办的船政局前、后学堂(前学堂学制造,后学堂学驾驶)和艺圃(技工学校),成了我国最早培养近代海军军官、造船专家和技术工人的摇篮。截止到民国十三年(1924),从这里培养出来的六百多名航海、造船、蒸汽机制造方面的管理、驾驶及工程技术人员,为发展中国造船业和创建近代海军做出了贡献。从船政学堂毕业的学生,不但成为了船政局和福建水师的骨干力量,还支援了南、北洋水师,李鸿章曾说:"中国驾驶兵轮学堂,创自福建船政。北洋前购蚊船所需管驾、大副、二副、管理轮机、炮位人员,皆借材于闽省。"(中国史学会:《洋务运动》第二册,第460—461页)光绪十四年(1888),北洋水师成军,主力军舰的舰长都是从船政学堂毕业的(其中不少还曾留学英国)。在船政学堂的毕业生中,有像邓世昌那样为保卫祖国壮烈牺牲的民族英雄,像严复那样为传播西方资本主义文化做出很大贡献的启蒙思想家,还有我国近代杰出的铁路工程师詹天佑,他也曾于光绪七年至八年(1881—1882)在船政学堂学习驾驶,毕业后任"扬武"号驾驶官。此外,在马尾海战中英勇牺牲的管驾(舰长)陈英、林森林、许寿山等;在黄海海战中以身殉国的"经远"管带(舰长)林永升和对北洋海军建设起过重要作用的刘步蟾等,都是从船政学堂毕业的。

马尾海战中牺牲的船政学堂毕业生(任管驾以上者)

姓　名	籍　贯	官阶	职　务	学　历
吕　瀚	广东鹤山	游击	督带"福胜""建胜"	第一届毕业
许寿山	福建闽县	千总	"振威"管驾	第一届毕业
陈　英	福建福州	五品军功	"福星"管驾	第三届毕业
林森林	福建福州	五品军功	"建胜"管驾	第三届毕业
叶　琛	福建福州	千总	"福胜"管驾	第二届毕业

在北洋舰队任管带的船政学堂毕业生

姓 名	籍 贯	官阶	职 务	学 历
刘步蟾	福建侯官	总兵	"定远"管带	船政学堂第一届学生 光绪二年(1876)留学英国
林泰曾	福建闽县	总兵	"镇远"管带	同上
邓世昌	广东番禺	副将	"致远"管带	船政学堂第一届学生
叶祖珪	福建闽侯	副将	"靖远"管带	船政学堂第一届学生 光绪二年(1876)留学英国
林永升	福建侯官	副将	"经远"管带	同上
邱宝仁	福建闽侯	副将	"来远"管带	船政学堂第一届学生
方伯谦	福建侯官	副将	"济远"管带	船政学堂第一届学生 光绪二年(1876)留学英国
黄建勋	福建永福	参将	"超勇"管带	同上
林履中	福建侯官	参将	"扬威"管带	船政学堂第三届学生
李 和	广东广州	都司	"平远"管带	船政学堂第一届学生
萨镇冰	福建福州	游击	"康济"管带	船政学堂第二届学生 光绪二年(1876)留学英国
林颖启	福建福州	游击	"威远"管带	船政学堂第二届学生 光绪二年(1876)留学英国
蓝建枢	福建	都司	"镇西"管带	船政学堂第三届学生
林国祥	广东广州	都司	"广乙"管带,后为"济远"管带	船政学堂第一届学生
程璧光	广东香山	都司	"广丙"管带	船政学堂第五届学生

左宗棠真心实意地希望通过学习西方"长技",使中国富强起来,也确实想把"洋务"办得有声有色。但是,他不懂得阻碍中国走向富强的根本原因,除了西方资本主义国家的侵略外,还在于封建制度的桎梏,不推翻这个制度,中国不可能由贫弱变为富强。左宗棠是封建统治阶级中的当权人物,他不可能跳出旧制度的圈子,他所向往的"富国强兵"之路只能是封建制度旧垒中的盘陀道。

左宗棠的洋务活动扎根于腐朽、落后的封建制度之上，这就难以摆脱这个制度所带来的贪污、浪费、机构臃肿、人浮于事、官僚习气严重、办事效率极低等弊端。以马尾船政局为例，初办之时就形成了一个庞大的官僚行政机构。一些追求利禄之徒，对"船政之兴，尤视为利薮"（沈葆桢：《沈文肃公政书》卷四），他们虽然"于厂务毫未经历"，却极力钻营，厕身其间以谋私利，沈葆桢曾说，他"奉命之日，荐书盈篚，户为之穿"（台北近代史研究所编：《海防档》乙《福建船厂》上，第14页）。沈离任后，人员浮滥现象更加严重，到光绪九年（1883），仅勤杂人员（即差弁和书役）就有八十八人之多。光绪六年（1880）十一月十六日，江南道监察御史李士彬揭露船政局弊病时说："局中及各船薪水每月需银万余两，大家虚糜，船政大臣极欲整顿，竟有积重难返之势"（中国史学会：《洋务运动》第五册，第249页）；光绪八年（1882）十二月十二日，侍郎宝廷上奏说："人言啧啧，多讥其（指马尾船政局——引者）虚糜多而实效少。"（中国史学会：《洋务运动》第五册，第270页）光绪九年（1883）十二月初七日，时任两江总督、南洋通商大臣的左宗棠也请旨申饬船政局"玩延浑饰"，严斥局中造船"俨如居贾者以劣货售人，一出门则真赝皆弗顾，故一经风浪，百病丛生"（《全集》"奏稿"八，第401页）。

除了上面提到的他借以活动的历史舞台和他本人所处的阶级地位的严重束缚外，在兴办洋务企业过程中，左宗棠也存在着个人思想方法上的问题。左宗棠是个颇为自负的人，做事往往自以为是，不容易听进不同意见。尽管他是封建官僚中的佼佼者，才华横溢，见识超群，但对于经营、管理近代企业，却完全是外行。他既不懂管理近代企业的方法，也没有时间和精力去过问企业的管理和经营。在左宗棠看来，学习西方的"艺"（先进科学技术），不能离开中国的"道"（封建制度及其思想体系），他认为资本主义的"艺"要统一于封建主义的"道"。左宗棠的洋务思想既不能在儒家思想体系中越雷池一步，那么他的洋务事业的前途就势必黯淡无光了。由于时代的、阶级的以及个人主观方面的局限性，使左宗棠的洋务活动收效甚微，他创办的马尾船政局最后也衰败下去，这就是他学习西方的悲剧。

第四章 经营陕甘

同治五年八月十七日(1866年9月25日),清廷发布"上谕"说:"陕甘为边陲重镇,现当回氛甚炽","眷顾西陲,实深廑系。左宗棠威望素著,熟娴韬略,于军务、地方俱能措置裕如。因特授为陕甘总督,以期迅扫回氛,绥靖边圉。"当时,陕甘形势相当紧张,十九世纪六十年代初,爆发了声势浩大的回民反清武装斗争,时任陕甘总督的杨岳斌(即杨载福)被搅得焦头烂额,连呼"剿不胜剿,防不胜防",劳师日久而无功,于是清廷决定以左宗棠代替他。岂料两个月后,陕甘形势更加复杂,由张宗禹、张禹爵率领的"西捻军"绕道潼关以南的商州,赴秦岭,直扑华阴,逼近西安。心急火燎的清政府又于同治六年(1867)正月初一日以左宗棠"督办陕甘军务",令其"带兵迅即入秦",旋又加"钦差大臣"头衔。

一、"进剿"捻军

提及捻军,先得从捻党说起。捻党的产生最早可追溯到清康熙年间,即十七世纪中叶。到嘉庆十三年(1808)时,官书上才有了正式记载,当时被称为"红胡子",之所以称"红胡子"是因为他们曾"涂面执械",打劫豪富。其活动地区主要在江苏、安徽、河南、山东一带。对于捻党,官方称之为"捻匪",民间则称呼为"捻"或"捻子"。道光二年(1822),捻党曾与白莲教在河南新蔡组织了一次反清武装斗争,并突入安徽颍州境。咸丰五年七月(1855年8月),各路捻军齐集安徽亳州雉河集,举行会议,公推张洛行(一作乐行)为大汉盟主,称"大汉明命王",并建立"五旗军制"。咸丰七年(1857)二月,经过协商,捻军与太平军开始联合作战,后张洛行曾先后接受太平天国鼎天福、沃王等封号。同治二年二月（1863年3月），张洛行率捻军二十余万人与清军僧格林沁部大战于雉河集近郊，张洛行被捕杀。五月，张洛行之侄张宗禹由豫西回到皖北，重占雉河集，继续抗清。同治三年（1864）十一月，太平军遵王赖文光与捻军领袖梁王张宗禹、鲁王任化邦、荆王牛宏升、魏王李蕴泰重新整编，共御强敌。他们"誓同生死，万苦不辞"，以复兴太平天国为己任，组成了一支新捻军。新捻军易步为骑，大大提高了作战的机动性，他们驰骋于豫、鲁、鄂、苏之间，使清军疲于奔命，屡遭败衄。同治五年九月十五日（1866年10月23日），新捻军在河南许州（今许昌）分兵两支：遵王赖文光、鲁王任化邦率一部于中原地区活动，是为"东捻"；梁王张宗禹、幼沃王张禹爵"前进甘、陕，往连回众，以为掎角之势"（中国史学会：《太平天国》第二册，第683页），是为"西捻"。左宗棠也就在此时开始了他的西北之行。

在接到调任陕甘的谕令后，左宗棠一面尽快安排了马尾船政局的事务，一面要求安排他的老部下刘典（时正回乡省亲）为帮办军务大臣，并极力开掘饷源、粮源，调集随征部队。他在十月二十九日的奏折中强调了两件事：一是兴屯以解决军粮，"屯政果兴，军无悬釜之忧，民有重苏之望，以逸待劳，以饱制饥，其于兵事尤为利便"；一是要求切实保障军饷来源，认为若不"准拨的饷（实在的军饷），则入关而西，饥溃哗噪实在意中"。

十一月初十日，左宗棠离开福州，准备由江西、湖北，取道河南，先去北京"陛见"皇帝。但陕西的形势使清廷心急如焚。迅速入秦的西捻军于十月十九日在华州城东击败陕西巡抚刘蓉（蓉一作容，字孟蓉，湖南湘乡人），于是清廷命左宗棠直接赶往陕西，"暂时毋庸来京"。十二月下旬，左宗棠在湖北黄州接到第二道"寄谕"，催促他迅赴陕西，督饬诸军。几天后，左宗棠在武昌再次接到令其"迅即入陕"的诏谕，十天之中，三奉催招，可见清廷惊恐、惶急之情。

考虑到粮饷转运困难，左宗棠本想只带领六千精兵入陕（从福建挑选三千人，再命刘典从湖南招募三千人），到陕甘后再就地扩充。但战局的变化使他不得不改变计划以适应形势需要，决定在原拟六千人的基础上再加募六千人，合成一万二千人，都限令于一个月内到湖北取齐。此外,又调原不准备动用的广东提督高连升一军从广东北上。

　　行军途中,左宗棠的心情是很不平静的,他冥思苦想,希望能找到一套行之有效的办法来解决陕、甘问题。十二月二十三日(1867年1月28日),经过黄州时,他特地致函住在监利的老朋友王柏心,邀其于汉口会晤。王柏心曾做过林则徐(于道光二十六年署陕甘总督,并任陕西巡抚)和前陕甘学政罗文俊的幕客,熟悉陕甘情况,当时虽蛰居家中,却密切关注时局变化。针对捻军、太平军余部和陕甘回军异常活跃的情况,他向左宗棠建议:分别轻重缓急,集中使用兵力。认为捻军"飘忽驰突,兼善用骑","最为难制",因而应以先灭捻军为急务。(王柏心:《百柱堂全集》卷三四)左宗棠与王柏心曾在湖北张亮基幕府共事,深知他老谋深算,故"询以关陇山川形势,用兵次第及时务所宜先者,王柏心罄所知以告"(《全集》"奏稿"七,第303页)。

　　左宗棠接受王柏心的建议,进一步制订了自己在西北的战略方针,即:"以用兵次第论,非先捻后回不可,非先秦后陇不可"(《全集》"书信"二,第10页);在战术上,左宗棠为对付捻军的剽悍骑兵,提出要"讲求阵法,先制其冲突,而后放枪炮,先立定脚跟,而后讲击刺"(《全集》"书信"二,第17页)。还提出要"以车营、步队当贼马,而以马队抄其步"。训练车营的计划,后因经实战无效而放弃;建立骑兵一事,他虽十分重视,但短时间内难有成效。经"极力搜索",也只搞到四百六十匹马。这样一支弱小的骑兵远不能与捻军铁骑争锋(东捻军在全盛时兵力达十余万人,骑兵超过半数;西捻军约三万人,骑兵也有一万多)。在这种情况下,左宗棠只能寄希望于武器装备的改善,他认为"惟多用火器,庶几制胜。每营除改用短劈山炮三十八尊安于战车,其洋枪则加至六成"。(《全集》"书信"二,第18页)他又函商时任浙江布政使的老部下杨昌濬,从浙江调拨五万斤进口火药至鄂。为了解决军费难题,他通过胡光墉向上海洋商借款一百二十万两。

　　同治五年(1866)十二月,西捻军以灵活机动的战术在陕西连战告捷,打开了一个新局面。十二月十八日,西捻军在西安灞桥十里坡设伏,阵斩刘蓉部湘军大将萧德扬、杨德胜等,陕西清军主力溃不成军。西捻军乘势包围西安,四面环攻,西安"文报不通,粮路断绝",危如累卵。陕西士绅提心吊胆,惶惶不可终日,惊呼:"若救援稍迟,关辅情形已不堪问矣!"(《国子监祭酒车顺轨等折》)清廷闻讯,急命两江总督曾国藩火速增援。曾国藩急派大将刘松山(字寿卿,湖南湘乡人,原为王鑫旧部)率步兵十七营及部分骑兵从江宁西上。刘松山率军于十二月二十三、二十四日到达潼关,除夕,至西安。这时,西安城内惴惴不安的官绅们才算抓住了一根救命稻草,长吁了一口气。

此时,左宗棠在汉口也终于集中了一支约两万人的西征军,计包括:

(一)直辖楚军:亲兵营十哨;先锋、后劲、新前、新后四营旗;马队五起(一起即半营,一百二十五骑。马队一营为二百五十骑)。又恪靖三路十五营——前路五营,统领刘端冕(字元尊,湖南宁乡人);中路五营,统领周绍濂(字莲池,湖南宁乡人);后路五营,统领杨和贵。以上共计一万一千三百七十五名。

(二)刘典部楚军:亲军左、右二营,后营一营,合计一千五百名。

(三)高连升部"果勇"(连升字果臣)步队八营,马队一营,合共四千二百五十名。

(四)吴士迈(字退庵,湖南巴陵人)"宗岳军"二营,合共一千名。军名"宗岳"是表示以岳飞为宗。

(五)张岳龄(字峙衡,湖南平江人)部平江营三营,合共一千五百人。

同治六年二月二十日(1867年3月25日),楚军前队从汉口出发,四天后,左宗棠亲率各营前进。但由于东捻军已突入湖北,使他不敢即刻入秦。据薛福成说,东捻军"众逾十万",盘旋德安、安陆之间,"谋以一枝越襄河(指汉水——引者)蹒蜀疆,一枝屯湖北为声援,一枝闯武关联西捻张总愚(对张宗禹的蔑称)。"(中国史学会:《捻军》第一册,第363页)正月十五日,东捻军于汉水东岸尹潞河地区击溃淮军刘铭传部,但由于湘系"霆军"(鲍超部)从背后袭击,使之损失两万人,遂被迫突围北上。但仍不放弃其联合西捻军以建立川陕根据地的战略意图,在兜了一个圈子后,复折向鄂东,于二月十八日在蕲水六神港击毙鄂军记名布政使彭毓橘。东捻军驰骋江汉,既使湖北巡抚曾国荃的新军屡遭挫败,又使"剿捻"主将李鸿章的淮军接连失利,所以左宗棠在写给骆秉章的信中说:"敝军在此,人心恃以为固,一旦远出,大局难以复问。"(《全集》"书信"二,第22页)

三月十六日,左军由孝感、云梦北上德安。东捻军也由鄂东西进至天门、钟祥一带,逼近汉水。为此,左军留驻德安、随州,加强戒备。东捻军进至汉水后,为清军水师所阻,不能渡河而西,遂北上进入随州以西的茅茨畈。二十九日,又过历山东进高城。左军于四月初一日掩击塔尔湾。左宗棠本人也于两天后从随州西上,初五日抵枣阳,又三天至樊城,而东捻军已由枣阳北入河南。至此,左部楚军才敢实行三路入陕的计划。

左宗棠的入陕计划是这样的:由刘典率本部及"恪靖"前路五营合共五千人由刘端冕统带,从樊城进荆紫关,出商州龙驹寨以达蓝田;左宗棠亲率亲兵十哨、马队五起,另有先锋、后劲、新前、新后四营旗以及中路由周绍濂统带的五营、后路由杨和贵统带的五营约共七千人,从樊城沿大路进潼关;由高连升率"果勇"九营(步兵八营、骑兵一营)约四千多人,从樊城溯汉水而上,出均州、郧阳、洵阳,抵蜀河口。

五月十三日,左宗棠自率主力由樊城出发,六月十四日过函谷关时,突遇山洪暴发,辎重漂失过半。十八日到潼关后,兵士又感染时疫,病死二百余人,染病者以千计,不得不暂驻潼关休整。另一路刘典部于六月十六日到达陕西蓝田。而后路高连升部于四月底始到湖南长沙,五月初旬由长沙出发,经武昌,过樊城,溯汉水西入陕西。

抵达潼关后,左宗棠酝酿了一个对付西捻军流动战术的作战方案:"以一军凭渭立营,将各处偷渡之路概与阻截,然后分兵两大支,一由临潼渡渭,一由咸阳渡渭,联络刘、郭、黄(指刘松山的'老湘军'马步十八营,郭宝昌的'卓胜军'马步十七营,黄鼎的蜀军约二十营)诸军,遮其窜北山之路,庶可渐合长围困之"。(《全集》"书信"二,第35—36页)他准备卡住渡口,封锁渭河,把西捻军围困在渭水以北,泾、洛两河以东,北山以南,黄河以西的狭长区域内,加以歼灭。左宗棠在潼关还与担任河防的山西按察使陈湜(字舫仙,湖南湘乡人)商讨了河防部署,以防西捻军东渡黄河。具体计划是将秦、晋、豫三省交界的一段黄河划分为三个防区:从归绥辖境起南至保德州(今山西保德县),由大同镇总兵负责防务,受陈湜节制,为西北岸防区;从河曲、保德南至永济辖境为西岸防区;永济往下东至垣曲为南岸防区,陈湜驻山西汾州(今汾阳),居中指挥。

七月初三日,刘松山、黄鼎、郭宝昌三支清军联合在富平击败西捻军。

此时,颇为活跃的陕西回军西攻陇州(今陕西陇县)及邠州的淳化、三水等县,北由洛川向东进击同州府属的澄城、韩城、郃阳,迫使左宗棠不得不派杨和贵、周绍濂等军渡渭水至朝邑防堵,回军遇阻,复入北山。

对于西捻军的动向,左宗棠的分析是:"东不能过潼关,北不肯窜北山,非从西路折向东南,别无去路。"(《全集》"书信"二,第42页)他估计当时正值雨季,泾河水涨,西进的捻军在追兵紧逼下,"其势不能不折而东窜",而东进至同州后,限于黄河,又必然由蒲城而西。因此,左宗棠命刘松山、郭宝昌由富平东北趋蒲城,以等待捻军,改尾追为迎头兜截;同时,派杨和贵扼华州,刘端冕会合刘典进临潼,刘效忠移驻泾水西岸,高连升从蓝田进屯咸阳南岸,"皆凭河结营,期蹙捻泾、洛间歼之"(罗正钧:《左宗棠年谱》,第146页)。

七月二十七日,西捻军从泾阳渡泾水西进,经咸阳、兴平再北上乾州、醴泉。八月,回师再渡泾水,止于泾阳。九月十一日,左宗棠渡渭河亲赴泾西,召集刘典、刘松山、郭宝昌、高连升、黄鼎等高级将领"商进止",决议以黄鼎部蜀军十四营分布泾水西岸,"凭水扼原而守";以刘效忠扼耀州山口,防捻军北上;刘典、高连升出高陵,刘松山、郭宝昌出富平,以便进击;左宗棠则驻临潼督战并指挥运粮。他决定缩小包围圈,"就地了之"。但这个计划却落空了。二十七日,西捻军突然从蒲城东南北趋白水,突破包围圈,进入北山。

十月初八日,西捻军一部北过鄜州(今富县),复折东南,走宜川;另一部西趋,联合陇东宁州、正宁一带回军猛扑同官、耀州。左宗棠立即调整部署,以高连升一军五千人西进醴泉、乾州,以刘典一军五千人分驻耀州、同官、三水,加上黄鼎一军,专防西线;另以刘松山、郭宝昌、刘厚基之军共一万六千余人深入陕北,为追击部队。十月十三日,"老湘""卓胜"两军由富平、白水、洛川北上,离西捻军驻地尚有七八日路程;刘厚基部于十四日抵宜川。十九日,当刘、郭两军抵洛川时,刘松山部李祥和率千人继至中部县(今黄陵)大贤村,遭同官回军掩击,李祥和战死。二十二日,捻军克延川,攻清涧、绥德。为防西捻东渡黄河,左宗棠拟调高连升全军由宜君进鄜州、甘泉,径赴绥德,但高军被回军阻于中部,不能前进。二十七日,陇东庆阳回军攻占绥德。二十九日,汧阳(今陕西千阳县)回军进围凤翔。三十日,甘肃河、狄回军三万人攻汧阳、陇州,同时,正宁回军入邠州(今彬州市),北山回军则联合溃勇和当地反清武装,往来宜君一带,并东进韩城、郃阳。这样,西捻军自南而北,回军从西而东,互相配合,纵横攻战,使左宗棠顾此失彼,疲于奔命。他在写给陈湜的信中,毫不掩饰自己无可奈何的颓丧情绪:"弟昼夜筹调军食,须发为白,究于大局无能为力,愁恨何言!"(《全集》"书信"二,第68页)

十一月上旬,控制绥德的回军迎接西捻军入城。此时,西捻军首领张宗禹接到东捻首领赖文光的求援信,遂决计以"围魏救赵"之策,渡河而东,出彰德、怀庆,逾大名,直捣北京,以解东捻之围。十一月初十日,回军、西捻军分别撤出绥德,回军北上米脂、葭州(今佳县)、榆林等地,西捻军则沿州城西北苗家坪东下,经瓦窑堡(今子长)、延长,于二十二日到达宜川。二十三日凌晨,从龙王辿踏冰渡过黄河进入山西,清军刘松山、郭宝昌亦尾追过河。左宗棠听到这个消息,又急又气,"忧愤欲死"。(聂崇岐:《捻军资料别集》,第221页)清廷得知西捻军渡过黄河进入山西吉州(今吉县),即下谕严厉申斥左宗棠及山西巡抚赵长龄、负责河防的陈湜(山西按察使),并"著交部严加议处"。左宗棠很焦急,立即把陕西军务委托刘典、高连升办理,自己于十二月十八日从临潼亲率五千人入晋(左氏奏稿中谓五千人,而在私人函件中则称共合八千人)。二十一日,又命喜昌领新练马队一千七百骑自河南孟津渡河,与刘、郭合力堵截。二十八日,左宗棠匆匆赶到潼关。

西捻军东渡黄河后,以迅雷不及掩耳之势,攻克吉州,然后分兵三路:一南下河津,一东北趋汾水,一顺东南急进。然后经曲沃抵垣曲,顺王屋山进入豫北。十二月初九日,进攻卫辉府治(今河南汲县)。左宗棠命刘松山、郭宝昌由怀庆(府治在河内,今沁阳)东北趋彰德(府治在安阳)。同治七年(1868)正月,左宗棠进至山西介休,准备取道固关入直隶。西捻军此时已由临漳、内黄渡过漳河,刘、郭、喜(昌)等部尾追至磁州(今河北磁县),西捻军却已驰至平乡、巨鹿,并由邯郸、顺德直取定州(今定县),北逼保定。正月十三日,进入易州(今易县)境,前锋径抵卢沟桥,"京畿大骇"。清廷切责左宗棠、李鸿章,并将河南巡抚李鹤年、直隶总督官文"夺职"。左宗棠到达山西寿阳后,才得知西捻军已经北上直隶,惊慌失措之余,连夜督军冒雪赶路。二十二日至获鹿,刘松山一军也于二十五日赶到深州。

由于京师告急,华北各省的军政大员极度恐慌,纷纷举兵"勤王"。官文守保定,崇厚防天津,左宗棠指挥楚军、老湘军、皖军在西捻军后面紧追不舍。而刚刚镇压了东捻军的李鸿章,也带着疲惫不堪的淮军六十营(约三万人)从江淮北上。这时,从各地率军赶来的还有山东巡抚丁宝桢、河南巡抚李鹤年、嵩武军统领张曜。当时的形势对西捻军非常不利:由于东捻军在扬州附近覆灭,遵王赖文光殉难,深入直隶的西捻军已成孤军,虽顽强作战,终众寡悬殊,难以抵敌,遂不得不折而南返,辗转活动于冀中地区。

同治七年(1868)正月二十九日,左宗棠到了保定,指挥各军从东北、西北分三路向南进攻,但他对同捻军作战十分头痛,在二月初六日从定州发出的一份奏折中对捻军灵活机动、飘忽不定的战术曾这样表述:

> 捻逆惯技在飘忽驰骋,避实就虚……其乘官军也,每在出队、收队、行路未及成列之时。遇官军坚不可撼,则望风远引,瞬息数十里;俟官军追及,则又盘旋回折,亟肆以疲我。其欲东也,必先西趋;其欲北也,必先南下,多方以误我。贼马而我步,贼轻捷而我重赘;贼恣掠而驰,官军必待粮而走;贼之辎重少,官军之辎重多,故贼速而官军迟。尾追之战多,迎头之战少;盘旋之日多,相持之日少。(《全集》"奏稿"三,第614页)

他陈述自己未能早日将西捻军平定,并非自己不努力,而是存在着实际困难。什么困难呢?一是:捻军距北京不过三百余里,"官军南趋,贼必北向,迨官军折而北趋,虑将又落贼后";二是:清军聚集于捻军之北,往往随捻军之移动而忽东忽西,不但"往返奔驰",使兵力"渐形劳惫",而且由于清军过分集中,防御不周,易使捻军乘虚北上。为此,左宗棠建议把聚集于直隶的清军分为"近防之军"(一驻涿州,一驻固安,以拱卫北京)、"且防且剿之军"(分驻保定、河间、天津,一方面互相援应,另一方面做北京的屏障)和"进剿之军"(即跟踪追击之军)。清廷采纳了左宗棠的献策,命兵部左侍郎、三口通商大臣崇厚加强天津防务,以山东巡抚丁宝桢屯河间,左宗棠则至保定"督师"。

二月上旬,西捻军由深州北趋祁州(今安国市),十三日走博野。左宗棠南移至博野附近的蠡县,并令各部分道南下,西捻军失利于安平、深泽。十七日,李鸿章率淮军至景州(今景县)。二十三日,西捻军在饶阳县境被淮军、豫军击败,幼沃王张禹爵(即张五孩)、怀王邱德才死难。当左宗棠移驻正定府时,西捻军已冲破清军防线,越过滹沱河,于三月初一日渡漳河,入河南。左宗棠又追至河南彰德府(今安阳),李鸿章也赶到直隶南端的大名府。十三日,左宗棠移驻大名,李鸿章移驻开州(今山东濮阳县)。二十日,左宗棠至汤阴,扼滑县五龙渡。捻军弃渡,转向东北,由南乐直扑山东,经莘县、东昌等地再入直隶。清廷命李鸿章总统各军,命左宗棠专防直隶和运河。四月初四日,左宗棠赶到德州,而张宗禹已率捻军北上静海,初五日,直逼天津外围。清政府闻讯,再次宣布北京戒严,并指示三口通商大臣崇厚"知会英国、法国炮船,将濠墙协同守御,以固津防"(《东华续录》同治朝,卷七一)。西捻军见天津防守严密,遂沿海滨南下,重返山东。初六日,左宗棠赶到连镇,派刘松山、张曜、宋庆、喜昌、春寿等由东光、南皮沿运河西岸北进。十四日,左宗棠渡过运河,驻扎吴桥。当时,集中在山东、直隶、河南的清军达十万人之众,却对付不了没有后勤保障的西捻军,张宗禹竟能率健儿"奔突数千里,往来自如"。对此,清廷非常恼怒,限期一个月要左宗棠、李鸿章把捻军"全数歼除"(中国史学会:《捻军》第一册,第73页)。

闰四月,限期已到,所谓"全数歼除"仍然是一句空话。清廷又下旨将左宗棠、李鸿章"交部严加议处",并派满员都兴阿为钦差大臣,指挥豫军张曜、宋庆部和陈国瑞等军。各路清军之间派系倾轧,事权不一,大大削弱了作战力量。左宗棠对这一局面甚为不满,他在给杨昌濬的信中大发牢骚:"捻事本可早蒇,而数百里之内,大臣三,总督一,巡抚三,侍郎二,将军一,而又以邱营加之,禀命专命均有不可,束缚驰骤奚以为功?"(《全集》"书信"二,第110—111页)对清廷削减他兵权一事,他在写给崇厚的信中也流露出不平之意:"现以逆捻急图窜越运西,遂由吴桥移驻连镇,然仅所部马步五千,其所带之秦军如刘、郭、喜,皆视贼所向,昼夜追剿,未尝一日休息。前此总统之张、宋、程三提军及春副都护之吉江马队,已遵旨交李少荃(李鸿章字少荃——引者)宫保矣。计敝军人马合计不过一万九千余,仅足当一大统领之数。"(《全集》"书信"二,第105—106页)尽管内心不满,但因自己"剿捻"不见成效,也只得忍气吞声,正如他在写给李鸿章的信中所说:"将帅太多,兵勇亦太冗杂,以理论之,实似欠妥。然我辈所事无成,何敢多腾口说?计惟有尽心干去,委曲求济而已。"(《全集》"书信"二,第109页)

西捻军坚持采用"多打几个圈"的运动战术,牵着十万清军的鼻子跑,使其疲于奔命。对此,李鸿章哀叹说:"近来军行日至百余里,为用兵十数年来之变格","穷年累月,饥走疲惫,徒劳我师"(中国史学会:《捻军》第一册,203页)。为改变这一局面,他一再上疏清廷,坚持重施其镇压东捻军的故伎,采用"设长围以困之"的"圈制"之策。在用"追剿"还是用"圈制"的战法问题上,左、李的意见是有分歧的:当西捻军于三月间由河南滑县、浚县进入山东时,李鸿章曾向左宗棠提出"运河长围"之议,但左认为地长兵分,不合时宜,未予接受。李鸿章在山东巡抚丁宝桢、安徽巡抚英桂的支持下,不顾醇亲王奕譞和左宗棠的反对,决计"钞袭旧稿,急图圈筑"(《李文忠公全书》,"朋僚函稿"卷八)。他的"圈制"计划是:西以运河为防线,筑长墙于北岸,派清军和民团扼守,并引黄河之水入运河,调水师炮船巡逻,以防止西捻军渡运河而西;北以减河为防线,引运河之水入减河,并筑长墙于北岸,由崇厚率天津洋枪队及民团扼守,以防西捻军北上;南以黄河为屏障,封锁所有渡口,将船只一律调至南岸,由山东地方官吏带兵扼守,以防西捻军南下;东面为大海,禁止渔船下海,以防西捻军渡海而去。这个计划,得到清政府的批准,使西捻军的活动范围越来越小,而直东各县的地主豪绅,又纷纷组织民团,修筑堡寨,更使西捻军的筹粮与住宿问题难于解决,加之"阴雨弥月,海、漳、运汇为泽国,马尺寸不能骋"(黄佩兰等:《涡阳县志》"兵事"),西捻军的机动性完全丧失,处境极其艰难。

五月上旬,西捻军进至山东海丰县。初十日,左宗棠即督军赶到盐山(属直隶天津府)西南堵截。十一日,刘松山、郭宝昌两军追抵沧州,张曜、宋庆也蹑后赶至,西捻又南下宁津,经山东德平等地趋向东北,忽又由乐陵转驰西南。二十七日,西捻军活动于陵县、德州之间,左宗棠从连镇追至。六月上旬,西捻军在沙河受到淮军郭松林、潘鼎新部前后夹击,将士伤亡颇多,梁王张宗禹亦负伤。六月十五日,张宗禹突至德州高家渡,准备抢渡运河,但前阻于清军水师,后又有追兵逼近,只好东向德平。二十一日,由德平南下,经平原往高唐州。二十六日,向聊城南面的李海务、周家店等处河墙猛烈冲击,准备从此处打开缺口,抢渡运河,但因受到淮军大炮轰击,未果,被迫东撤至茌平县广平镇。六月二十八日,张宗禹在指挥西捻军向东北方向转移时,遇到淮军四面阻击,伤亡很大,张宗禹只率少数人突出重围,至徒骇河边,"穿秫凫水,不知所终"(黄佩兰:《涡阳县志》"兵事")。至此,西捻军完全失败。

清政府在镇压了西捻军后,论功行赏,左宗棠则晋太子太保衔。但他却以"追剿无功",请求"收回成命",清廷未允。战事一了,左宗棠即准备"自陈衰病乞罢,专办秦陇屯田之事"。(《全集》"书信"二,第111页)但清廷却于七月十三日发出诏谕,命他统带原部由山西渡河入陕,"将鄜、延、绥、榆等处回氛节节扫荡"(《全集》"奏稿"三,第759页)。八月初五日,左宗棠坐船到天津,初十日,至北京准备接受皇帝召见。十五日,慈安、慈禧两太后召见了他,她们询问何时可以解决陕甘问题,左宗棠谨慎地回答:"非五年不办。"(《全集》"书信"二,第250页)

二、征讨回军

清朝同治伊始,西北地区爆发了大规模回民起义。起义从陕西开始,主旨是反对民族歧视和民族压迫。由于历史上形成的民族纠纷以及清朝统治者采取"以汉制回""护汉抑回"的政策,常发生回、汉械斗。曾任甘肃布政使的张集馨在评论咸丰八年(1858)临潼回汉械斗事件时指出:"向来地方官偏袒汉民,凡争讼斗殴,无论曲直,皆抑压回民。汉民复恃众欺凌,不知回性桀骜,亿万同心,日积月长,仇恨滋深。"(张集馨:《道咸宦海见闻录》,第241页)这一评论,除了包含有轻蔑少数民族意味外,基本上符合事实。比如有记载说,甘肃"东北宁夏一路,其始回民懦而汉民强,遇事辄凌轹之;以闻于官,多置不问。回积忿深,往往与汉民相仇杀,互有死伤"。"官吏既袒汉民,又以回之易与也,辄任意出入其法。回杀汉者抵死。汉杀回者令偿敛葬银二十四两。于是回滋不服。"(杨毓秀:《平回志》卷三)当"临潼事件"发生后,陕西巡抚曾望颜竟说:"回民不遵约束,即带兵剿洗。"(张集馨:《道咸宦海见闻录》,第241页)这种言论代表了当地高级官员的观点和主张。

清政府的民族政策自然造成了很深的汉、回隔阂,陕西一带汉、回械斗相当频繁,"几于无岁无处无之"(余澍畴:《秦陇回务纪略》卷一)。同治元年(1862)春,太平军攻入陕南,在西安近郊尹家卫击溃清军,进而包围省城,这对回民的斗争无异火上浇油。四月,在渭南仓渡镇及大荔王阁村、羌白镇回民开始暴动,领袖人物为伊斯兰教阿訇(经师)赫明堂、洪兴、任武等。反对民族压迫的风暴迅速自东向西蔓延:开始是渭南、同州(府治在大荔)、华州(今华县),继之为咸阳、长安、蓝田、鄠县,以后又北至高陵、富平、蒲城、泾阳、三原、耀州、同官(今铜川市北);西至兴平、乾州(今乾县)、醴泉(今礼泉),各回村纷纷响应,"村落既尽,遂攻城池"(《秦陇回务纪略》卷一)。回军先后攻破渭河南岸的华州、华阴和渭北的高陵、三原等县城。但破城后,往往弃而不守,只取财物归。清廷一时惊慌失措,赶紧将在皖北与捻军作战的胜保一军调至陕西。八月初十日,胜保由潼关西进,以解西安之围,并被任命为"督办陕甘军务"。又以新任陕西提督雷正绾(字伟堂,四川中江人,多隆阿手下大将)帮办军务。回军进攻同州、朝邑,清廷命胜保东守潼关,十月,胜保至同州,被困于城下,运输线也被切断,军粮将尽,形势十分危急。十一月,荆州将军多隆阿从安徽驰抵同州,接替胜保。同治二年(1863)正月,多隆阿率十二营进攻回军据点羌白镇、王阁村。二月初一日,清军血洗羌白镇,"堡破时,堡中老弱妇女哭声震天,尽屠无遗。"接着又破王阁村,该村"尸山积,流血成川"(杨毓秀:《平回志》卷一)。据说这一役"杀回万余,俘获无算"(曾毓瑜:《征西纪略》卷一)。八月,多隆阿在泾、渭汇合点附近向北进攻回军渭城老营,又杀戮殆尽。九月,多隆阿派部将汉中镇总兵陶茂林(湖南长沙人,后升任甘肃提督)率三千五百人解凤翔之围。同治三年(1864)四月,多隆阿中炮死于盩厔。清廷改派江宁将军都兴阿为西安将军、钦差大臣、督办甘肃军务,并调四川布政使刘蓉为陕西巡抚,带所部入陕南。在清军夹击下,陕南回军活动趋于低潮。

当陕西回民暴动时,甘肃回民也起而响应,并很快控制了甘肃大半地区。甘肃回军共分四大支,即:以河州(今临夏)、狄道州(今临洮)为中心的马彦龙、马占鳌一支;以灵州(今灵武)、金积堡为中心的马化龙一支;以肃州(今酒泉)为中心的马文禄一支;以西宁为中心的马桂源一支。

陕甘回民起义是清朝统治者对回民残酷压迫和剥削的必然结果,同时它也是在太平天国、捻军以及云南回民起义的影响、推动下爆发的。但是起义一开始就被民族仇杀的阴影所笼罩,这种民族仇杀是清政府"以汉制回""护汉抑回"政策的产物,而汉、回两族封建主的煽动、挑拨,更使矛盾激化。当时汉族封建主组织的"团练"在民族仇杀中起了更恶劣的作用,像陕西团练大臣张芾统率的汉族地主武装"杀的回民最多,也最惨"(中国史学会:《回民起义》第四册,第 315 页)。甘肃地主团练也扬言"见回不留"。同治二年(1863)六月,在狄道州城发生了屠回事件,"烧城内礼拜寺及回民屋宇五百余户。家小四千余口,焚杀尽净"(杨毓秀:《平回志》卷三)。还应看到,回族封建主也煽惑回军屠杀汉族普通百姓,如陕西长安县六村堡,本来"著名富足,居民万人,避难之民附之,又添数千口",同治元年(1862)六月,该地被回军攻破,"堡中屠戮殆尽"(易孔昭等:《平定关陇纪略》卷一)。同治二年(1863)十月,宁夏府城被回军攻占,"城中汉民屠戮罄尽"(同上)。同治四年(1865)二月下旬,马文禄攻占肃州城,开始"城内汉民尚三万余口",经残杀,城内"仅存老羸男妇一千一百余口。"(易孔昭等:《平定关陇纪略》卷一二)又同治五年(1866)十一月,洮州厅城被回军攻破,"尽杀城内汉民数十家"(杨毓秀:《平回志》卷三)。以上事实说明,陕甘地区回、汉民众遭受荼毒,汉族封建主及其政治代理人是罪魁祸首,但回族封建主也难逃其咎。

陕、甘各个回民武装集团,掌握在回族封建主和宗教头目手中。他们不仅提不出明确的反封建政治主张,还热衷于煽动民族仇恨,把本来就带有自发性和盲目性的起义,变成了他们统治、愚弄劳动群众,从而达到割据一方目的的工具。这样,就势必大大削弱抗清的力量,并终于被清军各个击破。

同治七年八月十九日(1868 年 10 月 4 日),左宗棠离开北京,返回陕西。刘松山亦率老湘军步兵十八营、骑兵五营到洛阳整顿,准备西行。九月初八日,左宗棠率军取道景州至彰德。十八日,抵孟县。二十七日,由孟津渡过黄河,于十月十三日到达西安。

当时,陕西回军势力很大,主要领袖有马正和、白彦虎、余彦禄、崔伟、陈林、禹得彦、冯君福、马长顺、杨文治、马正刚、马生彦、毕大才等十余部,以甘肃宁州(今宁县)境内的董志原为基地,号称十八营,人数超过二十万,其活动范围北接庆阳,南连邠(邠州)、凤(凤翔),东北直达鄜(鄜州)、延(延安府)。除回军外,陕西东北部还有以董福祥、高万镒、张俊、李双良等为首的汉族武装集团,共有十余万人,以靖边县的镇靖堡为基地,主要活动于延安、绥德、榆林一带,这也是一股反清力量。

左宗棠到西安后,即调署陕西巡抚刘典、甘肃提督高连升、署汉中镇总兵李辉武、道员黄鼎、魏光焘等到西安开会,研讨用兵计划。通过这次会议,左宗棠做了如下部署:北路以高连升一军进驻宜君以西的庙庄、杨家店一带,周绍濂一军由中部县(今黄陵)分营进扎双柳村,魏光焘一军由鄜州张家驿移驻王家角,进逼庆阳,刘端冕一军仍驻鄜州、甘泉,扼守东西关键;西南方面,以黄鼎部蜀军屯邠州,甘肃按察使张岳龄、知府俞步莲两军驻陇州、汧阳,蜀军李辉武部屯宝鸡,同时调吴士迈部"宗岳军"两营及别部步队两营、马队八营赴凤翔;东北方面,则调郭宝昌部"卓胜"军马步八营由同州、韩城北上宜川,以进延长。又调尚在洛阳整顿的刘松山部"老湘军"由山西平陆县境的茅津渡渡黄河入晋,经汾州趁黄河结冰趋陕北绥德;命张曜的"嵩武军"由山西河曲、保德渡河赴榆林。当时驻陕西的清军还有屯绥德的署延榆绥镇总兵刘厚基、绥德知州成定康部以及驻延安的刘厚填一支;又署宁夏将军金顺奉清廷之命,也于六月下旬抵定边,七月中旬,东向驻扎榆林。

十一月中旬,刘松山率军进至山西永宁州(今吕梁市离石区),分兵三千驻山西军渡,以护运道,然后自率大队前进。十二月初六日,"老湘军"至陕北绥德,并西向与成定康一军进攻大、小理川等反清武装据点,破垒一百多。十四日,刘松山屯军安定,因军粮不继,只得宰杀骡马充饥,然后向西北且战且进。十八日,"老湘军"进攻董福祥的基地——镇靖堡,董的父亲、弟弟均投降。后来,董福祥、李双良等陕北反清武装头目,也投降了刘松山。

击破董福祥一股后,左宗棠的下一个目标是消灭以董志原为基地的陕西回军。董志原位于陇东马莲河西岸,安化县城西南,属甘肃庆阳府管辖,地居秦陇要塞。这一片土地相当广阔,纵一百五十里,横二百八十里,当地民谚说:"八百里的秦川,还不敌董志原的边边。"(单化普:《陕甘劫余录》)同治八年(1869)春,董志原回军十八营约三四万人分道出击,二月初六日,屯踞于庆阳府最南端正宁县的南、北两原以及永乐堡、白吉原、宫河原一带,准备进攻陕西邠州,然后直下秦川。清陕安道黄鼎部蜀军(黄鼎字彝封,四川崇庆人,其部称"彝字营")除由徐占彪率五营埋伏于中家堡外,其余均由邠州迎击。初八日,败回军于白吉原,追至宫河。另外两支清军雷正绾、张岳龄部也分别出动。陕西回军迫于清军压力,将十八营并为四大营,以一半兵力保护眷属、辎重向西北方向预望城、半角城、金积堡(均属宁夏府)撤退,另以马正和等率万余人断后。左宗棠立命各军备足粮草,追击回军。二月二十三日,雷正绾、黄鼎、马德顺、李耀南等各军由邠州长武县分三路进攻宁州太昌镇,先后占领萧金镇、董志原等重要据点,并夺取了镇原城(属甘肃泾州)。二十五日,又攻占庆阳府城,陕西回军北上投奔马化龙。这一战役,回军被屠杀、饿死及"堕岩死者,实不止三万"(中国史学会:《回民起义》第三册,第98页)。左宗棠在《追剿逆回大胜荡平董志原庆泾各属一律肃清折》中也说:"平、庆、泾、固之间,千里荒芜,弥望白骨黄茅,炊烟断绝,被祸之惨,实为天下所无。"但他把造成这种大破坏的责任都推到回军头上:"陕回窃踞以来,远近城邑寨堡,惨遭杀掠,民靡孑遗。"对清军的杀戮,却讳莫如深,这当然是违背历史事实的。

击溃以董志原为基地的陕西回军,不过是左宗棠进兵甘肃的一个前奏。以后,他开始全力对付甘肃境内的几个回军集团,继续执行他"先秦后陇"的战略方针。三月,左宗棠把大本营移至乾州(今陕西乾县),以便指挥各军西进。

在甘肃四大支回军中,以马化龙集团实力最强,也最有影响力。马化龙与其父皆为西北地区回教白山派(即新教)教主,他以金积堡为根据地,控制灵州(今灵武)及附近各州县,自称"两河大总戎",雄长诸回,割据一方。同时,又接受清廷"招抚",改名马朝清,并获副将职衔。左宗棠对马化龙则大不放心,特别是当马化龙收容了逃至宁夏的陕西回军后,他就决心以武力解决之。左宗棠对马化龙集团在甘肃全局中的作用是十分清楚的,他认为平定关陇非先攻金积堡不可,"此关一开,则威震全陇,乃收全功也。"(《全集》"书信"二,第150—151页)金积堡以金积山得名,隶属灵州,其地东至花马池,南达固原,北连中卫,襟带黄河,雄踞边要,为形胜之区。左宗棠在给主力部队统领刘松山的密信中,就把自己的战略意图阐述得非常清楚:

  马化潆(即马化龙——引者)名虽受抚,而恃其富豪,恃其地险,阴与陕、甘各回相通。以大局言之,金积堡为陕、甘必讨之贼,失今不图,后将噬脐无及。从前雷、曹两提督攻金积堡,因粮运不继,后路被其截断,遂至一败不振。故欲攻金积堡,非宁夏、固原均有劲军不可。而从东路进兵,非熟审路径、屯积粮食、层逼渐进不可。麾下自绥德鼓行而西,名为剿花、定之贼,而实则注意于金积堡,俟逼近后,察其顺逆,慎密图之。此关一开,则威震全陇,乃收全功也。(《全集》"书信"二,第150页)

  五月,左宗棠兵分三路,开始向金积堡大举进攻:北路以刘松山部"老湘军"进定边、花马池,从东面逼近灵州;中路以魏光焘、周绍濓、刘端冕各军西出合水、宁州、正宁(均属庆阳府),直指庆阳、环县,这是主攻方向。另派雷正绾、黄鼎各部由董志原、泾州向镇原、崇信、华亭、固原移动,南下秦州(今天水);南路则派吴士迈诸军由陇州、宝鸡趋秦州。再以马得顺、简敬临两军驻灵台(泾州东南)为预备队,策应南、北两面。

  五月二十五日,左宗棠自邠州长武进驻泾州城。七月十二日,刘松山在镇压了内部兵变后,才率军由陕北清涧西驻镇靖堡。下旬,进入花马池(甘肃宁夏府境)。八月初一日,"老湘军"进至灵州东面的磁窑堡,并转战而抵灵州城北二里。初三日,回军在郭家桥集中了七八千人与清军激战。刘松山将郭家桥一带二十处堡垒"一律平毁",并肆行屠杀,各堡尸体枕藉。清军一直迫近吴忠堡,才屯扎于下桥。马化龙一面上书左宗棠,代逃至宁夏的陕西回军"乞抚",一面"掘秦渠之水以自固"(易孔昭等:《平定关陇纪略》卷六)。同时,他又派兵攻占灵州,重新打出反清旗号。左宗棠也调整部署,加强攻击力量。他檄调简敬临一军由威戎堡移至平凉府西的静宁,派黄鼎一军由瓦亭、平凉与之会师北进。而金顺、张曜两军也由北而南,径趋石嘴山,与刘松山形成合击之势。

马化龙于同治四年(1865)十二月曾接受署陕甘总督穆图善(字春岩,满洲镶黄旗人)的招抚,穆图善为他改名马朝清,现在刘松山进兵宁夏,马化龙再次反清,这就为一部分满族高级官员攻讦左宗棠提供了口实。绥远城将军定安急奏清廷,认为灵州城失守乃刘松山"轻进滥杀激变",指责刘"不分良莠,肆行杀戮,以致降回疑惧,陷城掠粮"(易孔昭等:《平定关陇纪略》卷七)。即将卸任的穆图善也上奏说:"马朝清实已抚良回,刘松山激成事端,恐甘省兵祸无已时,即将来左宗棠剿而后抚,亦未必能坚回民之信。"(转引自罗正钧:《左宗棠年谱》卷五)对于这种指责,左宗棠十分恼火,他在写给儿子的信中说:"穆曾奏马化濉为良回,隐以我为激变也。与旗员闹口舌是吃亏事,与前任争是非非厚道。然事关君国,兼涉中外,不能将就了局,且索性干去而已。"(《全集》"诗文·家书",第147页)左宗棠横下一条心,决意不妥协退让,誓把在甘肃回军中举足轻重的马化龙集团彻底消灭,他向清廷分析形势说:

> 马化濉之阴贼险狠,天下共知……自灵宁西达西宁,南通河、狄,各回民无不仰其鼻息,……甘肃汉、回杂处,昔本汉多于回,今则回多于汉。宁灵一带周数百里,汉民几无遗类,其产业、妇女均归金积堡,老弱死亡,壮丁为其佣工佃雇,汉民之痛心疾首,抑何怪其然。臣接灵州绅民之禀,耸惕不安,颇虑失此不图,张骏、元昊之患,必见诸异日。(《全集》"奏稿"四,第193—194页)

可见,左宗棠是把马化龙集团当作南北朝时期的前凉和北宋时期的西夏等割据政权对待的。九月二十三日,刘松山攻破马家寨等堡,搜获马化龙于九月十三日给参领马重山、吴天德、杨长春等的信札,信中马化龙自称"统领宁郡两河等处地方军机事务大总戎",其与中央政权分庭抗礼的意图非常明显,所以左宗棠说"其狂悖之状,阴狡之谋,业经败露"。故此,清廷也发出"迅图扫荡,不得轻率收抚"的"上谕"(转引自《左宗棠年谱》)。九月二十九日,刘松山率军攻占灵州城后,以黄万友守城,自己则还屯下桥。十月初六日,刘松山分军三路向板桥、蔡家桥推进,平毁庄寨三十余处,并将回军逼至金积堡东北波浪湖边,用火器环击,回军"填积湖中,湖水尽赤"(易孔昭等:《平定关陇纪略》卷八)。十一月初三日,"老湘军"与刚刚赶到的金运昌部"卓胜军"又摧毁了金积堡正北、东北、西北等外围堡寨二十余处。是时,雷正绾、周兰亭两军奉左宗棠之命,进入鸣沙洲,由峡口屯秦渠内外;黄鼎、马德顺两军则南下盐茶厅、打拉城、会宁,堵截西逃的陕西回军。十一月初一日,左宗棠由泾州进驻平凉,受陕甘总督印。此时,他的学生周开锡从福建解军饷至陕,便被任为南路军总统,同时又任刘松山为北路军总统。

金积堡回军顽强抗击,清军久攻不下。金积堡北各堡寨,凭险固守,清军进犯,伤亡颇众。十一月上旬,简敬临一军在汉伯堡受重创,简自己也被击毙。马化龙在坚守堡寨的同时,还主动出击。他派出两支部队:一军西攻定边花马池,切断"老湘军"粮道;一军出环、庆,袭击陕西,使战局为之大震。清廷连忙调李鸿章率淮军入陕助攻,但李鸿章刚行至潼关,就因"天津教案"发生被召回。同治九年(1870)元月,刘松山在往马五寨与回军议和时,因侮辱和蔑视回民,激起民愤而被打死。马化龙乘势攻夺金积堡险要之一的黄河青铜峡口,雷正绾、周兰亭、徐文秀(接统简敬临一军)、张文齐四支清军同时溃退,形势急转直下。

鉴于形势不利,左宗棠立即做出调整。他一面奏请清廷以刘松山之侄刘锦棠(字毅斋)接任"老湘军"总统,给予三品卿衔,以黄万友为副;一面又指示刘锦棠收缩兵力,集中各营于吴忠堡,"先图自固",并严扼下桥、永宁洞等要地。同时,还命刘端冕、李辉武两军回援陕西。面对紧急情势,左宗棠甚至做了全面撤退的最坏打算,他指示刘锦棠说:"如实不能支,不能不作退军之计,则需通盘筹画,分先后,分去留,不可一并行动。"(《全集》"书信"二,第186页)

但是,左宗棠很快稳住了局面,马化龙又显得被动了。二月,回军反攻吴忠堡,袭击灵州城,都未能得手,入陕回军也失败而归。三月,马化龙见形势不利,再次卑词求抚,左宗棠却坚持必须悉缴马、械,才能受降。左的打算是:"大约歼其渠恶,宥其胁从,事乃可定也。"(《全集》"书信"二,第195页)四月,金积堡回军出击抢粮,未成。六月,左宗棠派黄鼎统中路诸军会同雷正绾出何家堡,规取峡口,马化龙立即派手下头目袁希义率军守住峡口南面屏障——张恩堡,并从金积堡派出援军。黄、雷一面分兵在牛头山击溃金积堡援军,一面于七月初六日攻入张恩堡。下旬,清军占领峡口。八月,刘锦棠攻下东关,与金运昌直逼金积堡。九月初二日,黄鼎部蜀军占领离金积堡西门只有十余里的洪乐堡。当时,刘锦棠一军驻扎金积堡的东面和南面;金运昌一军驻北面;西北有徐文秀军;正西为黄鼎军;西南为雷正绾军。这样,清军对金积堡的包围圈形成了。十月初五日,南路清军攻下汉伯堡,至此,金积堡外的五百七十多座堡寨只有五座尚未攻破。十一月,马家滩、王洪寨回军投降。十一月十六日,金积堡内的马化龙、马耀邦父子交出军器,向刘锦棠投降。十二月十二日,金顺、张曜两军占领河西王家疃。二十八日,通昌堡、通贵堡回军向黄鼎军投降。

马化龙虽然投降,左宗棠仍很不放心,他认为"暂若从宽,必滋后患","此时若稍松手,将来仍是西北隐患","本朝都燕,以九边为肩背,尤不宜少留根荄,重为异日之忧,不比陕回由积衅私斗起事,尚可网开一面也。"(《全集》"诗文·家书",第161页)同治十年(1871)正月十二日,刘锦棠以从堡中搜获匿藏洋枪一千二百余杆为口实,将马化龙及其兄弟子侄、精悍部众一千八百余人(包括重要头目八十余人)全部杀害。以后,又将金积堡老弱妇女一万二千余人解赴固原州安插,并将侨寓和胁从的甘肃回民三千余人解赴平凉安插。

为了攻破金积堡,左宗棠共调动军队七十一营约三万多人,使用了包括从普鲁士进口的后膛来复线大炮等新式武器,但仍费时一年半,伤亡很大。他在给王柏心的信中说:"仆十余年剿发平捻,所部伤亡之多,无逾此役者。"(《全集》"书信"二,第233页)

金积堡之役结束后,左宗棠下一个进攻目标是河州(今甘肃临夏)回军。河州当时属兰州府,兰州府治是陕甘总督驻地,其东、西、南三面均与河州相连,因而河州回军对省城的威胁很大。左宗棠在进攻金积堡的同时,就派遣吴士迈、汤聘珍、李耀南各军由汧、陇趋秦州(今甘肃天水),与甘军配合作战。为加强南路的军事力量,左宗棠还特派周开锡为甘南诸军总统(即南线总指挥),并对战斗力弱的甘军加以裁并、整顿。

同治九年(1870)五月,周开锡派凉州镇总兵傅先宗(字堃庭,湖北江夏人)一军进巩昌,提督杨世俊(字晓峰,湖南长沙人)率部由秦州出伏羌。清军在宁远、礼县击败回军后,乘胜攻占渭源县城,并夺得甘肃西南的战略要地一杆旗。六月初三日,又攻破狄道州城(今临洮)。但南路清军兵力不足,运粮困难,左宗棠决定先集中精力攻北路,在南路暂取守势,驻军洮河以东。他的策略仍然是集中兵力,各个击破。十月,河州回军渡过洮河,进攻平凉府静宁州,以牵制清军对宁夏的进攻。左宗棠则派从福建赶到的旧部刘明镫(字简青,湖南永定人)、杨芳桂(字琼丹,湖南宁乡人)两营出扼静宁。

同治九年(1870)底,马化龙等投降,左宗棠便决定大举进攻河州,但南路诸军总统周开锡于同治十年(1871)五月十五日病死,对进军不无影响。六月,左宗棠在备足了三个月粮料后,即调集各军向河州发动总攻,其部署是:中路以记名提督、凉州镇总兵傅先宗率鄂军(多隆阿旧部)由狄道进,一半渡洮河而西,一半驻洮河东岸;左路命记名提督杨世俊率所部楚军和由提督张仲春率领的"宗岳军"取道南关坪进峡城;右路命记名提督刘明镫从马盘监进红土窑,再入安定县,以扼康家岩;又命记名提督徐文秀(字华亭,湖南湘乡人)率楚军一部从静宁州取道会宁继进。另檄黄鼎分蜀军步兵八营交记名提督徐占彪(字昆山,四川人)率领,再配以副将桂锡桢率马队三营由中卫(属宁夏府)南下靖远,至会宁、安定,以防游动回军,护卫兰州东面。七月,各军分道而进。七月十二日,左宗棠亦由平凉向西,进驻静宁。

是时,阿古柏已攻占吐鲁番、乌鲁木齐,沙俄武装占领了伊犁地区,新疆局势趋于复杂化。清廷以荣全署伊犁将军,命驻高台已七年之久的乌鲁木齐提督成禄率所部出关,会同留驻巴里坤的乌鲁木齐都统景廉(字秋平,满洲正黄旗人)规复乌鲁木齐,并命左宗棠分军进肃州(今酒泉),左即调徐占彪率蜀军马步十二营经凉州、甘州赶往肃州。

七月二十九日,左宗棠由静宁取道会宁西进,八月初二日至安定(今定西市安定区),与后路军统领徐文秀、左路军统领刘明镫商议,决定会攻河州回军出击的要津——位于洮河东岸的康家崖。清军至康家崖,击破回军大小各堡,回军坚守洮河西岸的三甲集、太子寺、大东乡,以屏障河州。八月二十二日,清军中路军傅宗先部、左路军杨世俊部按照左宗棠的指示,架浮桥渡过洮河。九月十八日,会攻高家集。翌日,占领各堡。为了大举渡洮，左宗棠先派总理营务处、前福建布政使王德榜(字朗青，湖南江华人)、道员朱明亮(字懋勋，湖南汝城人)率大营亲兵千余名至康家崖观察形势，接着又增拨步兵两营、骑兵一营，令其渡狭道浮桥，趋八羊沟；再派傅先宗一军攻黑山头，以图牵制。十月初，王德榜、朱明亮渡洮河，徐文秀、刘明镫等也移屯西岸。初七日，傅军击破黑山头二十余座堡垒，初九日，各路清军会攻河州第一道门户——三甲集，回军损失几千人，马占鳌夺门逃走。他为了阻遏清军攻势，派兵渡洮河至康家崖西北沙泥一带，阻扰清军粮道。左宗棠急调灵州防军董福祥部、庆阳屯军张福齐、徐万福部西进，驻扎洮河以东护粮，并派总理营务处陈湜赴前线督战。

同治十一年(1872)正月，清军粮道梗阻，大将傅先宗、徐文秀在太子寺前线阵亡。左宗棠闻讯，立即命王德榜接统傅军，沈玉遂(字翰青，湖南湘乡人)接统徐军，并檄调谭拔萃、张福齐、甘大有各营兼程赴安定听命。王德榜接统傅军后，分兵守高家集、太平山、虎牢关，严防回军偷袭狭道。

河州回军虽一度获胜，但马占鳌见自己伤亡亦很大，清军又不断增援，很难从根本上扭转战局，于是派人到三甲集行营求降。左宗棠指示在前敌督战的陈湜："抚事以尽缴马、械为入手要著。"又进一步解释说："呈缴马、械，不能即保其必不复反，然办抚不能不从此下手。伊辈之就抚不就抚，全在其心之诚伪，无从窥测，亦不能就马械之悉数呈缴与否观之。弟之所以断断于此者，亦谓此著做得透澈，总可保数年无事。数年中得好官抚绥、教诲，潜移默化，或能永远相安耳！"(《全集》"书信"二，第309页)左宗棠之所以把收缴马匹、军械定为受降的先决条件，是因为他深知只有让回军解除武装，才能控制局面，然后再调整政策，以谋"长治久安"。陈湜根据左宗棠的指示，在马占鳌、马尕大等先后缴出马四千余匹，军械一万四千余件后，才允许其投降。左宗棠奏请清廷，任命马占鳌为统领，其所辖部队，也按清军编制改编为三旗。

河州回军投降后，左宗棠命署河州知州潘效苏、河州镇总兵沈玉遂各赴本任，另派河州州判米联璧赴太子寺任所。七月十五日，左宗棠也由安定入驻兰州省城，这是他任陕甘总督六年来第一次进入总督驻地。

河州以西的另一支回军是以西宁为基地的马桂源集团。西宁回军首领原为马尕三(即马文义),马尕三死后,马永福接替。马永福的两个侄子马桂源、马本源接受了清廷招抚。受抚后,马桂源被任命为西宁知府,马本源被任命为西宁镇标游击,并代行总兵职务。这样,清政府实际上已失去了对西宁地区的控制。此时,被清军追赶的禹得彦、白彦虎等部陕西回军,也逃到了西宁地区,散居在大、小南川一带,与西宁回军联成一气。

同治十一年(1872)六月,刘锦棠带着新募的湘军回到甘肃,成为左宗棠进攻西宁时所依仗的主力部队。刘锦棠留谭拔萃率步兵三营、骑兵两起驻防金积堡外,自带步队四营、马队两起由平凉赶赴兰州,与左宗棠妥商机要。左宗棠的计划是先取西宁,再攻肃州。除了调刘锦棠部为进攻主力外,还派提督何作霖率步兵六营、骑兵两营由康家崖向碾伯(今青海乐都县)推进,又调龙锡庆步队两营,熊隆名、陶生林骑兵两营前往会师。这样,进攻西宁的清军总数达到步、骑十八营约七千人。

开始,马永福曾向左宗棠求抚,但以"防陕回"为借口,拒缴马、械,左宗棠也以"助剿陕回"为由,命刘锦棠进兵碾伯。马桂源兄弟立即联手陕西回军武力抗拒。八月初一日,刘锦棠进军碾伯,声言讨伐大、小南川陕回。碾伯与西宁同临湟水,二者之间有大、小峡口,两岸群山峻峭,横亘八十余里,中有一径,为进兵必由之路。初七日,刘锦棠亲率步骑进驻大峡以西的平戎驿,逼近大、小南川,分兵屯扎,与小峡毗连。初十日,刘锦棠驰视峡口,分营驻扎马营湾三十里铺。马桂源与陕西回军首领禹得彦、白彦虎等商议合抗清军,并将西宁城内回军、回民尽数撤出。清西宁道郭襄之与西宁城内汉族士绅闭门困守。此后一个多月内,回军在峡口一带与清军不断交战。九月,左宗棠又奏请清廷将宋庆(字祝三,山东蓬莱人)一军从陕北神木调至甘肃,派宁夏守军张曜(字朗斋,直隶大兴人)部分驻灵州、花马池,调谭拔萃所统"老湘军"马步四营赴西宁。十月初,左宗棠再派刘明镫率马步六营增援。十月十八日,清军连夺峡口北山卡垒十余座,回军从湟水两岸溃退,马本源、马桂源等逃向东川巴燕戎格(今青海化隆回族自治县),清军直抵西宁。

马桂源逃到巴燕戎格后,联络大通(西宁西北)都司马寿和向阳堡、下乱泉回民首领马进禄、韩起寿等人,继续抗击清军。同治十二年(1873)正月初四日,刘锦棠进攻向阳堡,遭到回军拼死抵抗。清军不顾伤亡而苦战,才攻破该堡,马寿、马进禄、韩起寿等被杀。初八日,清兵进入大通县城。城内原有汉民三千多人,此时丁壮都早已被马寿等所杀,只剩下老弱妇女六百余口。此时,逃到西宁地区的陕西回军崔伟、禹得彦、毕大才等部投降清军,除部分精锐马队被刘锦棠收编外,其余陕回二万多人被迁徙到秦安、清水等县。只有白彦虎拒不降清,率所部回军二千余人由永安、南山、草滩一带向西逃走。

当马本源兄弟逃到巴燕戎格后,左宗棠命陈湜、沈玉遂等率河州清军踏雪西进,继续追击。正月二十九日,清军逼近巴燕戎格,马永福等投降。二月初四日,马本源、马桂源兄弟亦被迫降于清军,不久,被杀。

左宗棠"本拟收复河湟后乞病还湘",但此时传来沙俄入侵伊犁的消息,他大为震惊,表示"今既有此变,西顾正殷,断难遽萌退志,当与此虏周旋"(《全集》"书信"二,第246页)。于是他派徐占彪率所部十二营赴肃州(酒泉),扼嘉峪关以防俄。清廷又催促成禄一军出关,与已驻关外的景廉一道规复乌鲁木齐。但清军出关并非易事,因为肃州被马文禄所统领的回军占据,难以通行。

马文禄,甘肃河州人,本名马四,又名马忠良。原为甘肃提督索文部下小军官。同治四年(1865)二月二十五日,联合猎户攻占嘉峪关,翌日,再占肃州(今酒泉),称兵马大元帅。并派人与割据乌鲁木齐一带的妥得璘政权相联系。妥得璘一名妥明,回族,原为河州阿訇。出关后,联合清军参将索焕章攻占乌鲁木齐汉城及附近城镇,自称"清真王"。马文禄曾多次打败清军,后与乌鲁木齐提督成禄、甘肃提督杨占鳌讲和。但当徐占彪部进军肃州时,马文禄即联络妥得璘及西逃的白彦虎回军据城抵抗。

同治十年(1871)十月初九日至十一月初一日,徐占彪部蜀军分批抵达凉州(今武威),十一月十九日,又西讲甘州(今张掖),二十七日,抵高台,与成禄会晤。十二月上旬,败回军于清水堡。同治十一年(1872)四月,马文禄派人去新疆向妥得璘求援,时妥得璘退守绥来,据乌鲁木齐的马人得已投靠阿古柏。"五月,新疆回入肃州城,助马四守"(曾毓瑜:《征西纪略》卷三)。五月二十七日,徐占彪夜袭肃州西南三十里的塔尔湾。六日,连下三十余堡,先后平毁肃州西南墩堡百余座,并进至距肃州城只有三里的沙子坝,但仍不能攻入肃州。十一月,左宗棠添派陶生林、金庆元、戴宏胜等马步五营前往助攻。十二月,清廷再从宁夏调金顺一军西进增援。同治十二年(1873)正月,金顺、陶生林等军进抵肃州城外。与此同时,从关外红庙子(即乌鲁木齐汉城)赶来支援马文禄的回军四千人也到了肃州,加强了城内守军的力量。二月十八日,白彦虎率回军到达肃州东北的毛目城。三月初六日,至塔尔湾废堡,第二天,即猛攻围城清军,被击退。五月初十日,宋庆部前锋马步六营抵肃州城下,于城东筑垒。未几,其后续五营亦赶到。清军虽然云集肃州,但面对城高三丈六尺、厚三尺多的坚城,竟一筹莫展。六月初一日,清军开始用大炮攻城。徐占彪率部越濠登城,攻占东关。闰六月二十五日,左宗棠派副将赖长携后膛大炮抵肃州城外。

　　清军对肃州围攻了一年半,却劳师无功。是时,关外局势日趋紧张,急需援军,于是清廷发出上谕,限令左宗棠、金顺"克期攻拔,以安边圉"。(易孔昭等:《平定关陇纪略》卷十二)七月十九日,左宗棠由兰州起行,亲往肃州督师。八月十二日,抵肃州城下。十三日,巡视城外各军,约期会攻。十四日,马文禄派人出城"乞降",左宗棠拒绝答复,只是张贴告示,宣称城中回民老幼妇女免死,诚心投降者赴营听遣。十九日,清军"奇捷营"统领杨世俊中炮而死。九月初十日,刘锦棠率"老湘军"五营及部分收编的回军赶至肃州。十五日,马文禄亲至左宗棠大营投降。二十三日,左宗棠下令处死马文禄、马永福、马照、马金龙等主要回军将领。同时,命令各军杀毙回军骨干一千五百七十三人。当天夜晚,清军入城纵火,竟对赤手空拳的回民进行屠杀,"枪轰矛刺,计土回五千四百余名","即老弱妇女亦颇不免"(易孔昭等:《平定关陇纪略》卷十二),最终全城只留下老弱妇女九百余人。这种残酷的大屠杀,实属骇人听闻!事后,左宗棠对肃州杀降也颇有悔意,他在写给金顺的信中承认:"弟自办军务以来,于发、捻投诚时,皆力主'不妄杀,不搜赃'之禁令,弁丁犯者不赦",但在"克复肃州时""不能尽行其志"(《全集》"书信"三,第418—419页)。不过,左宗棠本人却因占领肃州受到清廷嘉奖,被任为协办大学士(内阁大学士之副职,从一品),并赏给一等轻车都尉世职(世代承袭的官职称"世职"或世爵,轻车都尉为世爵之第六等,轻车都尉又可分为三等,秩正三品)。

三、"剿抚兼施"

面对如火如荼的陕、甘回民暴动,在清朝统治集团内部,出现了两种截然不同的应对策略:一种是"剿洗";一种是"主抚"。持"剿洗"论者主要是汉族豪绅地主和一些地方官吏。左宗棠曾说:"秦中士大夫恨回至深,每言及回事,必云'尽杀'乃止,并为一谈,牢不可破";又凤翔团练"时以'剿回'、'灭回'信口大言"(余澍畴:《秦陇回务纪略》)。曾先后担任过陕西巡抚的曾望颜(咸丰六年十二月至咸丰九年十月在任)、瑛棨(咸丰十一年五月至同治二年七月在任)都有典型的"剿洗"言论,曾望颜曾口吐狂言:"回民不遵约束,即带兵剿洗。"(张集馨:《道咸宦海见闻录》,第241页)瑛棨则在告示中说:"回系匪,宜剿灭,汉系团,宜协同官兵剿回。"(东阿居士:《秦难见闻记》)渭南团练头目冯元佐更传帖四方,"飞布'见回不留'之语"(郑士范:《捍御回匪纪略》)。而"主抚"论主要是在回军声势浩大,一些地方大员无力镇压时提出的一种方案,如曾于同治七年(1868)署陕甘总督的穆图善就极力主抚反剿。

左宗棠既不同意一味"剿洗",也反对一意"主抚",他提出解决陕甘问题的一个基本方针是:"剿抚兼施"。所谓"剿抚兼施",说白了就是军事镇压与政治招降相结合的两手策略。

对于汉、回仇杀的是非曲直,左宗棠没有采取偏袒的态度,而是做了较为冷静的客观分析,他多次指出:"从前汉回仇杀,其曲不尽在回"(《全集》"札件",第320页);"陕回之祸,由于汉、回构怨已久,起衅之故,实由汉民"(《全集》"奏稿"五,第545页);"关陇肇衅,曲在汉民"(《全集》"书信"二,第196页)等等。他对陕西士绅宣扬的"剿洗"言论是坚决反对的,并严厉警告地方官员不应听信这些"秦中士大夫"的一面之词,以免造成政治上的失策,他说:"惟秦人议论,往往不可尽据。即如汉、回争哄,致成浩劫,力主剿洗,万口一声,生心害政,实由吠影吠声致然,虽贤知之士,亦有不免。非兼听并观,折衷至是,不能平其政,祛其弊也。"(《全集》"书信"二,第435—436页)对于"剿洗"说,左宗棠批评它是"生心害政",对于盲目附和者,左宗棠讥讽为"吠影吠声",力主"平其政,祛其弊"。不过,左宗棠也反对一味"主抚",不愿意敷衍了事,求得一个表面"抚局",使回民军对中央政权保持一个半独立状态。他从统治者的"长治久安"这一根本目的出发,提出了"剿抚兼施"的基本方针。同治六年(1867)五月十一日,他受命督办陕甘军务不久,即向清廷上《预陈剿抚回匪事宜片》,阐述自己的意见:

> 此次陕西汉、回仇杀,事起细微,因平时积衅过深,成此浩劫。此时如专言"剿",无论诛不胜诛,后患仍无了日。且回民自唐以来,杂处中国(指中原地区——引者),蕃衍孳息,千数百年,久已别成气类,岂有一旦诛夷不留遗种之理!如专言"抚",而概予曲赦,则良、匪全无区分,徒惠奸宄,而从前横被戕残之数百万汉民,冤痛未伸,何以服舆论而弭异日之患?窃维办理之法,仍宜恪遵前奉上谕:"不论汉、回,只辨良、匪",以期解纷释怨,共乐升平。(《全集》"奏稿"三,第423页)

对于"剿抚兼施"的方针,左宗棠在同治七年(1868)八月十六日的奏折中又进一步阐述说:"臣之立意,仿汉赵充国议开屯以省转馈,抚辑以

狄道州城东门墙上"不分回汉"字样

业灾民,且防且剿,且战且耕,不专恃军威为戡定之计者。区区之愚,盖以办回逆与剿群寇不同,陕甘事势与各省情形各别,将欲奠此一方,永弭后患,则固不敢急旦夕之效,而忘远大之规也。"(《全集》"奏稿"三,第779页)这里所说的"远大之规",就是要在陕甘一带恢复农业生产,调整民族关系,稳固统治秩序。左宗棠认为,只有这样,才能"奠此一方,永弭后患",达到"长治久安"的目的。

要实现所谓"远大之规",自然不是"专恃军威"的肆意屠杀可以解决问题的。为此,左宗棠指示老湘军总统刘锦棠"宜严杀老弱妇女之禁"(《全集》"札件",第180页);命令楚军(左宗棠的直辖部队)前路统领刘端冕"申明纪律,除临阵外不准滥杀,不准奸淫妇女,搜抢财物,烧毁粮食"。(《全集》"札件",第346页)大开杀戒并非左宗棠的本意,所以他对肃州杀降才有"不能尽行其志"的感叹。

在"剿抚兼施"的方针中,"剿"与"抚"是什么关系呢?首先,左宗棠处理陕甘问题的出发点是以剿求抚,也就是说处理陕甘问题的终结点在于实行怀柔政策,否则不符合统治者的根本利益,也不利于国家、民族的安定发展。对这一点,左宗棠在一份奏折中讲得很清楚:

> 陕甘频年兵燹,孑遗仅存,往往百数十里人烟断绝。新复之地,非俵(散发,分)给牛、种、赈粮,则垂毙之民,势将尽填沟壑。各省克复一郡县,收一处丁粮厘税;甘肃克复一郡县,即发一处牛、种、赈粮,非是则有土无民,朝廷亦安用此疆土?(《全集》"奏稿"五,第119页)

其次是"剿"与"抚"的位置如何安排,孰先孰后?左宗棠认为对不肯真心"受抚"的回军必须严厉镇压,只有待对方丧失了抵抗的本钱,服服帖帖之后,才能讲"抚",也就是他所说的"剿到极处,故能议抚"。因此,当绥远将军定安、署陕甘总督穆图善等旗员向清廷密报他在宁夏"激变"生事时,他在家书中发泄自己的不满说:"与旗员闹口舌,是吃亏事,与前任争是非,非厚道;然事关君国,兼涉中外,不能将就了局,且索性干去而已!"(《全集》"诗文·家书",第147页)"虽同事之牵掣,异己之阻挠,朝廷之训饬,皆所不敢屈。"他所以坚持不肯"敷衍了事",不屈服压力,就在于他恪守"剿到极处,故能议抚"的信条。

四、处理善后

左宗棠用兵陕甘的一个重要目标,如他自己所说,就是"欲图数十百年之安,不争一时战胜攻取之利"。所以在战事告一段落,或军事行动基本结束后,处理好善后就成了头等大事。

怎么安顿劫后余生的陕、甘回民呢?左宗棠最注意的是编制户口,恢复生产,安定人心。

事变之前,陕西原有回民七八十万,事变之后,绝大部分死于战祸、饥饿、时疫,幸存者除西安尚保留二三万人外,其余都迁徙到金积、河、狄、西宁、凉州等地,丁口五六万人。怎么安顿他们呢?返回原籍显然不可能,十几年过去了,原籍的产业早已毁灭,无法维持生计,何况汉、回矛盾加剧,感情上也难于一时调和,民族报复的可能性也是存在的。对于这部分回民,左宗棠决计将其安插于甘肃各地:平凉大岔沟一带安插从固原迁去的数千人,平凉化平川安插从金积堡迁去的一万余人,平凉、会宁、静宁、安定等地安插从河州迁去的一万余人,平凉、秦安、清水等地安插从西宁迁去的两万余人。每安插一起陕西回民,先造户口清册,编给门牌,经左宗棠批准后,再由地方官指拨无主荒地,允其耕种。对于安插这部分回民,左宗棠考虑得较周到,安排得也较细致,不但认真选择合适的安插地点,而且筹划发放种籽、耕牛、农具和行粮(即路上的口粮)。在进攻宁夏时,左宗棠把固原的陕西回民数千人迁到平凉大岔沟一带,"均给以赈粮、牲畜、籽种,课其耕作。"在办理河州移民时,对迁移者"皆给以赈粮,大口每日八两,小口每日五两。其迁出稍晚,尚能播种粟、糜、荞麦者,照所垦地亩给以籽种;其节候已过不及下种者,令其尽力耕垦,以待明春。所需农器及各器具必不可少者,一律酌给"(《全集》"奏稿"五,第282页)。

同治八年(1869),甘肃战事仍在激烈进行中,左宗棠就在泾、庆地区"设赈局,招流亡,垦荒地,给牛、种,兵屯、民屯交错其中,且战且耕"。河州之役结束后,他立即指示河州知州潘效苏:"河州民人既倾诚求抚,即当开诚抚治。无论汉、回、番民,均是朝廷赤子,一本天地父母之心待之,俾各得其所,各逐其业。"(《全集》"札件",第282页)左宗棠又派部将王德榜率军驻扎狄道、安定一带，垦田自给。王德榜在得到左宗棠的同意后，于抹邦河上游"筑坝一道，阻住来水，另开新渠，引水灌溉田亩。坝高三丈有奇，宽二十丈"，"并于狄城南川一带，开挖支渠十一道，川北一带，开挖支渠七道。所有南北两川民田，均可以资灌溉"。

左宗棠在进行安插工作的过程中，遇到了不少阻力。有些汉族豪绅、土棍，对于已安插的回民，往往藉故报复，左宗棠了解情况后，即"饬府县随时惩办，断不令仍蹈恶习，致启衅端"。同治十年（1871）春，宁夏府灵州汉族豪绅吕廷桂、苗维新因讹诈回民未遂，竟狂妄地要求刘锦棠"派兵抄洗"，同时又阻挠回民承领耕牛、籽种，并散播流言，或说清军要杀尽回民，或说"官爱回民，不爱汉民"等等。对于这种挑拨回、汉关系，制造流言蜚语的恶劣行径，左宗棠采取断然措施，严厉打击。他立即把吕廷桂就地正法，并令"老湘军"将领萧章开将苗维新押赴行营惩办。

左宗棠在处理复杂的民族问题时，确有比其他官吏高明之处，这表现在他注意尊重回族的风俗习惯，反对强制的、歧视性的"同化"政策。比如，在安插回民时，留坝厅县丞赵履祥曾向他建议：对于安插的回民，应"令与汉民联亲，开荤食肉"，以期"用夏变夷"。左宗棠在批文中驳斥说："独不闻'修其教不易其俗，明其政不易其宜'乎！有天地以来，即有西戎；有西戎以来，即有教门，所应禁者新教，而老教断无禁革之理。"（《全集》"札件"，第321页）新教是安定县回民马明新于乾隆二十六年（1761）创立。乾隆四十六年（1781），新教徒苏四十三等举行反清起义，攻占河州，进攻兰州，后失败被杀。所以左宗棠提出只禁新教。当回民要求修建清真寺时，他又批示说："回教之建立清真寺，例所不禁。"不过，为防止将清真寺用于军事目的，左宗棠明确规定，清真寺"高不得过二丈四尺，宽不得逾十丈。头进为大门，两旁为厢房；二进为神堂，供奉穆罕默德神位；三进为经堂，以藏经典。二进至三进两旁为长廊，以居守店之人。墙厚不得过二尺五寸，寺内外不得修建高楼，以示限制"。（《全集》"札件"，第256页）

左宗棠处理回、汉矛盾，能不囿于传统的民族偏见，而采取较为客观的态度，在当时的封建官吏中是难能可贵的。他的一些做法也颇得一部分回民的好感，甚至有回民称他为"左阿訇"。直到二十世纪三十年代，一位甘肃平凉的老阿訇马六十曾口述了一段流行于西北回民中的第一手材料:"甘肃河州一带,一部分回民颇与左宫保(指左宗棠,清制不立太子,但有太子傅、保之名,为加衔。太子少保称宫保。同治三年春,左宗棠攻占杭州,被清廷加太子少保衔,所以称'左宫保'——作者注)有好感,至今每逢一事不决,尚说:'左宫保的章程,一劈两半'。盖左在所谓平乱时,遇回、汉之争,尚能折衷办理也。"(中国史学会:《回民起义》第四册,第310页)

左宗棠在陕甘采取"剿抚兼施"的政策和安插回民、恢复生产的善后措施,适当地调整阶级关系、民族关系,这自然是从巩固清朝统治的根本利益出发,带有很大的局限性。特别是"剿到极处"的提法和做法更具有残酷性的一面。但不可否认,这些善后措施为复苏濒临绝境的陕甘经济创造了条件,提供了保证,对促进陕甘地区社会生产力的恢复和发展,起到了积极作用。光绪元年(1875),左宗棠在一份批札中,提及甘肃经济恢复的情况时说:"五六年来,残破地方渐次归业,斗价以次平减,泾、平、巩、秦、兰、凉、宁夏各属,净面每斤值银一分以下,核与当年承平时期相似,始愿亦不及此。"(《全集》"札件",第360页)。光绪初,有人从新疆回广东,记述途中见闻时也说:"自入陇所见,民物熙熙,一片升平景象,竟若未经兵燹者。"(《刘坤一遗集》第四册,第1838页)这种描绘可能有溢美之词,但毕竟可以反映出当时陕、甘经济有了某种程度的恢复。

第五章 收复新疆

收复新疆是左宗棠一生中光彩夺目的一页。在列强虎视鹰瞵、民族灾难深重的年代,左宗棠排除种种阻力和困难,"引边荒艰巨为己任",毅然出兵收复了沦陷达十四年之久的新疆,为祖国保住了占今天国土面积六分之一的一片大好河山。他那"雄师亲驻玉门关,不斩楼兰誓不还"(《全集》"附册",第795页)的爱国豪情,至今仍值得人们称赞。

一、天山狼烟

新疆,自古以来就是中国的领土。自西汉起,中国文献中所说的"西域",就是指新疆和与之相连的地区。汉武帝建元二年(前139)和元狩四年(前119),曾派张骞两次通西域。汉宣帝神爵二年(前60),西汉政府在乌垒城(今新疆轮台县东)设置"西域都护",代表中央政权行使权力。东汉初,继续在西域设立都护,同时在高昌壁(今新疆吐鲁番东)设立戊校尉和己校尉,加强管辖。汉和帝永元三年(91),任命班超为西域都护,驻节龟兹(治所在今库车西南)。以后班超、班勇(曾任西域长史)父子在西域几十年,为民族和睦、祖国统一做出了重要贡献。魏、晋、南北朝时,中原地区处于分裂状态,但西域和内地仍然联系密切。南北朝时期,前凉张骏曾于西域置高昌郡(今吐鲁番东南),这是天山南路设郡县之始。唐太宗贞观年间,曾于高昌交河城(今吐鲁番西二十里)设安西都护府,高宗显庆三年(658),安西都护府迁到龟兹(今库车),统领龟兹、于阗(今和田)、疏勒(今喀什)、碎叶(今中亚托克马克)四镇。唐朝讨平了突厥贵族军事政权后,管辖着整个西域地区。元朝统治时期,西域和内地往来频繁,大批西域人内迁,形成了一个信奉伊斯兰教的新民族——回回民族,当时有所谓"回回遍天下"(《明史》卷三三一,《撒马尔罕传》,第8598页)之说。明朝建立后,洪武、永乐时曾在新疆地区设立八个卫所,行使管辖权。清朝乾隆年间,通过平定准噶尔部的叛乱和消灭天山南路大、小和卓木的势力,统一了天山南北。平定叛乱后,清政府在新疆设伊犁将军,管理天山南北军政事务,又设参赞大臣驻惠远,领队大臣驻惠宁(伊宁),派都统驻乌鲁木齐,并设迪化州和镇西府(巴里坤)。在南疆,则于喀什噶尔(今喀什)派驻参赞大臣,并于叶尔羌、和阗、库车、阿克苏等十一城设办事大臣、领队大臣,各地伯克(维吾尔族官员称伯克,约有三十余种不同名目的伯克,各司其职)仍处理本族事务。

在漫长的历史中,新疆地区同内地的政治、经济、文化的联系绵延不断。其中虽也出现过分裂、割据局面,但在西方侵略势力东来以前,这仍然属于中华民族的内部事务。只是随着沙俄不断向东扩张和鸦片战争后西方资本主义入侵,情况才发生了根本变化。此后,新疆某些怀有政治野心的封建主,往往为一己私利投靠外国侵略势力,出卖民族利益,为外国侵略者奴役中华民族推波助澜。

新疆地处边陲,是兄弟民族聚居地区,清政府在这里设置的各级官吏,多半与当地封建主相勾结,对各族人民进行残酷压榨,使阶级矛盾日趋尖锐。政府的勒索主要有"正供"(向农民征收粮食、布匹等实物)、差役(指差派徭役)和各种赋税。比如南疆的农民每年额征粮食达六万六千余石,大布十四万匹;伊犁的维吾尔族屯田农民其额租竟占到收获量的百分之七十;差派徭役名目繁多,如修桥铺路、治河筑城、运送物资、开采矿物以及承担官员、贵族的迎来送往等。咸丰年间,清廷财政极其困难,各种附加税也在新疆相继出笼:咸丰二年(1852),吐鲁番开征棉花税;咸丰六年(1856),乌鲁木齐征盐课,伊犁始征商税;咸丰七年(1857),伊犁、塔尔巴哈台、阿克苏等地征茶税;咸丰八年(1858),阿克苏征布税;同治元年(1862),乌什私征盐课。如此等等,不胜枚举。除清政府的盘剥外,当地的王公伯克、宗教头目对农牧民的剥削压迫也十分残酷,平时,阿奇木伯克(为城镇或乡村之长,总理当地一切事务)"贪婪无厌,恣意索取,民多不堪"(肖雄:《听园西疆杂述诗》卷二)。曾任甘肃布政使的张集馨在叙

述咸丰七年(1857)西北情况时,曾对统治者的胡作非为描述道:

> (新疆)各城办事大臣,半系不学无术,而东三省人(指满洲贵族——引者)尤为贪悍,或奸淫回妇,竟不放归;或遇事科求,肆行洒派。伯克本由纳贿而得,回性贪黩,将亏取赢,是以大臣要求一石,伯克则科派数百石;要物一件,伯克则科派数百件。各庄小回,积怨入骨,……京中各门侍卫,在京苦累,及为办事大臣,任满回京,无不箱囊充牣。又有专跟办事大臣家人,熟悉国外情形,聚敛稔恶,大为民害。(张集馨:《道咸宦海见闻录》,第228—229页)

新疆各族人民为了自己的生存,只有奋起反抗。同治三年(1864),库车地区首先燃起了回族、维吾尔族的武装反清斗争火炬,并迅速扩展到天山南北。在起义过程中,一些本地民族的封建主和宗教上层头目取得了领导权,他们改变起义方向,鼓吹"圣战",打出"排满、反汉、卫教"的分裂旗帜,先后在新疆建立了五个封建割据政权。这就使新疆地区出现了混乱局面,一方面,那些割据政权的头目竭力煽动民族仇杀;另一方面,他们又为争权夺利、扩大地盘彼此厮杀,征战不已。一个于同治十二年(1873)到过伊犁河谷的英国人说:在乌鲁木齐"共约有十三万满族人和汉族人被杀了";当伊犁被攻破时,"里面有七万五千居民和军队在一起,当天晚上没有一个活命留下"(以上两处引自斯楚勒:《土耳其斯坦》第二卷,第197、314页,1876年英文版)。新疆地区这种混乱局面给远在浩罕的阿古柏匪帮和沙俄军队的入侵造成了可乘之机,进而出现了震惊全国的西北边疆危机。

浩罕是邻近我国新疆西部的一个中亚汗国。十九世纪中叶,该国政治混乱,沙俄乘势入侵,处境十分狼狈。同治三年八月(1864年9月),喀什噶尔回族封建主金相印伙同布鲁特(柯尔克孜族)封建主司迪克派人去浩罕,要求迎回原回疆(即南疆)叛乱分子张格尔的儿子布素鲁克。十二月(1865年1月),浩罕军事首领派部下军官阿古柏同布素鲁克一道带着六十八名亲随越过边界进入新疆。阿古柏是一个名副其实的野心家、阴谋家,他在浩罕军界任职多年,并以纵横捭阖、翻云覆雨的手段成为浩罕政治舞台上的风云人物。他侵入南疆后,于同治四年(1865)二月赶走司迪克,强占喀什噶尔新城,取得了入侵我国后的第一个立足点。接着,阿古柏又攻占英吉沙尔。这年秋天,一支在塔什干被俄军打败又被内部异己势力追击的浩罕败兵七千余人窜进我国,投奔阿古柏,更加强了阿古柏的力量。不久,阿古柏军又占领叶尔羌、和阗。同治六年(1867)夏,他们继续向东,夺取阿克苏、库车。同治九年(1870)秋,攻占达坂城,又攻陷吐鲁番和乌鲁木齐,并袭取玛纳斯,从而霸占了新疆的大部分土地。

阿古柏像

阿古柏在他占领的地区建立一个叫作"哲得沙尔"(意为七城)的"汗国",从而开始了他对占领区野蛮、黑暗的殖民统治,当地各族劳动人民大批沦为奴隶,有记载说:

> 奴隶制在喀什发展到了相当大的程度,单是巴达乌列特(意为幸福的人,这里指阿古柏——引者)本人就拥有三千名以上。不管是被征服的和部分变为奴隶的汉人、回人和卡尔梅克人,从巴达克山和其他与"哲得沙尔"相邻的独立领地运来的人都在喀什市场上出售。有劳动能力的奴隶每名售价不超过四十天罡(天罡是当时流通于南疆的钱币,每天罡约合白银一两)。(乌兹别克中央国家历史档案馆:"第二档第三卷第247条")

在阿古柏占领区,赋税极为繁重,"农民在交纳赋税之后,只剩下收获的二分之一,有时只剩下四分之一"(库罗巴特金:《喀什噶尔》,1879年俄文版,第45页)。除正税外,还有许多名目的附加税,迫使农民"变卖土地、牲畜,甚至卖了家中的锅碗来交纳税款"。(《海米迪历史》手稿,第281页)佃农的生活就更加困苦,他们除了要向阿古柏政权纳税外,还要"把净收成的四分之三交给地主作为地租"(包罗杰:《阿古柏伯克传》英文版,第161页)。乌鲁木齐、玛纳斯一带被阿古柏攻陷后,那里也是"严刑厚敛,税及园树"

(曾毓瑜:《征西纪略》卷四)。

为了维持这种极其残酷的经济掠夺,阿古柏在他的控制区推行恐怖的特务统治。他建立了一支庞大的密探队伍,严密监视社会各阶层的言行,使"社会各阶层普遍存在着疑惧","都终日惴惴不安,因不知与他进行最友好谈话的邻人是否正在详细推究他的语言,以便发现其中是否有任何图谋不轨的形迹"(包罗杰:《阿古柏伯克传》英文版,第148页)。俄国总参谋部的一个情报军官普尔热瓦尔斯基上校在阿古柏占领区做了一番"考查"后,于光绪三年四月二十五日(1877年6月6日)写了一份《关于东土耳其斯坦的现状》的报告,认为"阿古柏伯克的残酷太过分了:在他统治的地区内死刑是最平常的现象","把人民只看成是一群奴隶,可以在他们身上敲骨吸髓。"又说:"在现今的南疆是很难生活的。无论是人身安全,还是财产,都没有保障;密探活动达到骇人听闻的程度;人人都为明天而担心。管理机关的各个部门都肆意横行,没有真理,也没有讲理的地方。安集延(即浩罕)人不光抢夺居民的财物,甚至抢掠他们的妻女。赋税之重是惊人的,同时收税人也没有忘记为自己搜刮。"(尼·费·杜勃罗文:《普尔热瓦尔斯基传》,俄文版,第571—573页)同治九年(1870),阿古柏势力扩展到乌鲁木齐后,他们又在那里"大杀回、汉居民,而迁其余于南疆"(黄丙焜等:《勘定新疆记》卷一)。

阿古柏政权是外国侵略者在我国新疆建立的殖民政权,它对维吾尔、回、汉各族人民"极为严刻,出一谋,决一策,除师心自用外,非霍罕(即浩罕)人不能妄参末议。即设官选将亦霍罕人居多"(林乐知:《喀什噶尔略论》)。普尔热瓦尔斯基更在他的报告中概括说:"安集延人是各城市的统治者,是军队的长官,是收税人和国王本人的卫兵。"阿古柏匪帮的残暴是令人发指的,有记载说,这伙匪徒自窃踞南疆后,"杀人不以梃刃,有所仇恶,辄饵以毒药,登时毙命。缠回(指维吾尔族)幼女自八岁以上悉被奸淫,死者十常七八,又诛求无厌,终岁取盈。其最惨者,缠回亡一家长,安夷(安集延人)酋长恫喝之曰:'尔家财产系尔家长所积,家长既亡,应将财产悉数充公。'有不缴者,则非刑吊拷,一旦夕间,而缠回人亡家破,流离失所矣!"南疆人民"莫不痛心疾首,饮憾至今!"(刘锦棠:《请止安集延商人领俄路票赴新疆贸易并附俄汉缠各回及哈萨克人众越界滋事折》)阿古柏的暴政和浩罕贵族在南疆的特权地位,也加剧了他们与土著上层分子的矛盾,一个伯克的嗣子不胜感叹地说,在清朝统治时,"什么都有,现在什么都没有了"(包罗杰:《阿古柏伯克传》,英文版,第152页)。阿古柏匪帮的倒行逆施,不但让新疆各族人民陷于水深火热之中,也把他们自己推上了绝路。他们在新疆的罪恶统治,必然会由中国各族人民通过民族解放战争的方式加以摧毁。

新疆问题之所以严重,主要是由于英、俄两国的插手。十九世纪的英国和俄国,是当时争霸世界的两个殖民强国,它们一个想南下波斯湾,控制印度洋,实现彼得一世的"遗愿";一个想维护既得的殖民利益,不许他国染指。这一角逐到了十九世纪中叶,由于双方都在向中亚推进,就更显得剑拔弩张。

十九世纪四五十年代,沙皇俄国为摆脱农奴制的危机、阻止国内革命及开拓国外市场,推行疯狂的对外扩张政策,正如恩格斯所说,沙俄是不会在扩张的道路上中途止步的,它必然是"一次征服继之以又一次征服,一次吞并必然继之以又一次吞并"(恩格斯:《在土耳其的真正争论点》)。在亚洲地区,中国是它进行扩张的重要目标。它在中国东、西部左右开弓,加紧了武力掠夺。在第二次鸦片战争期间,沙俄侵占了我国黑龙江以北、乌苏里江以东的一百多万平方公里领土,继之又于同治三年十月(1864年11月)在塔城迫使清政府接受它一手炮制的划界方案,签订《中俄勘分西北界约记》,又侵夺我国西北边疆四十四万多平方公里的领土。与此同时,沙俄还把侵略矛头指向中亚三个独立汗国——浩罕、布哈拉和希瓦。同治四年(1865)五月,俄军占领浩罕的塔什干城,迫使浩罕成为它的附庸。同治五年(1866),俄军又进攻布哈拉,并于两年后占领撒马尔罕城。同治六年(1867),沙俄在塔什干城设立"土耳其斯坦总督府",下辖七河省(旧译斜米列契省,管辖通过《中俄勘分西北界约记》侵占的中国领土)和锡尔河省(系沙俄新征服的中亚各汗国领土),任命考夫曼为总督,积极推行侵略中国的政策。

沙俄早就觊觎着我国南疆地区,进入十九世纪中叶,它逐步形成了夺取喀什噶尔的基本构想。道光二十七年(1847),俄国外交部认为:"喀什噶尔作为商业中心,有许多超过恰克图的优越性;此外,就其地理位置而言,它具有极其重大的政治意义。"(阿·波波夫:《征服中亚史片断》,载苏联《历史集刊》1940年第九辑)所谓"极其重大的政治意义"无非是说俄国控制了这一地区就将在与英国角逐中亚的斗争中占据优势地位。因为从这里进可经帕米尔、克什米尔威胁英属印度,退足以阻遏英国势力向北扩张。十年后,俄国外交部亚洲司司长科瓦列夫斯基在一份题为《喀什噶尔的时局和我们的态度》的报告中重申,喀什噶尔"在政治上,不论对俄国还是对英国,都有重要意义"(《瓦里哈诺夫全集》俄文版,第二卷,第565页)。因此,俄国当局力图在我国南疆地区建立一个受俄国庇护的、脱离中国的傀儡政权。

而英国自从征服印度后,对喀喇昆仑山北面的我国南疆地区也是垂涎三尺。同治四年(1865),英属印度测量局的官员约翰逊从列城潜入和阗,同和阗割据政权相勾结。随后,又有一个叫海沃德的英国人偷偷溜到叶尔羌和喀什噶尔搜集情报。同治七年(1868),英国人罗伯特·沙敖在英印政府支持下进入南疆活动。

阿古柏政权在南疆的出现,自然引起了英、俄两国的极大关注,它们都力图把这个政权置于自己的控制之下,作为自己战略棋盘上的一枚卒子。尤其是沙俄,更利用其地理位置优越的条件,采取咄咄逼人的进攻态势。同治七年(1868),沙俄占领撒马尔罕后,就开始在与阿古柏毗邻的纳伦河边筑起了继续前进的碉堡。心怀疑惧的阿古柏,也在这一年把自己的侄子派往阿拉木图、塔什干和彼得堡,寻求与俄国达成谅解的途径。但由于阿古柏不满沙俄在"承认"问题上的暧昧态度,双方未能成交。同治九年(1870),沙俄策划对我国南疆地区进行军事远征,只是由于新被征服的浩罕发生骚动,俄军才改变了进击方向。这一年,阿古柏侵占乌鲁木齐,进入北疆,沙俄认为阿古柏有可能在伊犁"建立亲英的统治"(阿尔德:《英属印度的北部边疆(1865—1895)》英文版,第44页),于是决定对伊犁进行军事占领。同治十年正月初四日(1871年2月22日)和正月二十四日(3月14日),沙皇政府召开了两次特别会议,正式做出入侵伊犁的决定。三月二十六日(5月15日),集结在伊犁边境西部的俄军无视中国主权,分两路攻入伊犁地区。七月初,割据伊犁的"苏丹"政权投降,沙俄为其鲸吞整个新疆夺取了一个重要的桥头堡。紧接着沙皇政府又展开了外交攻势,一个以总参谋部大尉考利巴尔斯为首的代表团于同治十一年(1872)五月到达喀什噶尔,与阿古柏签订了通商条约,以承认阿古柏政权为交换条件,获得了在南疆通商、"访问",设立商务官员和抽不超过按价格百分之二点五进口税的权益。但时隔不久,沙俄却发现它在同英国的竞争中落后了。

英国为了与沙俄抗衡,加紧了对南疆的渗透,一个著名的英国殖民者罗林森曾这样说:

> 如果俄国以武力或经当地统治者的要求,在东土耳其斯坦(指新疆)建立一个保护国——如同在乌孜别克诺汗国所建立的保护制度一样——并经由西藏和瓦堪分别与克什米尔和喀布尔发生接触,那么,毫无疑问,对我国(指英国)是不利的。因此,即使不考虑到商业方面,我国的利益显然在于维护爱弥尔(指阿古柏)的独立政权。
> (罗林森:《英国和俄国在东方》英文版,第347页)

同治十二年十二月二十五日(1874年2月2日),一个英国使团在"访问"喀什噶尔后,与阿古柏签订了一项对英国十分有利的条约,规定英国人可随意进入阿古柏占领的任何地方,并"享有当地臣民或最惠国公民所享有的商业方面的一切特权和便利"(包罗杰:《阿古柏伯克传》英文版,第323页)。英国从印度进入南疆的货物不受开包检查,英国政府还可以在阿古柏统治区派驻一名外交代表和一名商务官员;此外,英国人还得到在南疆购买和出售土地、房屋、仓库的权利。由于阿古柏对沙俄满怀疑惧,因而希望得到英国的庇护。他卑躬屈膝地对英国使节莆赛斯表示:"女王就像太阳一样,在她的温和的阳光里,像我这样可怜的人才能够很好地滋长繁荣。我特别希望获得英国人的友谊,这对我是不可少的。"(包罗杰:《阿古柏伯克传》英文版,第231页)莆赛斯表示英国承认阿古柏是"喀什噶尔和叶尔羌地区元首",还为他带去了两门小炮和各种枪支,又说:"如果需要的话,还可以派一个领事和一两万名武装军队驻扎在喀什噶尔保护你。"(《伊米德史》手稿本)不仅如此,英国还指使它的附庸土耳其苏丹向阿古柏提供军事、政治顾问。

综上所述,可见收复新疆的斗争,不仅是要粉碎阿古柏入侵势力,而且要同野心勃勃的英、俄两霸较量。

在外来侵略者的血腥统治下，天山南北各族民众迫切希望得到中央政府和汉族等各兄弟民族的支援，以解除他们的痛苦。他们按照自己的愿望，传播着"汉人就要来了"的信息，"日夜盼望着汉人，为汉人做着祈祷"，当时还流传着这样一段寓意深刻的故事：

> 喀什伽师地方有个农民在犁地撒种子时，有人问他："喂！朋友，请问你在种什么？"那个农民回答说："还要种什么！种的是赫太依（或译"和台"，指汉人）。"问话的人微笑着高兴地走了。（毛拉木沙：《伊米德史》）

还有一些人翻山越岭，长途跋涉，逃往内地，到北京向清政府呈报情况，像阿不都热依木和苏甫尔隔两人在北京住了两年半后，随同西征大军回到了喀什（包尔汉：《再论阿古柏政权》）。

总之，驱逐侵略者，收复新疆，成了全国各族人民的共同心愿，也是清政府中具有爱国思想的官员最关心的问题。

二、防务之争

在西北形势岌岌可危之际，左宗棠以垂暮之年挺身而出，毅然承担起收复新疆的重任，充分表现出他的一片爱国热忱。

左宗棠对西北边疆的关注，可追溯到他的青年时代。道光十三年（1833），时值二十一岁的左宗棠首次赴京参加会试，就在所写《燕台杂感》组诗中涉及新疆问题，对新疆"置省、开屯、时务，已预及之"（《全集》"书信"三，第596页）。诗云："西域环兵不计年，当时立国重开边。橐驼万里输官稻，沙碛千秋此石田。置省尚烦它日策，兴屯宁费度支钱。将军莫更纾愁眼，生计中原亦可怜。"（《全集》"诗文·家书"，第456页）这表现出他当时的远见。在北京，左宗棠还结识了以研究西北史地著称的学者徐松。徐松，字星伯，顺天府大兴县人。嘉庆十七年（1812）谪戍新疆时，曾奉伊犁将军松筠之命越木素尔岭（冰岭），周视南疆，再北上由乌鲁木齐返伊犁，著有《西域水道记》《〈汉书·西域传〉补注》等书。从他那里，左宗棠得到了有关研究新疆的著作。当三次会试落第后,左宗棠绝意仕进,博览群书,更认真阅读了研究新疆的专著——《西域图志》。以后在安化小淹又读了陶澍复陈西域事略的奏稿。在湘江舟中会见林则徐时,也"谈及西域时务",林则徐关于"终为中国患者,其俄罗斯乎"的观点,自然会对他有所影响。

同治十年(1871),沙俄用武力侵占伊犁地区,其时左宗棠正任陕甘总督,他敏锐地觉察到沙俄的扩张野心越来越大,曾写信给正请假返湘的部将刘锦棠说:"俄人侵占黑龙江北地,形势日迫,兹复窥吾西陲,蓄谋既久,发机又速,不能不急为之备。"并表示自己捍卫国家主权,抗击侵略的决心说:"俄人战事与英、法略同,然亦非不可制者","今既有此变,西顾正殷,断难遽萌退志,当与此虏周旋。"(《全集》"书信"二,第246页)

同治十二年(1873)春,左宗棠在写给总理衙门的复信中,详细分析了敌我双方的形势,并明确提出了规复新疆的具体方案:

> 俄人久踞伊犁之意,情见乎词。……然既狡焉思启,必将不夺不餍,恐非笔舌所能争也。荣侯(指伊犁将军荣全)深入无继,景都护(指乌鲁木齐都统景廉)兵力本单,后路诸军久成迁延之役,兵数虽增,仍多缺额,且冗杂如常,并无斗志,望其克复要地,速赴戎机,实无把握,并虑徒增扰累,以后更苦无从着手。甘、凉、肃及敦煌、玉门,向本广产粮畜,自军兴以来,捐派频而人民耗,越站远而牲畜空。现在仅存之民,已皮骨俱尽;屯垦之地,大半荒芜,年复一年,何堪设想?宗棠所以有从内布置,从新筹度之请也。就兵事而言,欲杜俄人狡谋,必先定回部;欲收伊犁,必先克乌鲁木齐。如果乌城克复,我武维扬,兴屯政以为持久之谋,抚诸戎俾安其耕牧之旧,即不遽索伊犁,而已隐然不可犯矣。乌城形势既固,然后明示以伊犁我之疆索,尺寸不可让人。遣使奉国书,与其国主明定要约。……彼如知难而退,我又何求?……至理喻势禁皆穷,自有不得已而用兵之日。如果整齐队伍,严明纪律,精求枪炮,统以能将,岂必不能转弱为强,制此劳师袭远之寇乎!就饷事而言,西征诸军,各有专饷,如肯撙节使用,无一浪费,无一冗食,或尚可支。今乃以拥兵多为名,不战而坐食,惟知取资民力,竭泽而渔,不顾其后,往事之可睹者,已如斯矣!欲从新整理,

非亟求实心任事之人,重其委寄,别筹实饷,于肃州设立粮台,司其收发,并将各军专饷归并为一,相其缓急、均其多寡应之不可;非核其实存人数,汰其冗杂、疲乏不可;非定采办价值、差徭款目不可;而尤非收回各军专奏成命不可。此亦宜及早绸缪者。要之,目前要务不在预筹处置俄人之方,而在精择出关之将;不在先索伊犁,而在急取乌鲁木齐。(《全集》"书信",二,第375—376页)

这是一个很有见识的意见书。左宗棠认为沙俄霸占伊犁,"恐非笔舌所能争",终究要通过武力或以武力为后盾将其收回。他又分析了当时关外各军的现状:兵力单薄而冗杂,不战而坐食,且指挥不一,军无斗志,因而不可能使之立即"克服要地"。左宗棠指出,作为进兵孔道和前进基地的河西走廊,已受到严重破坏,"捐派频而人民耗,越站远而牲畜空。"在这样的情况下,是不宜贸然出征的。因此,他主张"从内布置,从新筹度"。从"兵事"方面说,欲粉碎俄人侵略阴谋,必须"先定回部(指南疆)";欲收回伊犁,必须"先克乌鲁木齐";从"饷事"方面说,则须"别筹实饷",另辟饷源,并在肃州设立粮台(军行时调发粮、饷的机关)以司其事。同时,还要节约开支,统一调配,"将各军专饷归并为一,相其缓急,均其多寡"。

对新疆的情况,清廷中的当权者很不了解,甚至连阿古柏入侵的来由和现状,也知之甚少。对沙俄的侵略野心,执政者更是估计不足,直到俄军占领伊犁后,才通过署伊犁将军荣全与俄方代表在塔城谈判得知,沙俄"志尚不在伊犁,直于新疆全局大有关系"(《同治朝筹办夷务始末》卷八六),认识到"断非空言所能有济,必须中国兵力足以震慑,先发制人,方能操纵自如,杜其觊觎之渐"。(同上书,卷八八)基于这种看法,清廷遂命乌鲁木齐都统景廉(时驻安西)率兵前进,以图规复。此外,又派乌鲁木齐提督成禄(时驻甘肃高台)、直隶提督刘铭传(时率所部淮军驻陕西)各率部经肃州出关。但成禄畏葸不前,刘铭传称病不至,景廉劳师无功,故清廷又于同治十二年(1873)急调金顺、张曜两军出关。

清军攻克肃州后,打开了由内地进入新疆的门户。同治十三年正月十七日(1874年3月5日),清廷谕令景廉、金顺各军速将玛纳斯、乌鲁木齐等城克期收复,并令左宗棠妥为筹备粮运,张曜、额尔庆额各军则陆续趱行。于是,张曜率"嵩武军"步兵十二营、骑兵二营进抵玉门,与总兵桂锡桢马队一营一起(一起为半营)是为头批出关部队。三月,金顺率马步二十一营,凉州副都统额尔庆额率骑兵一营一起作为二批出关。出关各军先后进至安西,总计约一万七千多人。七月,清廷授景廉为钦差大臣,督办新疆军务,以正白旗汉军都统金顺帮办军务。并晋升左宗棠为东阁大学士,留任陕甘总督,督办粮饷转运,袁保恒以户部侍郎为帮办,移西征粮台于肃州。这样,收复新疆之役就开始正式部署了。同时期,又由于清廷内部疑虑重重,意见分歧,举棋不定,一场关于海防与塞防的大辩论也随之爆发了。

自新疆沦陷后,曾国藩就主张"暂弃关外,专清关内"。同治十三年(1874),日本入侵台湾,其先头部队于三月二十一日(5月6日)在台湾南部琅峤登陆,后续部队也陆续海运至台湾,于是海防告急。九月二十二日(10月31日),中日签订《北京专条》,清政府应允赔款五十万两白银,日军才撤出台湾。二十七日,总理衙门对此事件表示震惊:"以一小国之不驯,而备御已苦无策,西洋各国之观变而动,患之濒见而未见者也"(《同治朝筹办夷务始末》卷九八),认为必须积极筹备海防,并提出练兵、简器、造船、筹饷、用人、持久六条具体应变措施。同一天,军机处转发"上谕",命直隶总督李鸿章、两江总督兼署江苏巡抚李宗羲、钦差大臣办理台湾等处海防沈葆桢、盛京将军都兴阿、闽浙总督李鹤年、湖广总督兼署湖北巡抚李瀚章、两广总督英翰、署两广总督及广东巡抚张兆栋、漕运总督兼署山东巡抚文彬、江苏巡抚吴元炳、安徽巡抚裕禄、浙江巡抚杨昌濬、江西巡抚刘坤一、福建巡抚王凯泰、湖南巡抚王文韶以及陕甘总督左宗棠等十七人逐条详议后复奏。

各督抚、将军、大臣接到谕旨后先后上折,基本都认为"海防一事,为今日切不可缓之计",对总理衙门原奏六条均无异议,"以为亟应筹办",认识大体一致,但具体到国防经费如何筹措分配(即筹饷)? 是侧重海防,还是侧重塞防? 则出现了尖锐的分歧。据李鸿章估计,当时开办海防(包括购船、练兵、简器)至少先需经费千余万两。如何筹措这笔巨款呢? 李鸿章建议,先提取海关四成洋税和部库历年提存四成,若不足再借外债。而当时准备收复新疆的军饷也是依靠海关洋税以及各省厘金捐拨。

既然海防、塞防经费出自同一饷源,那么二者孰轻孰重、孰先孰后就成了争论焦点。由海防议及筹饷,由筹饷又议及西征,使争论更趋激烈,而直隶总督李鸿章与湖南巡抚王文韶就分别代表了两种尖锐对立的意见。

李鸿章主张停撤西北"已经出塞及尚未出塞各军","停撤之饷,即匀作海防之饷"。理由是新疆北邻俄国,南近英属印度,"即勉图恢复,将来断不能久守";"而论中国目前力量,实不及专顾西域"。"新疆不复,于肢体之元气无伤,海疆不防,则腹心之大患愈棘"(《李文忠公全书》

李鸿章

"奏稿"卷二四)。与之相反,湖南巡抚王文韶则认为,不应孤立看待东、西防务,海疆之患也受到西北局势的影响。新疆形势严峻,沙俄占领伊犁,已成"久假不归之势","我师迟一步,则俄人进一步,我师迟一日,则俄人进一日。事机之急,莫此为甚","但使俄人不能逞志于西北,则各国必不致搆衅于东南",因此主张"宜以全力注重西征"(《筹办夷务始末(同治朝)》卷九九)。其时正任督办西征粮饷的左宗棠,对以大办海防为由,放弃新疆的主张颇不以为然,他认为筹办海防,"凡所筹画,宜规久远",不可于"始事之时,即悉索以供","若沿海各省因筹办防务,急于自顾,纷请停缓协济,则西北有必用之兵,东南无可指之饷,大局何以能支?"(《全集》"书信"二,第485页)其后果必然是"扶起东边倒却西边",这是不足取的。

同治十三年(1874)十一月底,地方督抚对"筹办海防"的复奏已基本汇齐,正准备进行由朝廷亲贵、部院大臣参加的"廷议"时,同治皇帝突然于十二月初五日病死,"廷议"遂推迟到第二年春天。光绪元年正月二十九日(1875年3月6日),清廷颁旨,要求亲郡王、大学士、六部、九卿等大臣"切实会议"海防问题。在第一阶段有关地方督抚的讨论中,围绕收复新疆问题,已出现了两种截然对立的意见,而第二阶段的"廷议",更远远超出总理衙门原奏六条的范围,实质上成了收复新疆还是放弃新疆的一场原则争论。

时任文华殿大学士兼直隶总督的李鸿章,声势显赫,大权在握,有相当一部分廷臣和地方督抚按照他的调门,主张暂停"西征"。光绪帝的生父、醇亲王奕譞,一面承认防御沙俄是"不刊之论",一面却又说"李鸿章之请暂罢西征为最上之策"(中国史学会:《洋务运动》第一册,第116页),表面看取折中态度,实则仍反对西征。此时,英国驻华公使威妥玛,为了阻挠清军西征,尽力对李鸿章施加影响。同治十三年(1874)十月,威妥玛派汉文参赞梅辉立到天津,向李鸿章建议,把伊犁让与俄国,天山南路则给阿古柏,以期卵翼阿古柏政权,并缓和英、俄矛盾。威妥玛的建议对李鸿章放弃新疆的主张,显然是起了作用的。光绪元年(1875)正月初七日,李鸿章参加完同治皇帝的丧礼回到天津,不顾疲劳,立即写信给私交甚厚的河南巡抚钱鼎铭(字调甫,江苏太仓人,曾入李鸿章幕府),唆使他"抗疏直陈",要求调回在塞防前线的宋庆部豫军,以削弱西征军实力。第二天,又写信给署江西巡抚刘秉璋(字仲良,安徽庐江人,为淮军大将),指责他赞成收复新疆:"尊意岂料新疆必可复耶?复之必可守耶?此何异盲人坐屋内说瞎话。"甚至大骂这个老部下"大肆簧鼓,实出期望之外"。(《李文忠公全书》"朋僚函稿"卷十五)二月初十日,李鸿章在写给山西巡抚鲍源深(字华潭,安徽和州人)的复信中,攻击收复失地的主张使"各省财力分耗太多,西陲恢复无期,已成无底之壑"(同上书)。

在李鸿章的鼓噪和唆使下,一时间,"边疆无用论""得不偿失论""出兵必败论"甚嚣尘上。例如,刑部尚书崇实提出新疆"纵能暂时收复","万里穷荒,何益于事?"(崇实:《请缓西征宽筹国用以备海防由》)山西巡抚鲍源深更攻击西征会大伤国家元气,他说:"若不顾心腹元气之伤,锐攻四肢疮痏之疾,窃虑肢体之疫未疗,而心腹元气愈亏","耗费于边陲,竭财于内地,何以异是"。又说:"边地荒遐,回情狡谲,恐非克日成功之举","万一贻误戎机,悔将何及!"(朱寿朋编:《光绪朝东华录》第一册,第5—6页)

1875年（光绪元年）时的左宗棠

在一片要求停兵撤饷、反对西征的叫嚷声中，新疆的命运确实令人担忧。当此关键时刻，左宗棠挺身而出，据理力争。光绪元年二月初三日（1875年3月10日），清廷密谕左宗棠："见在通筹全局，究应如何办理之处，著该大臣酌度机宜，妥筹具奏"，并要他就关外将帅、军队能否胜任，如何调度，"通盘筹画，详细密陈"。左宗棠接到谕旨后，立即于三月初七日（4月12日）呈上《复陈海防塞防及关外剿抚粮运情形折》和《遵旨密陈片》，详细分析了敌我双方形势，提出了具体的应对方略。针对李鸿章只有牺牲"塞防"才能加强"海防"的奇怪逻辑，左宗棠明确指出："窃维时事之宜筹，谟谋（即指君臣谋议政事）之宜定者，东则海防，西则塞防，二者并重。"所谓"并重"不等于平均使用力量，这里有一个缓急之分，匮裕之别。左宗棠说："论者乃议停撤出关之饷匀作海防。夫使海防之急倍于今日之塞防，陇军之饷裕于今日之海防，犹可言也。"（《全集》"奏稿"六，第188页、第189页）然而现实情况并非如此：当时日本侵台事件因中日《北京专条》签订（于同治十三年九月二十二日签字）局势得以缓和，东南海防并非燃眉之急，而西北边疆却是强敌压境，大片国土沦丧，而且事态还在继续恶化，加之军饷奇缺，"陈欠相因，旋成钜款"，如不尽力筹饷，后果何堪设想？左宗棠强调，此时决不可"画地自守"，"停兵节饷"，他说：

> 今若画地自守，不规复乌垣（即乌鲁木齐），则无总要可扼，即乌垣速复，驻守有地，而乌垣南之巴里坤、哈密，北之塔尔巴哈台各路，均应增置重兵，以张犄角；精选良将，兴办兵屯、民屯，招徕客、土，以实边塞，然后兵渐停撤，而饷可议节矣。……若此时即拟停兵节饷，自撤藩篱，则我退寸而寇进尺，不独陇右堪虞，即北路科布多、乌里雅苏台等处，恐亦未能晏然。是停兵节饷，于海防未必有益，于边塞则大有所

妨,利害攸分,亟宜熟思审处者也!(《全集》"奏稿"六,第188页)

针对"新疆无用""得不偿失"等放弃祖国西北大片领土的谬论,左宗棠针锋相对,强调国家领土尺寸不能让人,更何况"万里穷荒"的说法也不符合实际,"天山南北两路旧有富八城、穷八城之说,北自乌鲁木齐迤西,南自阿克苏迤西,土沃泉甘,物产殷阜,旧为各部腴疆,所谓富八城者也",决不应以任何借口任凭侵略者去霸占它。

新疆既然不可放弃,那么当时有没有收复的可能呢?李鸿章等在失败主义思想支配下,认为收复新疆是办不到的,他们的理由是沙俄已久据伊犁,阿古柏又与英、俄、土耳其相勾结,"我军甚单,敌势已固,即不惜添兵益饷,恐亦难收扫荡之功"(崇实:《请缓西征宽筹国用以备海防由》)。左宗棠的意见则是:"勿论贼势强弱,且自问官军真强与否?""但就守局而言,亦须俟乌鲁木齐克复后,察看情形,详为筹划,始能定议。""至规复乌鲁木齐,非剿抚兼施不可,非粮运兼筹不可"。至少对于收复北疆,左宗棠还是充满信心的。此外,他还在《遵旨密陈片》中,建议调整前线将帅,以金顺替代景廉,并把负责西征粮台而又"同役而不同心"的袁保恒调开,以建立一个协调一致,有权威、有效率的统帅部。

左宗棠、王文韶等人的主张,得到了执政的武英殿大学士、军机大臣文祥(字博川,瓜尔佳氏,满洲正红旗人)的支持。文祥认为"以乌垣为重镇,南钤回部,北抚蒙古,以备御英、俄,实为边疆久远之计",遂"排众议之不决者,力主进剿"(李云麟:《西陲述略》)。这样,清廷终于下定了收复新疆的决心。光绪元年三月二十八日(1875年5月3日),清廷发出"六百里加急"谕旨(一种最紧急的文书,每到一个驿站,立即换人换马飞驰,每天限行六百里),任命左宗棠为"钦差大臣、督办新疆军务",授予他筹兵、筹饷、指挥军队的全权,并明令将镇迪道划归陕甘总督统辖。四月二十六日(5月

文祥像

30日），清廷在上谕中为海防、塞防之争做了总结，一是肯定"海防关系紧要，既为目前当务之急，又属国家久远之图"，委派李鸿章、沈葆桢分别督办北洋、南洋海防事宜；二是明令左宗棠"通盘筹画，以固塞防"，实际上采纳了左宗棠海防与塞防并重的国防方针。

同时，清廷接受左宗棠的建议，将原关外各军统帅景廉及左原副手袁保恒调回北京供职，任命曾与左宗棠一起作过战的金顺为乌鲁木齐都统，"帮办新疆军务"，督率关外各军为前敌。以后，又任陕西巡抚谭钟麟（字云觐，号文卿，湖南茶陵人）为"督西征饷事"。这样，就重组了西征军最高统帅部。

三、运筹帷幄

要想一举收复沦陷十多年的新疆，谈何容易！摆在左宗棠面前的困难真是不胜枚举：既要在国库空虚、财政拮据的前提下筹措巨额军费，又要在军粮无着、路途限险的条件下筹办粮料、军需物品及其运输；既要在政敌攻讦、谤声四起的逆境中冒政治风险，又要同狡诈凶残的阿古柏匪帮以及俄、英两个殖民强国做坚决斗争。当时的情景正如一位文人所描述的："朝命甫下，人人皆为公（指左宗棠）危。又西土苦寒，诸将校多不愿往，公独毅然率其二、三同仇，提师由秦逾陇以达关外。"（杨毓秀：《平回志·序》）无疑，摆在前面的是一条坎坷不平、荆棘丛生的道路，但左宗棠却怀着"朔雪炎风，何容措意"的豪情，踏上了收复新疆的征途。

要取得进兵新疆的胜利，必须做好各方面的准备工作。首先，应充分做好物质准备工作，因为"战争就是两军指挥员以军力财力等项物质基础作地盘，互争优势和主动的主观能力的竞赛"（《毛泽东选集》第二卷，第458页）。对于西征的物质准备工作，左宗棠是非常重视的。

关于筹粮和运输问题，左宗棠曾说："粮、运两事，为西北用兵要着。"出关作战，战线长达数千里，军队要跋涉于浩瀚的沙漠，翻越峻峭的天山，地瘠民贫，这对军粮的筹集和物质的运输十分不利。同治十三年（1874），左宗棠在写给沈葆桢的信中说："西事筹兵非难，惟采买、转运艰阻万状。"为了供应军队急需的粮食，左宗棠决定分南、北两路加紧筹集，北路于归化（今呼和浩特市）设"西征采运总局"，在包头设分局，以知府陈瑞芝、提督衔总兵肖兆亢负责。据记载，这一路从光绪元年三月末至五月（1875年5月初至6月），陆续运至巴里坤的军粮约有四十余万斤（每运一百斤需运费银八两左右）。此外，左宗棠还继续在宁夏采购军粮，并派人到乌里雅苏台、科布多（今均属蒙古国）一带开辟粮源；南路主要是指河西走廊的凉州（武威）、甘州（张掖）、肃州（酒泉）一带，从同治十二年（1873）到光绪元年（1875），在这里共采购粮食十七万五千石，到光绪元年（1875）六月时，肃局存现粮三万余石；安西局存现粮一百数十万斤；哈密局除供应张曜部军粮外，存现粮一百三十万斤。此外，光绪元年（1875）五月，俄国总参谋部军官索斯洛夫斯基到达兰州，窥探虚实，左宗棠与他签订了一个五百万斤的购粮合同，规定由斋桑淖尔（南距塔城二百五十六公里）包运到古城，粮价与运费总计每一百斤需银七两五钱（当时由安西运粮至古城每一百斤需银十一两左右），计划在年内运到二百万斤，第二年春、夏间再运足三百万斤。

在筹措军粮时，左宗棠以政治家的眼光，注意处理好"军食"与"民食"的关系，他的主张是"要筹军食，必先筹民食，乃为不竭之源"（《全集》"书信"二，第438页）。河西走廊历经战乱，百姓生活困苦，张曜率"嵩武军"于同治十二年（1873）十二月二十二日进抵玉门后报告说："沿途经过村堡悉成瓦砾，地田荒废，其遗黎力能自耕者，不过十之一二，余俱流离颠沛。"（《全集》"奏稿"六，第19页）但当时清军云集，需粮数目很大，仅同治十三年（1874）就在这一带购军粮十九万多石，相当于战乱前全省一年的额赋。这个数字已经很大了，可一些部队还要加价征购，对这种竭泽而渔的做法，左宗棠坚决反对，他指出："价愈增则富者之欲未厌，而贫者之苦愈甚，揆之

张曜

事理,实不可行。且新粮订买已多,民间搜括殆遍,本属实在情形";"夺民食以饷军,民尽而军食将从何出乎?"(《全集》"奏稿"六,第168页、第194页)

左宗棠深知,解决军粮问题不能单靠征购。因此于采办之外还十分重视屯田,他说:"历代之论边防,莫不以开屯为首务。"(《全集》"奏稿"六,第288页)同治十三年(1874)三月,张曜率"嵩武军"进驻哈密,左宗棠立即指示他:"哈密既苦兵差,又被贼扰,驻军其间,自非力行屯田不可。"(《全集》"书信"二,第438页)为调动军队屯田的积极性以收实效,左宗棠强调在屯垦中必须严格管理,赏罚分明,兼顾国家、军队、百姓三方面的利益。他提出:"每日出队耕垦,均插旗帜分别勤惰",而"最要是照粮给价,令勇丁均分,庶勇丁有利可图";"营、哨官出力者,存记功次优奖,否则记过";还要求"每哨雇本地民人一、二名当夫,给以夫价,以便询访土宜物性"。他认为在制度完善后,军屯可以有四大好处:"各营勇丁吃官粮做私粮,于正饷外又得粮价,利一;官省转运,利二;将来百姓归业,可免开荒之劳,利三;又军人习惯劳苦,打仗更力,且免久闲,致生事端,容易生病,利四。"(《全集》"书信"二,第438—439页)这就是左宗棠所说的"兵屯要策"。

关外屯田,首先要兴修水利。其时,哈密水利失修,腴变为瘠,张曜为修复已废弃的石城子渠,拟筹措经费四万两,左宗棠当即写信表示:"哈为西陲屏障,地形极要,弟当为麾下成之。"(《全集》"书信"二,第496页)在经费奇绌的情况下,左宗棠决定于来年春天尽先拨解四万两供张曜使用。哈密土为沙质,水易渗漏,张曜请拨毡六千条以垫渠底防渗,左宗棠即命赶造毡一万条,以应急需。屯田的效果很快就显现出来,光绪元年(1875),"嵩武军"垦荒地一万九千多亩,可获粮数千石。光绪二年(1876),又收获粮食五千一百六十石,可供应该部四五个月的军粮。

在兴办军屯的同时,左宗棠还强调要搞好民屯。他一针见血地指出了以前出关将领在屯田问题上只筹军食,不顾百姓的错误:"从前诸军亦何尝不说屯田,然究何尝得屯田之利,亦何尝知屯田办法,一意筹办军食,何从顾及百姓!不知要筹军食,必先筹民食,乃为不竭之源。否则,兵欲兴屯,民已他徙,徒费兵力兴屯,一年不能敷衍一年,如何得济?"(《全集》

"书信"二,第438页)又分析以前屯田的种种弊端,认为这样的屯田不但收不到实效,而且祸害百姓,影响极坏。有关将领"其志不在恤民,不在济军,惟勒派取盈,以顾目前而已。预借籽粮,秋后数倍取偿,民不能堪,弃地避匿,则系累其家属,追呼迫索,至不可堪。故立开屯之名,而地亩转荒,即哈密之缠回(指维吾尔族),先有二、三万余口,今只存二、三千口,逃入吐鲁番者多也"。这些分析,是非常深刻的。

左宗棠认为,要办好民屯,必须注意做到:"由官给赈粮,给种籽、牛力,秋后照价买粮",使当地缠民(维吾尔族百姓)有利可图;还要整饬军纪、吏治,"用廉干而耐劳苦之人,分地督察,勿任兵勇丝毫扰累,勿于银粮出纳时稍有沾染。"左宗棠特别嘱咐张曜,当地"缠回""如借籽粮,假牛力,发农器,散赈粮,皆不可吝"。张曜原规定"缠回"借种子一石,秋后缴粮四石,左宗棠认为"此则毋庸计较,但能纳本上仓,待明年出借,即可允行",指示放宽借贷条件,只要"纳本"即可。并说:"若民屯办理得法,则垦地较多,所收之粮除留种籽及自家食用外,余粮皆可给价收买,何愁军粮无出?"(《全集》"书信"二,第438页)

关于运粮问题,左宗棠主张关内以车驼为主,关外以驼运为主。在此以前,原主管后方勤务的袁保恒赶造了许多大车,以运送军粮。但这一方案是背离西北地区实情的,因为一辆大车的运载量至多为六百斤,而由肃州运抵巴里坤,需三十多日,牲畜饲粮和人伕口粮即超过六百斤,这样运

西征军运粮图(油画)

输,岂非劳而无功!更何况中间还要经过天山,"天山岭脊,石径莘确,向无辙迹",满载军粮的车辆要翻山而过,其艰难险阻,可想而知!对此,左宗棠有充分的认识和对策,他说:"大抵西北转运,以驼只为宜,为其食少运重,又能过险也。"(《全集》"奏稿"六,第169页)据不完全统计,从凉州以西运粮至肃州、哈密、巴里坤、古城子、乌鲁木齐、吐鲁番等地段,曾使用过的运输工具(并非常备)计有:大车五千余辆,驴骡五千五百头,骆驼二万九千头。这些运输工具,对于运送大批军粮,仍远远不够,所以西征士兵,除携带武器和其他必要装备外,还不得不肩负一部分粮食。

在运输方式上,左宗棠采取"节节转运"的短途运输办法,他指示部下:"此四字须细心理会"。为什么要这样强调呢?因为"长运疲牲畜之力,又为日太久,稽核不能迅速,故改短运为宜"(《全集》"书信"二,第519—520页)。

为了加快运输速度和扩大运输量,左宗棠很重视组织民运,他认为"转运一事,固非藉民力不可",并强调"购驼不如雇驼,官车不如用民车",这是因为受雇者对自己车辆、牲畜的爱护远胜于官驼和官车的管理人员。既然要借助民力,自然要爱惜民力,左宗棠处理官民关系的原则

西征军雇佣民工运输

是:"大约官与民交涉之件,总须官肯吃亏,但不可太亏耳。"(《全集》"书信"二,第519页)对出关军队强征民间牲畜,甚至扣留不还的扰民行为,左宗棠十分震怒,"饬巴里坤镇、镇迪道严行示禁。"在写给金顺的信中,更义正词严地指出:"天下事不外人情物理,乌有倒行逆施而能济事者乎?用兵所以卫民,今卫民之效未闻,而虐民之事则无不毕具,不知主兵者于目前事势、日后事势亦曾涉想否?"(《全集》"书信"二,第386页)

由于左宗棠多方努力,西征军所需粮食经分途采运,达到了预期目的,到光绪二年(1876)军事行动即将开始时,"三路粮运成数可稽者已四千余万斤",截至四月,"巴里坤存粮可六百余万斤,安西、哈密之粮运至古城者可四百余万斤,存储待运者尚千万斤","俄粮之运古城者,截至四月,可得四百八十余万斤。"(《全集》"奏稿"六,第420页)到光绪二年(1876)初夏,在安西、哈密、巴里坤、古城子等前沿地区已集中了约二千四百八十万斤军粮。

对其他军需物质的补给,左宗棠也做了妥善安排:他在上海设立采办转运局,由胡光墉主持,负责购运枪炮、弹药,筹借外债,收集情报;又在汉口设立后路粮台,转运上海采购的军需物资;并在西安设立一个总粮台和一个军需局。同治十二年(1873)初,设在兰州的兵工厂——甘肃制造局正式投产,除改造中国旧式火器外,还"能仿造布国(普鲁士)螺丝炮(来复线炮)及七响枪"。光绪元年(1875),左宗棠又在兰州建立火药局,其生产的优等品已能同进口火药相媲美。

相对而言,左宗棠筹饷比筹粮、筹转运更困难。当时,清政府的财政入不敷出,捉襟见肘,不但中央"部藏无余",各省也"库储告匮"(朱寿朋编:《光绪朝东华录》第一册,第25页)。要收复新疆却拿不出钱来。左宗棠统领的军队,一年的军费支出约八百多万两,实际只能拨给五百多万两,也就是说每年要短缺三百万两。"海防"之议起,各省、关(海关)实解西征"的饷"(当时西征军费在海关关税和各省厘金项下拨充)比平常又少了一半,只剩下二百数十万两了。为了摆脱窘境,左宗棠只好请求借外债以充军费。同治十三年(1874),他得到清政府同意,命胡光墉在上海向英商丽如洋行、怡和洋行共借款三百万两,于光绪元年(1875)三四月间提款,年利银一分零五毫,三年内分六批还清。此外,左宗棠还在上海、湖

胡光墉

北、陕西筹借了一笔商款（本利合计共一百二十余万两）。光绪二年（1876）春，左宗棠准备借外债一千万两，以较好解决军饷问题，但两江总督沈葆桢坚决反对，理由是利息太重："今以一千万照台湾成案八厘起息、十年清还计之，耗息约近六百万，不几虚掷一年之饷乎？"（《沈文肃公政书》卷六）如不借外债，又该怎么办呢？沈葆桢在光绪二年（1876）正月三十日的奏折中说："窃以为左宗棠此行不当效霍去病之扫穴犁庭，而当师赵充国之养威负重。将帅无赫赫之功，而国家受万全之福。"（同上）由于沈葆桢等的坚决反对，所以尽管清政府当时已同意借洋款千万两的计划，但迫于舆论，左宗棠只得请求将借款数改为四百万两。最后，清政府提出了一个折衷方案，于三月初一日发出上谕："该督既以肃清西路自任，何惜筹备巨款，俾敷应用，以竟全功。加恩著于户部库存四成洋税项下拨给银二百万两，并准其借用洋款五百万两，各省应解西征协饷提前拨解三百万两，以足一千万两之数。"左宗棠于三月十六日接到这道"上谕"，大喜过望，不禁老泪纵横，"跪诵再四，感激涕零，不能自已。"（《全集》"奏稿"六，第461页、第462页）

为筹措军饷，在整个用兵新疆期间，左宗棠共借外债四次，时间分别在光绪元年（1875）三月、光绪三年（1877）五月、光绪四年（1878）八月和光绪七年（1881）三月，借款数额分别为库平银三百万两、五百万两、一百七十五万两、四百万两，共计一千三百七十五万两。四笔外债中，除光绪元年（1875）借贷者为英商怡和、丽如银行外，其余均为英商汇丰银行，借款经手人都是胡光墉。洋人知道左宗棠西征急需用钱，而清廷财政又几近枯竭，于是大敲竹杠，把利息定得很高，四笔贷款利息分别为年息百分之十点五、月息百分之一点二五、月息百分之一点二五、年息百分之九点七五。除还本外，付出利息的总数竟超过了借款的半数，这的确是一笔高利贷！沈葆桢的反对并不是没有道理的。

光绪四年七月二十三日(1878年8月21日),上海《申报》发表了一篇题为《贷国债说》的文章,对这种高利借贷进行猛烈抨击:

> 未几,而复有新疆之事……于是左爵帅于万分竭蹶之中,作通盘筹算之想,特委胡雪岩观察在沪告贷于西商,前后三次共银一千二百五十万两,分期摊还,按年给与重利,并以江海、粤海、闽海等关为质,此为中国古今未有之创局,然失利亦无有甚于此者。夫泰西诸国之贷债也,其息大率每年百两之五、六两耳,今中国乃竟倍其数而付之,且必责关票以为凭,暂救燃眉之急,顿忘剜肉之悲,重利让之他邦,贫名播于邻国,然当局犹以为便。

英国人马格理(曾协助李鸿章办兵工厂)也曾于光绪五年四月初十日(1879年5月30日)对正出使俄国的曾纪泽分析道:

> 英、法两国借贷,子息常例三厘有半,重者不过四厘。中国借洋款,子息一分,银行经手者得用费二厘,债主得八厘,盖子息之最重者。其故有二:一则经手不得其人,无为国省费之心;二则借得之财以供军饷,而不甚讲求矿务、铁路兴利之政,西人以为有出无入,故不敢放手借出,非贪重息者不放债也。(《曾惠敏公文集》,"日记"卷二)

曾纪泽肯定马格理的意见,对这笔借款也很不满。

实事求是地说,马格理的分析很有道理,花费掉如此重的利息贷款,经手人胡光墉没有在接洽中力争是有责任的;但从客观上说,也是不得已而为之。战争借款风险很大,精于算计的洋商"非贪重息者不放债也"。对于中国方面来说,能否得到这笔贷款关系重大,从光绪元年至七年(1875—1881),西征军共耗饷五千二百三十七万两,借款即占其总额的四分之一,如无这笔贷款,西征军很难想象能如期出关,收复新疆的大业势必遥遥无期。因此,权衡利弊,左宗棠不得不忍痛吞下这个苦果。光绪二年(1876)夏,他在写给朋友的信中,曾坦率地谈到自己的痛苦心情:"夫用兵而至借饷,借饷而议及洋款,仰鼻息于外人,其不兢也,其无耻也,臣之罪也。"(《全集》"书信"三,第70—71页)当清政府批准借外债五百万两后,左宗棠又决定推迟一年提款,他说:"洋款五百万拟明年再议者,迟一年可迟一年息耗。"(同上,第22页)这反映了他对重息借外债的自责、忐忑心情。

　　本来，人们反对重息借外债是合乎情理的，但其中也有别有用心者。当沈葆桢对借外债持异议时，左宗棠就认为"幼丹（沈葆桢字）此次奏驳洋款，颇闻由人指使"（《全集》"书信"三，第47页），事实也的确如此。在沈葆桢上折反对借外债前不久，李鸿章写信给他说："左帅拟借洋款千万以图西域，可谓豪举，但冀利息稍轻，至多不得过七厘，各省由额协项下分还，亦未免吃力，何可独诿诸执事耶？"（执事为敬称对方）这未免有挑拨离间之嫌。当沈葆桢将自拟的奏稿抄寄给李鸿章看后，李又吹捧说：奏稿"剀切详明，词严义正，古大臣立朝风采，复见于今，大足作敢言之气，倾服莫名"（《李文忠公全书》"朋僚函稿"卷十六）。这更显露出李鸿章的阴暗心理。

　　左宗棠为收复新疆而举借的几笔外债，尽管付出了高利息，但却保证了西征军的粮、饷、器械供应，为收复新疆提供了基本的物质保障，这与那种附加政治条件、损害国家主权的借外债不可相提并论，更不应讥之为"饮鸩止渴"。

　　为了提高部队的战斗力，左宗棠还对西征军进行了整顿、集训。首先，他坚决惩治悍将，裁减冗兵。驻守肃州高台的原乌鲁木齐提督成禄号称率有马步十六七营，实则不过五六营，这位满洲将领视边塞为安乐窝，"蓄养戏班，相为娱宴"。更严重的是，他在这一带横征暴敛，滥杀无辜，劣迹累累，民怨沸腾。左宗棠于同治十一年（1872）十二月奏准清廷，将其革职治罪，部队由金顺并统。原乌鲁木齐都统景廉所部号称三十四营，实际只有兵员八千五百余人，约合十七营。左宗棠坚决予以裁并，编成十九营，由金顺接统，使金顺所部增至四十营。天山北路收复后，左宗棠又将金顺部裁去一半，成为二十营。左宗棠直接指挥的部队也于同治十三年（1874）裁撤马步四十营，以后又裁去千人，剩下一百四十一营，接着又将原署陕甘总督穆图善旧部四营半裁撤，实存马步一百三十余营。左宗棠强调，边塞用兵的原则是"在精不在多"，因为"道远运艰，不能用众"。

　　为提高出关部队的战斗力，左宗棠特别强调要加强训练，他严令出塞各营要"勤加演习，以期精而又精，克收寡可抵众实效"（《全集》"奏稿"六，第320页）。刘锦棠部"老湘军"按其指示，于同治十三年（1874）秋在凉州训练了几个月，才于光绪二年正月二十八日(1876年2月22日)由凉州(武威)向肃州(酒泉)进发，并于三四月间分四批出关西进。

对出关各军的火力配备，左宗棠也设法予以调整和充实，尽可能使之拥有比较先进的武器：金顺出关时，配给开花大炮(即炸炮，为前装野战炮)一门，并派懂技术的总兵邓增(字锦亭，广东新会人)带领炮手随同出关；张曜出关时，配给连架劈山炮十门(劈山炮是一种旧式火绳引爆的迫击炮，后经甘肃制造局改制，用合膛开花弹，炮架改为鸡脚式，原需十三人施放，改造后只需五人)，德国造后膛来复线大炮一门，七响后膛枪(为新式连发枪，西方于十九世纪七十年代始发明)十杆；桂锡桢马队出关时，配给德国后膛开花大炮一门。西征主力刘锦棠部装备最优，除原有枪炮外，出关时配给包括新式大炮在内的各种火炮十多门，各种枪支一千余杆。与此同时，左宗棠还建立了一支专业化炮兵——侯名贵(字桂舲，湖南长沙人)炮队。这支炮队于光绪二年八月初四日(1876年9月21日)出关，二十五日抵哈密，"计后膛炮十二具，弁勇百有十六人"(侯名贵：《陟屺清吟录》)。各西征军的武器，除已有配备外，还有较为充足的储存，据左宗棠说，光绪元年(1875)时，兰州"由沪所解来复枪尚存万数千枝"。所以，有人说收复新疆之役，"虽刀矛并用，得力于枪炮者居多"(陶模：《购办洋枪铸造铁炮以固边防折》)。此外，左宗棠还奏请清政府，对出关各营"所需添买骡、驼、马匹、皮棉衣裤、锣锅、皮碗、口袋等物，应预备棚帐、旗帜、号褂，应更换军械、火器、火药，应增筹军行粮饷、军需各项，转运、采制津贴各项，均应宽为筹备。"(《全集》"奏稿"六，第320页)对一些有利于指挥作战的仪器设备，左宗棠也尽量采购，如前线指挥官就使用了双筒望远镜。对于这样一支西征军，英国人包罗杰(1853—1928)评论说："这支在东土耳其斯坦(指新疆)的中国军队完全不同于所有以前在中亚的中国军队，它基本上近似一个欧洲强国的军队。"(包罗杰：《阿古柏伯克传》英文版，第275页)

为了做到"知己知彼"，左宗棠很重视对敌情的搜集和分析。他多次派人出关了解阿古柏窃踞新疆的各种情况，并认真地加以分析，因而"远迩曲折皆晰"。他还通过在上海筹办军需的胡光墉了解各国动向，搜集外交情报，以配合军事行动。对英、俄争霸亚洲的矛盾，左宗棠有自己的看法,他指出:"俄、英倄婚媾,倄仇雠,十余年前曾战争不已,彼此忌嫉,至今如故。其衅端则肇于争印度,争土耳其。"(《全集》"书信"二,第576页)为了利用英、俄矛盾,集中力量消灭阿古柏集团,左宗棠主张暂不涉及伊犁问题,他说:"此时俄人交还伊犁一节,暂可置之不论","俾得壹意南路"。(《全集》"书信"三,第116页)当然,左宗棠对沙俄的侵略野心和图谋,也还有个认识过程,他曾错误地估计:"如果南路事机顺利,似伊犁可不索而还。"(《全集》"书信"三,第116页)尽管对沙俄的扩张政策认识不足,但左宗棠避免分散力量,以便专讨阿古柏的方针仍是正确的。

当清军即将出关时,社会舆论普遍持怀疑态度,即使支持出兵的人也认为乌鲁木齐虽不难收复,但"乌城既克,宜赶紧收束,乘得胜之威,将南八城及北路之地,酌量分封众建,而少其力"《左宗棠年谱》卷七)。左宗棠则坚持用武力收复全疆,他分析新疆的形势说:"俄踞伊犁,安集延踞喀什噶尔,皆腴疆也。我纵克乌鲁木齐各城,扼各处总要,重兵巨饷,何从取给,亦终必亡。藩篱一撤,强敌日肆凭陵,恰克图、库伦、张家口皆战场矣!"(《全集》"书信"三,第17页)

对于收复新疆的战略方针,左宗棠做了准确的表述:"官军出塞,自宜先剿北路乌鲁木齐各处之贼,而后加兵南路。当北路进兵时,安集延或悉其丑类与陕甘甯逆及土回合势,死抗官军,当有数大恶仗。如天之福,事机顺利,白逆歼除,安集延之悍贼,亦多就戮,由此而下兵南路,其势较易,是致力于北而收功于南也。"(《全集》"奏稿"六,第421页)概括地说,就是"先北路而后南路"。左宗棠提出"先北后南"的战略方针,是基于对阿古柏集团的兵力部署、新疆的地理环境以及历史经验的分析、判断的结果。当时,阿古柏主力集中于南路,北路则由后来归附的马人得、白彦虎驻守,实力较弱,"大抵新疆贼势,北路轻而南路重",如果先攻北路,则对整个战局发展十分有利:第一,可以避实就虚,在突破敌人薄弱环节后再进行决战,这样可以先声夺人,鼓舞士气;第二,可以分散敌人兵力,先将阿古柏一部分军队在北路聚而歼之,为向南疆挺进创造条件;第三,占领北路后,取得了前进基地,解除了南下清军的后顾之忧,从而造成从东、北两面夹击南疆之势。从地形、地貌看,先占乌鲁木齐,南下夺取达坂,穿越天山,经后沟、干沟,出榆树沟,即可一泻千里。亦可避免主力阻于有"死亡之海"之称的塔克拉玛干沙漠。此外,也有历史经验可以借鉴,十八世纪中叶,清军平定准噶尔和大、小和卓的叛乱也是先北后南,最后统一天山南北路的。

左宗棠为西征军制定的战术方针则是"以缓行速战为义"(《全集》"书信"二,第544页),"缓行速战"有时表述为"缓进急战",是指不打无准备之仗,不匆忙进兵,一旦军事行动开始,就要速战速决,不可游移迟缓。左宗棠认为:"如果缓进急战,慎以图之,西事或犹可为耳。"(《全集》"书信"三,第29页)他用兵向来谨慎,曾说:"慎之一字,战之本也"(《全集》"札件",第168页)。不张狂,不轻敌,不打无准备之仗,不打无把握之仗,正是左宗棠军事思想的核心。

在制订了战略计划和明确了战术思想之后,左宗棠还注意给予前敌统帅以灵活处置之权,因为战场形势瞬息万变,不可能事事都设想到,所以"令其相机办理,不为遥制"。在给刘锦棠的批札中更明确表示:"兵事无遥制之理,缓急之宜,分合之用,惟该总统相机酌之。"(《全集》"札件",第371页)

当一切准备充分之后,终于在光绪二年(1876)夏天揭开了驱逐侵略者、收复新疆的战幕。

四、决胜千里

在金顺、张曜、额尔庆额几支部队出关之后,左宗棠开始派主力军西进。出征前,他奏以三品卿衔、西宁兵备道刘锦棠总理行营营务处,起用老部下刘典以三品京卿帮办陕甘军务,留驻兰州,总领后方。光绪元年(1875)夏,左宗棠在兰州召开有"老湘军"分统以上将领参加的军事会议,"会商办法",决定由刘锦棠"自定出关马步二十余营,以缓行速战为义"。年底,再召刘锦棠至兰州,将防堵白彦虎逃脱的方案"备细告知,并以地图指示"(《全集》"书信"二,第544、573页)。

光绪二年(1876)正月和二月,刘锦棠率"老湘军"陆续从凉州向肃州进发。二月初八日,"帮办陕甘军务"刘典至兰州,左宗棠将后路事务交托后,于二月二十一日率亲军步骑两千余人离兰州西上,三月十三日抵达

刘锦棠

肃州，在城东南设置大本营，就近指挥。同月，"老湘军"总统刘锦棠与左宗棠"熟商进兵机宜"后，率主力部队马步二十四营（步兵十七营旗、骑兵七营旗），前后分四批出星星峡，向哈密进发。其顺序是汉中镇总兵谭上连率所部先发，宁夏镇总兵谭拔萃继之，陕安镇总兵余虎恩又继之。四月初三日，刘锦棠亲率大军启行。闰五月初二日（6月23日），提督陶生林又率马队一营由肃州向古城进发，出关老湘军总计达二十五营。关外巴里坤与古城之间八百多华里是重要的交通运输线，为防止敌人骚扰，左宗棠再调蜀军徐占彪部五营出关，驻扎巴里坤，以固后路。五月十七日，徐占彪率所部出关，六月初四日抵巴里坤。同时，左宗棠还增调徐万福等五营出关，驻守安西、敦煌、惠回堡、青头山口，张曜一军则集中哈密，以防敌人南窜。此外，左宗棠又檄乌鲁木齐领队大臣锡纶督带桂锡桢及定营马队、吉江马队（吉林、黑龙江马队）等驻扎绥来沙山子（玛纳斯北）一带，并益以金顺、刘锦棠部步兵两千人，以防敌人从阜康以西北窜。

为收复新疆，清军在西北地区集结了一百四五十营，约六七万人，先后投入第一线的计八十多营，近四万人。战事从光绪二年（1876）夏季开始，到光绪三年（1877）底结束，天山南北两路除伊犁地区外，均告克复。光绪七年（1881）初，左宗棠又以备战为后盾，通过外交谈判，收复了伊犁地区的大部分。

左宗棠征讨阿古柏伪政权，大约可分为三个阶段。

第一阶段，收复北疆。

光绪二年正月二十九日（1876年2月23日），吉江马队统领、凉州副都统额尔庆额未经统帅部批准，竟会同督带定营马队、总兵冯桂增进袭玛纳斯北城，由于准备不足而失败，冯桂增被执而死，损失两百多人。此次前哨战虽经帮办军务金顺的同意，却不在督办军务左宗棠的计划之内，事后，左宗棠分析失利原因时说："袭攻坚城，本难得手，而马队黑夜扑城，尤为希见之事",他在给皇帝的奏折中指出:"轻进贪功,咎由自取。"

四月,老湘军前锋谭上连部进驻巴里坤,并分兵扎守巴里坤以西的芨芨台、色毕口、大石头、三角泉一带,以保证运输线的畅通。随后,谭上连自率两营(谭部共四营)进至古城。老湘军总统刘锦棠在将哈密存粮逾天山递运至巴里坤、古城后,于闰五月初十日亲抵古城,分兵屯木垒河。左宗棠的方针是"稳扎稳打","决计必俟古城存粮稍有赢余,然后再进,进则裹一月行粮趣战,计时将近新秋,前途有粮可因,军食有资,而后路之粮亦集,于局势乃稳。"(《全集》"书信"三,第32页)

清军在天山北路最前线的据点是金顺部四十营(其中合并有景廉旧部)驻扎的济木萨(今济木萨尔东北,东南踞古城九十华里)。闰五月二十日,刘锦棠率轻骑赶往济木萨金顺行营,商讨进兵方略,并察看前沿阵地形势,于二十二日返回古城。当时新疆的形势是:沙俄占领伊犁地区;阿古柏直接控制南疆八城和吐鲁番盆地;投靠阿古柏的马人得、白彦虎等盘踞乌鲁木齐、玛纳斯一带。北路敌人的主要据点之一是乌鲁木齐东北数十里的古牧地(今乌鲁木齐市米东区古牧地镇,在阜康西南),其"精锐"多集中在这里。刘锦棠准备"以大队径驻阜康县城,出队捣古牧地",认为"此关一开,则乌垣、红庙子贼不能稳抗,白逆(指白彦虎)必窜吐鲁番,以寻去路"。(《全集》"书信"三,第32页)六月初一日,湘军马步各营进抵济木萨,刘锦棠与金顺商定机宜,同时西进。初八日,刘、金两军均至阜康,金军驻县城,刘军驻城东九营街(今名九运街),相互策应。阜康过去是比较繁盛的小市镇,遭阿古柏匪帮破坏后,已成荒无人烟之地。阜康西南约百里之遥就是古牧地,守敌为从乌鲁木齐移师而来的白彦虎部,同时,阿古柏还从南疆派来了一千五百名援军。白彦虎在同治十二年(1873)七八月间率六七千人并家属万余人由内地经肃州、敦煌逃至哈密,又从哈密进入吐鲁番,投靠了阿古柏,以后又窜扰玛纳斯,在受到清军和民团的打击后,败归乌鲁木齐。白彦虎至乌鲁木齐后,即派部将王治、金中万和古牧地原回军首领马明据守古牧地,不久,阿古柏和白彦虎怀疑马明与清军有联系,将其押回南路。敌军内部出现裂痕,加之其时麦豆已熟,"有粮可因",刘锦棠认为"师期不宜再缓"。于是决定先夺取古牧地,再进军乌鲁木齐。

阜康有通往古牧地的大路，但其中由西树儿头子（离阜康二十里）到黑沟驿一段五十里尽是戈壁，没有水泉，仅甘泉堡（离西树儿头子十里），有枯井一口，重新开凿后亦仅能供百人一日之需。白彦虎等弃戈壁大路不守，欲引诱清军从大路进，待清军人马困乏之际，突然出击，收以逸待劳之效。同时又在黄田筑卡树栅，严密守护。黄田在黑沟驿东南十里，两地之间横淌着一条东西走向的季节性河流——黑沟，黑沟南岸为一片丘陵，走下丘陵，接近黄田处即为平原。刘锦棠询问了土著居民，得知黄田"水盈沟浍，上流即古牧地"（《全集》"奏稿"六，第491页），为进兵必夺之地。遂于六月十九日督促部队开废渠，引水至西树儿头子，就地筑垒；并于二十日派一些士兵排列在甘泉堡，故意大挖枯井，装出要走大路的样子，以麻痹敌人。实际上，大军在二十一日晚三更秘密出动，由小路直插黄田，二十二日黎明时抵达黄田卡栅，先踞北面山岗，居高临下，猛攻守敌。刘锦棠部由左路进，金顺部由右路进。刘锦棠又以余虎恩、黄万鹏两支骑兵分左、右冲击，谭拔萃、谭上连、董福祥等率步兵从中间突破，守敌从梦中惊起，仓促应战，遂弃辎重狂奔。清军追至古牧地而还。黄田首战告捷。

古牧地位于黄田西南八华里处，其东南为丘陵地带，地势由东南向西北倾斜。六月二十三日，清军开始进攻古牧地，刘锦棠部老湘军分扎城之正东及东南方向，金顺军则驻于正北与西面，完成对古牧地的合围。翌日，阿古柏派出的骑兵千余人（一说数千人）由阿托爱率领，从红庙子（乌鲁木齐汉城）来援。刘锦棠得知后，一面通报金顺防备（敌骑自东北方向来援）；一面派陕安镇总兵余虎恩、记名提督黄万鹏率骑兵驰赴山前，严阵以待，并命步兵分两路攻南关。刘军在城东南、金军在城西北昼夜修筑炮台，不断炮击敌军山垒和城关，坏其墙垛。二十七日，刘锦棠又令知府罗长祜、副将杨金龙移开花大炮于正南方向，并派宁夏镇总兵谭拔萃趋东北，汉中镇总兵谭和义趋正东，自率亲军据城南山垒督战。山垒和城关攻破后，守敌逃奔辑怀城（今米泉市治）中。城外之援敌前阻于湘军骑兵，后受金顺部骑兵兜攻，敌将阿托爱弃马而逃，其余败溃南窜。二十八日黎明，"老湘军"击毁南面城墙，各军填壕以登，金顺军及谭拔萃部湘军也从东北并进，城内敌军数千人悉数被歼。

刘锦棠在攻下古牧地后，缴获了敌人的机密文书，得知乌鲁木齐空虚,遂乘胜追击,于二十九日收复北疆重镇乌鲁木齐,并追逃敌至盐池墩,因阻于戈壁而收队。白彦虎与马人得早在二十四日即开始南逃,聚集于距乌鲁木齐约一百八十华里的达坂城,妄图依托天山,阻止清军南下。

在东线古牧地战役发起之时,西线玛纳斯战役也同时打响。主战部队为由民团改编的振武、定西各营(振武营统领徐学功为南山民团首领,定西营统领为济木萨民团首领孔才,改编后隶属于景廉,景廉调任后,一并由金顺接收)。闰五月二十五日,孔才率定西营乘夜潜入玛纳斯城下,次日徐学功率振武各营赶到。玛纳斯守敌则基本上分为三部分:白彦虎部余小虎一股据北城;南城则由本地回军及白彦虎另一股"西河营"(西宁、河州回民)协同防守,西河营首领为黑保财和韩刑脓("刑脓"应为清方蔑称,其本名疑为"行龙")。陕、甘回军余部与玛纳斯本地回军之间矛盾很深,清军兵临城下,在是否南撤的问题上,双方意见不一。六月初二日,署伊犁将军荣全派统领依楞额率军千余会攻玛纳斯,相持二十余日。六月二十九日,余小虎接到白彦虎撤退南疆的命令后,当夜开东门南撤,徐学功率骑兵追击,孔才率步兵攻占玛纳斯北城。七月初,南城守军分化,黑保财以"请援"为名,率部逃窜。时金顺率军驻昌吉。并于七月十五日驰抵玛纳斯,亲临督战。守敌困兽犹斗,清军围攻南城一月,先后五次攻坚,均告失利。八月十七日,刘锦棠应金顺之请,派总理湘军营务罗长祐率步兵六营、骑兵五旗(半营为一旗,计一百二十五骑)前往助攻。九月十三日,守敌统领韩刑脓中炮而死,当地回军统领海晏继续指挥。九月十九日夜,海晏亲赴徐学功大营,表示愿受招抚。金顺接到徐学功的报告后指示,回军必须"呈缴马械,献各逆首,然后造余众名册,听候点检,分别处理"(《新疆图志》卷九五)。守敌心怀疑惧,决计拼死突围。二十日黎明,二三千名回军突出西门未果。二十一日(11月6日),清军四面围攻,终于克复玛纳斯南城。玛纳斯围攻战持续了三个多月,它的攻克震动中外,为进军南疆奠定了基础。英国人包罗杰评价道:"玛纳斯的陷落成了传遍中亚细亚一带的一个沉重打击,消息传来,所有中国土耳其斯坦和准噶尔地区(指南疆与北疆)的人民无不惊惶万状",又说中国的将军们"在乌鲁木齐和玛纳斯的围攻中,已经证明自己绝不是平平常常的战术家"(包罗杰:《阿古柏伯克传》英文版,第240页)。

第二阶段,达坂—吐鲁番之役。

北疆之役结束后,阿古柏集团虽受到较大打击,但其主力部队仍保持完好建制。原因在于北路主要由白彦虎、马人得及当地回军驻守,而白彦虎、余小虎等还带着残部逃至南疆。要给浩罕入侵者以歼灭性打击,清军必须南下攻克利用天山关隘重点设防的达坂、吐鲁番、托克逊三角地区。只有这样,南疆门户才能洞开,清军才可能长驱直入,彻底摧毁阿古柏伪政权。

在第二阶段战役开始之前,左宗棠对军事形势作了准确分析,他认为"南路贼势,重在达坂(即噶逊营)、吐鲁番、托克逊三处,官军南下,必有数恶仗。三处得手,则破竹之势可成"(《全集》"书信"三,第115—116页)。又指示刘锦棠说:"至前路贼情贼势,以达坂为门户,以托克逊为堂奥。大军进规南路,自宜先从达坂下手,而吐鲁番亦宜先图攻取,以收夹击之功。嵩武、蜀军兵由东进,会师七克腾木,由辟展进攻吐鲁番。"(《全集》"札件",第380页)基于这一分析,左宗棠作了如下部署:徐占彪部"蜀军"、张曜部"嵩武军"进攻吐鲁番,刘锦棠部"老湘军"从乌鲁木齐南下,直取达坂城。两处克复后,乃进攻托克逊坚巢。

清军在北路取得胜利后,阿古柏十分恐慌,他调集了约两万七千名士兵,妄图凭借天山之险负隅顽抗。据光绪二年至三年(1876—1877)在阿古柏占领区搜集情报的俄国总参谋部上尉库罗巴特金说,阿古柏"在吐鲁番和托克逊以及达坂城要塞部署了下述兵力:萨巴宰(步兵)七千人,骑兵七千五百人和二十七门炮以及达一万人的东干(指回族人)兵员",后来"又增添了从库尔勒来的一千五百骑兵和从库车来的一千骑兵"(库罗巴特金:《喀什噶尔》,1882年英译本,第243页)。达坂城是天山的重要孔道,也是通往南疆的门户,阿古柏派大通哈(地方军政长官)爱伊得尔呼里率精兵四千驻守;又派第三个儿子海古拉率步、骑六千人,带炮六门屯扎达坂东南的战略要地——托克逊。吐鲁番盆地则由布素鲁克的侄子艾克木汗(其父卡塔曾接替布素鲁克"执政"过四个月,后被阿古柏毒死)防守,不久又调遣从北路逃回的马人得、白彦虎驻守,阿古柏则于喀拉沙尔督战。

光绪二年(1876)十月,清廷调金顺为伊犁将军,进军库尔喀喇乌苏

(在玛纳斯以西,今乌苏),又以前两广总督英翰署乌鲁木齐都统,并催促左宗棠速命队伍南下。其时,于八月患病的刘锦棠刚病愈,遂陈述进规吐鲁番八条,要求调蜀军赴乌鲁木齐同进。但左宗棠不顾廷旨的催促和部下的急切求战,仍坚持稳扎稳打、缓进速战的方针,他在给刘锦棠的批复中指示:"察看情形,通筹利病,进兵之期,非俟明岁春融不可"。(《全集》"札件",第385页)在写给主持后路事务的刘典信中也说:"毅斋(刘锦棠字)病虽痊复,然严寒临阵,非其所宜,老湘全军患疫者几过一半,势非缓养不可,而后路转运新粮甫经开办,驼只车骡均形裹足,急切不能取齐,若即进兵,则正值大雪封山、冰凌凝结之时,诸形棘手,且无论筑垒、支帐,均不便利也。弟意决俟明年春融进兵。"(《全集》"书信"三,第133页)

事实证明,左宗棠的小心谨慎决非多余。敌人采用骚扰运输线的办法,妄图遏制清军的攻势,"巴(巴里坤)、古(古城)之间,迭被伺劫,运道中梗者廿余日"。为保证运道畅通,左宗棠一面饬徐占彪调驻扎木垒的步骑千余人东向搜索,同时将原防守巴、古间的徐万福部改隶徐占彪指挥,并增派骑兵两旗(共二百五十骑)、步兵两旗(共七百六十人)前往防护。又将驻扎包头的"卓胜军"十营(由金运昌统领)调赴古城至乌鲁木齐一线防守,以替换原驻该地的老湘军南进。为加强南下清军的实力,左宗棠除从兰州防营中挑选士兵近千名补充湘军缺额(因战斗伤亡和病故而减员),使之保持原有建制外,又增派援兵,以厚兵力。早在光绪二年(1876)八月初四日,左宗棠就曾派参将侯名贵率开花炮队出关隶刘锦棠部。以后又从肃州镇总兵章洪胜及总兵方友升、桂锡桢等处调出骑兵三营,归刘锦棠节制。于是南征主力部队达到二十九营(包括步兵、骑兵、炮兵)。对将从东南进击的"嵩武军"和蜀军,左宗棠也尽量充实其力量。张曜配属一营骑兵(由副将武朝聘率领)和一支炮队(由游击陈文英管带);徐占彪部也配给骑兵一营(由副将秦玉盛率领)。至于蜀军、"嵩武军"西进后空出的防区,左宗棠也及时派兵予以填补。哈密除驻有办事大臣明春部外,尚留有原归张曜指挥的豫军刘凤清部八百人,为保险起见,左宗棠又调罗瑞秋步兵一营和陈宗蕃骑兵一起(半营)驻扎;巴里坤、古城一带则命徐万福部三营和范铭的"白马营"填防。

光绪三年(1877)春,经过整编后的金顺一军二十营,负责防守北疆西部地区,监视伊犁俄军动向。二月中旬,金运昌率"卓胜军"四千人(号称五千人)由肃州西行,开赴乌鲁木齐一线,以替出原驻该地的老湘军南下作战。三月初一日,刘锦棠率部由乌鲁木齐逾岭西南,张曜部"嵩武军"、徐占彪部蜀军则分别由哈密、巴里坤西进,一场与阿古柏主力的决战开始了。为收复南路,清军出动马步各军近五十营,约两万余人,从北、东两面向达坂—吐鲁番—托克逊地区展开了钳形攻势。

三月初一日(4月14日),刘锦棠率马步各营及开花炮队,由乌鲁木齐南下,初三日抵柴窝铺。入夜,派陕安镇总兵余虎恩等率骑兵九营,汉中镇总兵谭上连等率步兵四营"衔枚疾走,乘贼不觉,径趋达坂"(《全集》"奏稿"六,第655页),要求各军务必于拂晓时完成合围,杜绝城内敌人逃窜。守敌为阻遏清军南下,几天前已引白杨河、黑沟河水入城东北、北面及西北的草湖沼泽中,形成一片湿地。尽管淤泥深及马腹,清军骑兵余虎恩、陶生林、夏辛酉等仍一往直前,掠过深淖,占据城东南山岗,步兵则列阵于城西南喀拉塔格山岗,并于低洼处构筑阵地。不久,黄万鹏马队亦赶到城东南山岗,和余虎恩等连结成阵;禹中海等马队也于天明前抵城西南,与谭和义部步兵相接。这样,清军在城外东、西两面山岗上布置好了阵地,以居高临下的态势包围了达坂城。

天明,云收雾散,守城敌军见已遭围困,遂慌乱开火。中午,刘锦棠冒着密集子弹,巡视四周,"从骑有伤者,刘锦棠坐骑亦中弹立毙,易马而前"。(《全集》"奏稿"六,第655页)主帅的从容镇定,大大鼓舞了清军的士气。此时,海古拉派来的两批援军先后赶到,陶生林部骑兵一营奉命打援,驰下山岗,刚到山口即与敌骑五百余遭遇,双方激战。余虎恩亦派步兵持长矛下山,与敌肉搏,清军骑兵从左、右两翼包抄,敌军大乱溃逃。适海古拉派遣的第二批援军赶到,还未站稳阵脚,即被败军冲乱,只得"一并狂奔而逸"。

初五日,宁夏镇总兵谭拔萃解开花大炮至,刘锦棠立即命其至城西南喀拉塔格山岗与谭和义部会合,并营建炮台。守敌在外援断绝后,更加恐慌,妄图突围逃窜,城内维吾尔族百姓潜出城外,向清军报告了这一消息,刘锦棠立即命令部队严加防范,"夜间列燧照耀,光如白昼"。初七日,刘锦棠命参将侯名贵、都司庄伟等将三尊大炮运上刚建好的炮台,连环轰击,先摧毁了敌人的炮台,接着又轰坍了几处城墙,最后炮弹击中了城内弹药库,一时间如山摧地裂,城中起火,又值大风骤起,风助火势,延烧更广,敌人肝胆俱裂,混乱异常。于是,清军一举攻克达坂城,毙敌二千数百人,俘虏一千二百人,敌军主将爱伊得尔呼里及"胖色提"(五百人的统领,相当于清军营官)六名均束手就擒,而清军仅伤亡一百六十八人,此外,还缴获战马八百余匹,枪炮军械一千四百余件。十一日夜,"老湘军"继续前进,次日,抵白杨河。刘锦棠分兵两路,命总理湘军营务、道员罗长祐、宁夏镇总兵谭拔萃率步骑六营直趋吐鲁番,与张曜、徐占彪三路会师。刘锦棠则自率谭上连、黄万鹏等马步十四营径捣托克逊城。此时,托克逊守敌海古拉已弃城遁走,白彦虎亦从吐鲁番仓皇西窜,并四处劫掠,焚烧村堡,当地民众"请求大军速援,并称大军所遣免死回目驰归,宣布官军威德,回众无复疑惧,俱延颈以待官军"。(《全集》"奏稿"六,第 657 页)十三日,清军纵横冲杀,号鼓齐鸣,又收复了托克逊城。

当刘锦棠率部南下的同时,"嵩武军"和"蜀军"分别以哈密、巴里坤为基地西进。三月初八日,"嵩武军"分统提督孙金彪和蜀军统领徐占彪协作,攻克吐鲁番东面门户——七克腾木,随即攻占辟展(鄯善)。十二日,再克胜金口新筑土城,十三日,直抵吐鲁番城下。此时恰值罗长祐部老湘军赶到,三路合攻,马人得被迫投降,艾克木汗已先期逃窜,吐鲁番全境克复。

"达坂—吐鲁番"之役是双方主力的一次决战。战况的发展与左宗棠的预计基本符合:清军在这一战役中给予阿古柏的主力部队以毁灭性打击,一举敲开了通向南疆的大门,造成了破竹之势。据有人估计,敌军"大概损失不下二万人"(包罗杰:《阿古柏伯克传》英文版,第 248 页)。相当于阿古柏防守这一地区兵力(约二万七千人)的五分之四,约占阿古柏总兵力的一半左右(据库罗巴特金估计,阿古柏军总数为四万五千人,见《喀什噶尔》英文版第 243 页)。对这一战役,左宗棠评价很高,认为"实西域用兵以来未有之事"。这一战役后,阿古柏集团内部乱作一团。正如一位俄国军官所说:"阿古柏伯克处境十分困难。他怀疑所有的人,把每个人都看成是他的敌人和叛徒。"(尼·费·杜勃罗文:《普尔热瓦尔斯基传》1890年俄文版,第 237 页)四月十六日下午,暴怒的阿古柏在与部下(司库萨比尔)的斗殴中受重伤,十七日(5月29日)凌晨二点在库尔勒死去(此据库罗巴特金在《喀什噶利亚》一书中的说法,而左宗棠的奏折则说阿克伯系"仰药自毙";当年英国《泰晤士报》和《土耳其斯坦报》则说是病死的,见《阿古柏伯克传》),时年五十六岁。这个残暴的入侵者暴毙后,"哲得沙尔"伪政权更加陷于分崩离析的状态中。

第三阶段,收复南疆之役。

阿古柏毙命的当天,其次子海古拉(或译哈克·胡里,因其长子已亡,实为第三子)从喀喇沙尔赶到,遂将军队集中到库尔勒,并于四月二十日宣布阿古柏暴死的消息。二十五日,海古拉把军务交给艾克木汗后,便运送阿古柏的尸体西往喀什噶尔,五月十三日,从阿克苏赶赴喀什噶尔。他离开库尔勒的第二天,艾克木汗即自立为汗,随后西窜,占领阿克苏。海古拉西遁途中,不断遭到当地民众的袭击,将至喀什噶尔时,竟被其胞兄伯克胡里派人击杀于克孜勒苏河的桥上。六月,伯克胡里集中了一支五千人的军队去阿克苏,进攻艾克木汗,后者则以四千人的兵力迎击,双方火并的结果,艾克木汗战败,投入沙俄怀抱。

在"树倒猢狲散"的形势下,原先投靠阿古柏的一些南疆上层分子,也纷纷向清军投诚。八月,和阗伪阿奇木伯克尼亚孜宣布反正,响应清军,这使得进入阿克苏的伯克胡里只在该城停留了两个星期,就匆忙赶回喀什噶尔,并于八月二十八日率五千人向和阗进发。伯克胡里虽然打败了尼亚孜,但他的前途却是非常暗淡的。当他还停留在阿克苏时,刘锦棠已发动了收复新疆的新一轮进攻——秋季攻势。

阿古柏残余集团的内部火并使其力量更加削弱,加以新疆各族人民纷纷起来对它进行打击,使其陷入非常困顿的境地。这对清军继续西进非常有利,但讲究"慎战"的左宗棠考虑到"饷源涸竭,转运不继",决定把第三个战役推迟到秋凉之后。炎夏一过,经过补充的刘锦棠部已拥众三十二营,力量相当雄厚。七月十七日(8月25日),刘锦棠派提督汤仁和率先头部队从托克逊前进,驻扎苏巴什、阿哈布拉。八月初一日,又派总兵董福祥、张俊率步兵三营从阿哈布拉等地进至曲惠(和硕东),在这里储存薪草,开浚井泉,初十日,大军集结于曲惠。二十七日,命提督余虎恩、黄万鹏率马步十四营取道乌沙塔拉,傍博斯腾湖西进,出库尔勒之背为奇兵。二十九日,刘锦棠亲率各军由大道向开都河进发,为正兵。其时,白彦虎率残军驻扎于开都河西岸,他见海古拉、艾克木汗已先后逃走,自知不能抗击清军,遂决开河岸,使"漫流泛滥,阔可百余里……深者灭顶,浅者亦及马背"(《全集》"奏稿"六,第756页),然后胁迫喀喇沙尔(今焉耆)百姓西行。河道决开后,清军只得绕路而行,或泅水而渡,或架设浮桥,赶修车道,直到九月初一日才进入喀喇沙尔,而该城已面目全非,城内"水深数尺,官署民舍,荡然无存",城外"沿途民舍,均已烧毁,亦无居民"。清军在附近蒙古族、维吾尔族民众支持下,找到水浅可渡的地方,轻骑简装,乱流而渡。初三日,清军进入库尔勒,这里原本是阿古柏大本营的所在地,现在却成了一座空城,阒无人烟。更让清军头痛的事是由于道路难行,军粮未能及时运到,部队面临断炊的威胁。刘锦棠、余虎恩发动士兵自想办法,通过"觅掘窖粮,得数十万斤"(同上),终于解决了断粮的难题。初六日,后路运粮至。为了不给敌人以喘息之机,刘锦棠挑选健卒一千五百名、精骑一千作为前锋,亲率以行;又命罗长祜率后路各营及辎重继进,直到十一日才在洋萨尔(轮台东北)追上敌人后队,而白彦虎已经逃往库车。此前,库车百姓在小军官哈底尔率领下,曾一度攻克该城,响应清军,但被白彦虎击败。白彦虎尚未在库车站稳脚跟,清军已经赶到,歼敌千余人,追杀四十里,于十二日收复库车。从库尔勒到库车,清军六天内行九百里,前后"拔出被裹回众以十万计"。清军继续西进,拜城维族头领买买提托呼达开城出迎。刘锦棠仅留方友升马队扎城外,招集流亡,大军则于十六日五更履冰疾进,于铜厂、上铜厂追上敌军,击杀数千人,并解救被裹胁的维族百姓两万余人,送回拜城。十七日,清军从察尔齐克出发,穿过戈壁,于次日驰抵阿克苏,城内维族民众十余万"皆守城以待"。刘锦棠命部将由西南和正西分两路躐踪紧追残敌,自己则入驻阿克苏满城。为不给敌人以喘息之机,清军于十九日五更踏冰渡胡玛纳克河(阿克苏城西北),于二十日黄昏驻营乌什城外,翌日,穷追残敌九十里,直到弥望戈壁,不见贼踪时,才收兵还定乌什。

  九月,乘伯克胡里往和阗攻击响应清军的尼亚孜之机,原清军守备何步云(于同治四年七月以喀什噶尔汉城投降阿古柏)率数百人据喀什噶尔汉城反正。九月底,白彦虎窜至喀什噶尔,已溃不成军,"人不满百,饥疲殊甚。"十一月初二日,伯克胡里从和阗经英吉沙尔赶回喀什噶尔,会同白彦虎等猛攻汉城,何步云派人赴湘军告急。刘锦棠本拟先取叶尔羌,但情况生变,遂更改计划,当即分兵三路:派提督余虎恩率步兵三营、骑兵一起(半营),总兵桂锡桢率骑兵一营一起,由阿克苏取道巴尔楚克、玛纳尔巴什前进;又派提督黄万鹏率旌善马队六旗、总兵张俊率步兵三营由乌什取道布鲁特(柯尔克孜族)游牧地区前进,要求两路于十一月十四日(12月18日)同时抵达喀什噶尔,并任命余虎恩为两路总指挥(步骑总计约五千人)。在两路部队出发后,刘锦棠亲率马、步各营,于十一月初六日进军巴尔楚克、玛纳尔巴什,以扼和阗、叶尔羌冲要,策应前敌部队。

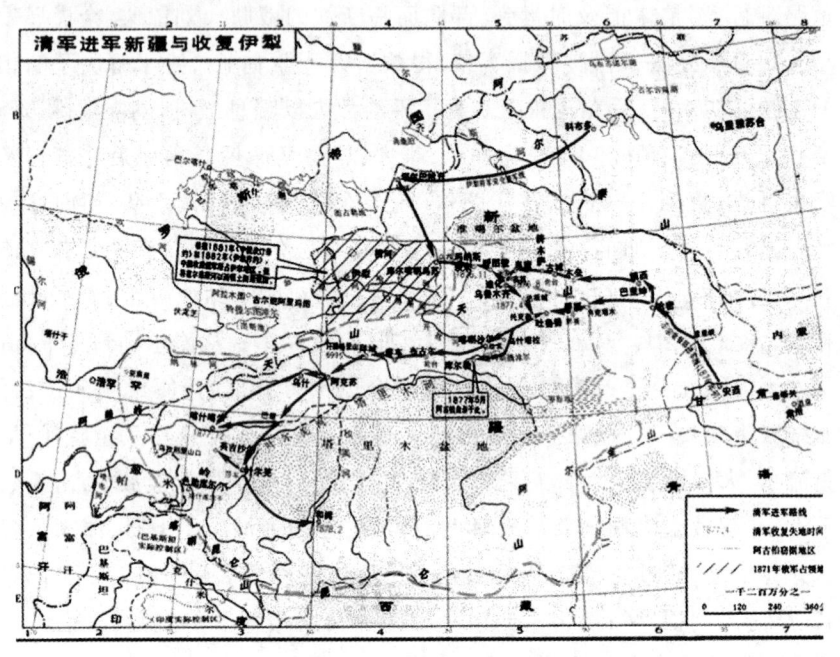

清军进军新疆与收复伊犁图

当刘锦棠部大举西进时,左宗棠为稳固后路,命作为第二梯队的张曜部"嵩武军"接续前进。十月初二日,"嵩武军"进驻喀喇沙尔,二十二日又抵库车,然后进阿克苏;由喀喇沙尔、库尔勒至库车、拜城一带,则命易开俊的"安远军"(步兵四营、骑兵三起)从吐鲁番填防;又派总兵刘凤清率豫军两营分扎于托克逊和曲惠。总之，在左宗棠的周密布置下，"自肃州、嘉峪关以抵吐鲁番，自托克逊以抵库车，皆防军也；自库车至阿克苏、巴尔楚克，为且防且战之军；自巴尔楚克、玛纳巴什以抵喀什噶尔、英吉沙尔，则主战之军。常山率然势成，首尾相应数千里，一气卷舒，将士心目中皆有全局洞贯之象"（《全集》"奏稿"六，第801页）。

十一月十三日，按照预定计划，黄万鹏一军进抵喀什噶尔城北的麻古尔。余虎恩一军抵城东的牌素特，夜晚，进至城下，击溃守敌。此时，黄万鹏率部亦从北路杀至，两路合兵收复喀什噶尔，伯克胡里和白彦虎分别率残部逃入俄国占领区。黄万鹏、余虎恩同时向西北和正西两个方向追击。刘锦棠率大军自玛纳尔巴什南下，于十七日收复叶尔羌，二十日，倍道趋英吉沙尔，二十二日，进驻喀什噶尔。同时命总兵董福祥东取和阗。十一月二十九日（1878年1月2日），清军收复和阗。至此，整个新疆除沙俄仍然盘踞的伊犁地区外，已全部光复。光绪四年（1878）二月，左宗棠被晋封为二等侯爵。

五、两霸阴谋

左宗棠率领清军讨伐阿古柏入侵者，决心收复失地，必然使俄、英两霸鲸吞新疆或在新疆建立附属国的阴谋彻底破产。因此，这两个殖民大国都采取了种种卑劣手段，妄图阻止、破坏清军西征。这样，粉碎俄、英两国的阴谋，就成为用兵新疆过程中不可避免的严重斗争。左宗棠对此已有一定认识，所以他说："此次力疾西徂，原为剿贼，亦以俄事，非他人所能了，即才力十倍于我者，亦虑人不遽信，而机绪一失，不可复按耳。"（《全集》"书信"二，第561页）

对新疆早已垂涎三尺的沙皇俄国，在中国收复新疆的过程中，因怀鬼胎，故此表现得异常活跃。光绪二年（1876）作为俄国特使会见过阿古柏的库罗巴特金（1898年任俄国陆军大臣）在他的回忆录中曾说："其实我们当然希望中国人不能打败阿古柏，因而也就永远不能占领喀什噶尔。"（库罗巴特金：《俄国军队与对日战争》，1909年英文版，第一部分第92页）但是，俄国人在搜集了大量情报后，对阿古柏的虚弱状况和左宗棠的积极备战有了具体认识，感到他们的"希望"难以实现。在兰州会见过左宗棠的俄总参谋部中校索斯诺夫斯基（旧译索思诺福思齐）报告说，阿古柏的失败"只不过是时间问题"（索斯诺夫斯基：《1874—1875年到中国的考察》，1883年俄文版，第一卷第一册，第545页）。另一位见过阿古柏的俄总参谋部军官普尔热瓦尔斯基也在其报告中说："阿古柏的王国不久的将来就会垮台。最大的可能是，这个王国将被中国人征服。"

索斯诺夫斯基

（尼·费·杜勃罗文：《普尔热瓦尔斯基传》，1890年俄文版，第571页）因此，在清军大举出关前后，他们频繁活动，一是妄图左右局势，一是想在局势尚未明朗之前浑水摸鱼，为自己攫取最大利益。

在收复新疆的军事行动开始前一年，即光绪元年（1875）五六月间，索斯诺夫斯基率领一个所谓的"科学贸易考察队"到达兰州，在左宗棠的总督衙门住了二十七天，刺探出关清军的实力和中国备战的情报。索斯诺夫斯基一面向左宗棠佯谈"和好"，一面却企图以提供军粮为诱饵来束缚清军的手脚。对此，他曾说过："我的考虑在于使左宗棠和他的军队，被吸引到我们的储备上来。"这个沙俄情报军官竟飘飘然陶醉于自己的"良谟"。他又说："假如七万武器良好、守纪律、善战但由于缺粮而无法作战的军队，依靠我们的给养，那么，请注意——所有的机会都会掌握在我们的手中：同意让步和达成协议，就给你们粮食；不同意，就不给你们粮食，并要承担由此而引起的一切后果。"（《1874—1875年到中国的考察》，第545—546页）索斯诺夫斯基的花言巧语，确曾对某些清朝官员起过一定迷惑作用，连左宗棠对其包藏的祸心也未完全识透，左在写给金顺的信中就曾认可其"修好"之意："俄国索思诺福思齐一行五人此来，藉游历顺便归国，弟引居兰州节署二十余日，与之纵谈一切。察其衷情，只在修好，并无他意。索使并请代于该国在山诺尔(又译宰桑淖尔)地方为我筹办采运,即此亦足见其心本无他。"(《全集》"书信"二,第537—538页)实际上,俄国卖粮给中方不仅有掌握政治筹码之意,而且在经济上也大赚了一笔。光绪二年(1876),沙俄将伊犁(当时为俄国占领)出产的小麦转运至古城,高价出售给清军。据库罗巴特金的记载,当时伊犁小麦每普特(十六点三八公斤)收购价为零点一五卢布,运至古城后,每普特以五卢布出售,即使除掉运费,利润也是非常高的。(《俄中问题》第85页,1913年俄文版)不过,侵略者的如意算盘终于落空,沙俄虽然答应卖给中国五百万斤军粮,却根本无法左右局势。会谈中,索斯诺夫斯基曾别有用心地提出要派兵、派军官"助剿",都被断然拒绝,左宗棠掷地有声地回答:"中国边防,中国自有办法,可无须帮助。"(《全集》"书信"二,第546页)索斯诺夫斯基回到俄国后,又故意刁难,拒不执行购粮合同,并节外生枝,要求清政府同意俄商到古城、巴里坤、哈密一带进行贸易。对于沙俄的狡诈行径,左宗棠不为所动,斩钉截铁地说:"伊所挟者,不过办粮、供子药两事,然均须重价现银,我有重价现银,亦由内地可办。现在包、归、宁夏商驼甚形踊跃,肃、安一带亦然,不必俄人也。"(《全集》"书信"三,第9页)

光绪二年(1876)六月,正当清军在北路胜利进军时,俄国总参谋部另一位军官普尔热瓦尔斯基带着所谓"探险队"到阿古柏占领区收集情报。他一到南疆,就迫不及待地为风雨飘摇中的阿古柏政权出谋划策。当年十二月初二日(1877年1月15日),阿古柏的心腹扎曼在写给普尔热瓦尔斯基的信中透露道:"您关于如何同中国人进行战争的良策,都转达给可汗殿下(指阿古柏)了,可汗完全赞同,极为满意。"(《普尔热瓦尔斯基传》俄文版,第231页)与此同时,还有一个以库罗巴特金为首的俄国官方代表团到了南疆,其使命在于胁迫已朝不保夕的阿古柏集团炮制一个"边界条约",以便赶在这个伪政权覆亡之前攫取一些重要的战略据点。光绪三年四月二十五日(1877年6月6日),普尔热瓦尔斯基在写给俄国总参谋部的报告中指出:"对俄国来说,当前正是确立同东土耳其斯坦的关系使之对自己更为有利的最好时机。阿古柏伯克现在对于我们的任何要求都一定同意","现在最好是把我们的疆界从纳喇特岭移到达兰达坂"(《普尔热瓦尔斯基传》俄文版,第576页),即把俄国占领区从伊犁再向东南延伸。后来,只是由于阿古柏伪政权迅速崩溃,沙俄的扩张阴谋才未能得逞。

光绪三年(1877)十一月,伯克胡里和白彦虎在南疆已无立足之地,遂不约而同地投奔沙俄,俄国驻奥什的司令官扬诺夫派人在纳伦河迎接他们,将其置于俄国的卵翼之下。

英国与沙俄为争夺控制我国新疆虽存在尖锐矛盾,但在保存阿古柏政权这一点上,却有着某种默契,因此对清军收复新疆进行了种种破坏活动。

阿古柏被称作是"英国人在克什米尔以北土地上所树立的英雄"(包罗杰:《阿古柏伯克传》序言),所以,英国侵略者为使这个伪政权的继续存在费尽了心机。还在同治十三年八月二十二日(1874年10月2日),英国驻印度总督就曾向伦敦政府建议:"由两国(指英、俄)政府在北京采取外交行动,可能制止中国政府进攻爱弥尔(指阿古柏)。如果这种联合行动办不到,由驻北京的英国大使把这个问题提交中国政府,那也是我们所期望的。喀什噶尔王国的独立应尽一切可能予以维持,这点对于英国在东方的利益极关重要。"(《讷茨布罗克致索尔兹伯里》,第61号密件,英国印度部档案,第三十八卷)这年十一月,正值"海防议"起,英国驻华公使威妥玛立即派汉文参赞梅辉立到天津游说李鸿章,妄图以天山为界与沙俄划分在新疆的势力范围。当清廷决定西征后,英国又蓄意破坏。左宗棠准备借外债以充军饷,英国政府则以"马嘉理案"未结为借口阻止英商提供贷款。光绪二年(1876)春,清军陆续开往前线,英印政府得知消息后,赶忙派弗赛斯来华代阿古柏"求和"。弗赛斯于光绪二年三月十四日(1876年4月8日)到天津会见了李鸿章,在说明来意后,李鸿章答称:在阿古柏称臣的前提下,可以派人到左宗棠军营商谈议和条件,还同意英国派一名官员到乌鲁木齐参加谈判。这年七月底,清军已攻克乌鲁木齐,威妥玛又找已签订完《烟台条约》的李鸿章威胁说,若中国收复南疆,驱逐阿古柏,结局必然是两败俱伤,而俄国将乘机占领新疆全境。他表示,英国愿意出面"调停",条件是阿古柏政权"作为属国,不必朝贡"(《李文忠公全书》"译署函稿"卷五)。接着,威妥玛向总理衙门正式提出这一"建议"。总理衙门为此知照左宗棠,左宗棠在回复中一针见血地指出:"英人代为请降,非为安集

延,乃图保其印度腴疆耳!""其敢以此妄渎尊严者,意沮官军深入。"(《全集》"书信"三,第115页、114页)

光绪二年十一月(1877年1月),中国第一任驻英公使郭嵩焘抵达伦敦。而阿古柏派他的外甥赛尔德·阿古柏汗也于光绪三年(1877)四月初到伦敦求援。五月十二日,英国外交部派刚由北京回国述职的威妥玛与郭嵩焘会谈,"急求帮令哈(喀)什噶尔自立一国"(《郭嵩焘日记》第三卷第235页),把"调停"阴谋的舞台又搬到了伦敦。光绪三年三月(1877年4月),俄土战争爆发,英国害怕沙俄会乘机向中亚扩张,认为更有保全阿古柏政权的必要。于是英印政府决定派罗伯特·肖(又译沙敖)为"公使",常驻喀什噶尔,以示支持。英国报纸披露这一消息后,立即遭郭嵩焘的抗议,郭指出:"英国特派大臣驻扎,则似意在帮同立国"(《清季外交史料》,光绪朝第四十卷第35页),中国政府决不能接受。五月二十七日(7月7日),英国外交部照会郭嵩焘,说赛尔德愿意接受的条件与郭的意见极其相近。六月初六日,在威妥玛的一再要求下,郭嵩焘勉强同意与赛尔德会面。郭嵩焘受到李鸿章、威妥玛的影响,竟向清廷建议:"与其穷兵縻费以事无用之地,而未必即能规复,何如指以与之,在中国不失为宽大之名,在喀什噶尔弥怀建置生成之德。"(《清季外交史料》光绪朝第一一卷第2页)库伦办事大臣志刚也奏请停止进攻,将南疆"众建以为藩篱"。(《左文襄公年谱》卷六)其时,"达坂—吐鲁番之役"已胜利结束,阿古柏军队的主力已受到毁灭性打击,郭嵩焘、志刚的建议完全附和英国保存阿古柏残余势力,破坏清军西征彻底胜利的阴险图谋。对此,左宗棠坚决反对,他在给清廷的奏章中严词驳斥说:"喀什噶尔即古之疏勒,汉代已隶中华,固我旧土也","英人以保护安集延为词,图占我边防名城,直以喀什噶尔为帕夏(指阿古柏)固有之地,其意何居?""彼阴图为印度增一屏障,公然向我商议,欲于回疆

（即南疆）撤一屏障，此何可许？"（《全集》"奏稿"六，第736页）在写给刘锦棠的信中，左宗棠也果断地指示说："喀什噶尔是我旧有疆宇，安集延不能强行占据，即帕夏犹活，亦不能由其占据，何况畏罪自尽！我之兵力应即蹑踪追剿，尽复旧疆，岂容他人饶舌！"（《全集》"书信"三，第236页）左宗棠没有理睬英国人的无理纠缠，坚决地把阿古柏集团的残余势力赶出国境，终使英国殖民者的阴谋未能得逞。

南疆全部回归祖国后，伊犁地区却仍然为沙俄所霸占，左宗棠决计乘胜前进，一举把它收复。

六、舁榇出关

沙俄侵占伊犁后，不相信清政府有收复新疆的能力，曾虚伪地表示：对于伊犁，"俟关内外肃清，乌鲁木齐、玛纳斯各城克复之后，即当交还。"（王树枬：《新疆图志》卷五四，"交涉"二）其实，正如英国人兰斯德尔（曾到过俄军占领下的伊犁）所透露："一些俄国官员对我说，他们认为那一天（指清军收复新疆的日子——引者）永远不会到来。"（兰斯德尔：《俄属中亚细亚》第一卷，第627页，伦敦1885年版）但随着清政府收复新疆政策的明朗化，沙俄交还伊犁，自然成为一个紧迫问题提上议事日程。光绪二年（1876）春，沙皇亚历山大二世指定了一个"特别委员会"研究这一问题。该委员会以陆军大臣米留金伯爵为首，包括财政大臣格里格、外交大臣助理格尔斯（或译吉尔斯）等，他们于三月二十九日（4月23日）开会商议，并作出决定：只有在允许俄商进入中国内地贸易和割让特克斯河流域及穆素尔山口的前提下，才能交还伊犁。

清军收复天山北路后，总理衙门曾与俄国新任驻华公使毕佐夫（或译布策）交涉收回伊犁；南疆收复后，清政府又要求俄国派使节与左宗棠直接谈判，但都遭拒绝。光绪四年六月二十一日（1878年7月20日），清政府派吏部右侍郎、署盛京将军崇厚（完颜氏，字地山，满洲镶黄旗人）往俄国交涉收回伊犁。十月十四日，崇厚和头等参赞邵友濂（字小村，浙江余姚人）从上海乘船启程。在满洲贵族中，崇厚被称为"向能办事，于中外交涉情形亦俱熟悉"（《清季外交史料》光绪朝，卷一三）。其实，他办"外交"的历史说来可怜,他任过三口通商大臣,"天津教案"发生后,曾被派到法国去"谢罪"。这一趟耻辱的差使,竟博得了最高统治者的褒扬与信任,颇耐人寻味。

十二月初八日,崇厚等到达俄国首都圣彼得堡。此时,沙皇政府内部尚未就伊犁问题取得一致意见,他们先以优厚的款待笼络崇厚,以花言巧语迷惑其上当,继则威胁恫吓。正如后来左宗棠所揭露的,俄国人"先以巽词话之,枝词惑之,复多方迫促以要之"(《全集》"奏稿"七,第 424 页)。这样,崇厚就处于被人摆布的地位。光绪五年二月(1879 年 3 月),沙皇政府再次召开关于伊犁问题的特别会议,决定"在得到中国人的积极让步以前,伊犁不能交还"(《米留金日记,1878—1880》第三卷第 124 页,莫斯科 1950 年版);而清政府则训令崇厚"必当权其轻重,未可因急于索还伊犁,转贻后患",并明确告诉他对于割地"断不可许"。但是崇厚却于八月复电说:"约章定明,势难再议。"(《清季外交史料》光绪朝,卷一五、卷一六)光绪五年八月十七日(1879 年 10 月 2 日),崇厚未经清政府同意,竟在克里米亚半岛的里瓦吉亚与俄国签订了《里瓦吉亚条约》。按这个条约规定,俄国虽交还伊犁九城,但却割占了霍尔果斯河以西地区、特克斯河流域以及位置重要的穆素尔山口,从而隔断了伊犁与南疆阿克苏等城的联系。此外,中国还要支付五百万卢布(约合二百八十万两白银)的所谓"代守费"和"俄民损失费"。根据这一条约,中国还准许俄国在嘉峪关、哈密等七处设领事,并给予俄商在新疆、蒙古享有免税贸易的特权等。

崇　厚

总之,沙俄从这个条约中"所得到的东西,已经超过了甘愿冒战争的危险来保持的东西"。(查尔斯和巴巴拉·耶拉维奇合编:《俄国在东方,1876—1880》第100页,来丁布利尔出版社1959年版)

消息传来,举国震惊。朝野同声谴责崇厚的卖国行径,因为这是在两国没有发生战争的前提下,在中国并未战败的情况下签订的一个丧权辱国的条约,所以激起了举国上下的无比愤怒!当时,全国舆论一致声讨沙俄侵略,"街谈巷议,无不以一战为快。"(《清季外交史料》光绪朝,卷二一,第10页)左宗棠更是痛心疾首,他在上清廷的奏折中说:"兹一矢未闻加遗,乃遽议捐弃要地,餍其(指沙俄)所欲,譬犹投犬以骨,骨尽而噬仍不止。目前之患既然,异日之忧何极?此可叹息痛恨者矣!"詹事府司经局洗马张之洞上奏说:"不改此议,不可为国。"(《张文襄公奏稿》卷二)在前线指挥军队的伊犁将军金顺也力陈此项条约必不可允。刘锦棠更认为"非决之战阵,别无善策"(《清季外交史料》光绪朝,卷二四)。为挽回局势,左宗棠提出"先之以议论","决之以战阵"的方针,主张首先进行外交谈判,谈判不成则采取军事行动,拚力一战,从沙俄手中收复全部失地。在巨大爱国御侮浪潮影响下,清廷大多数官员都主张"改约",只有极少数人唱反调,李鸿章是他们中的主要代表,千方百计反对改约,其理由是:"此次崇厚出使,奉旨给与全权便宜行事字样,不可谓无立约定议之权。若先允后翻,其曲在我。"(《李文忠公全书》奏稿卷三五)在写给曾纪泽的信中又说:"其实(伊犁)久假不归,于大局亦无甚关碍,今成蛇足,进退两难",又攻击左宗棠主战是"不明彼己",必有后患。(《李文忠公全书》朋僚函稿卷一九)。但是在爱国浪潮激荡的形势下,清廷不得不摒弃李鸿章的建议,将崇厚治罪,判为"斩监候",改派大理寺少卿、驻英法公使曾纪泽(字劼刚,湖南湘乡人,曾国藩长子)前往俄国谈判,同时命左宗棠统筹兵事,作打仗准备。

沙俄见即将攫取到手的巨大利益将要成为泡影,恼羞成怒,一面派其驻北京代办凯阳得到"总理衙门"虚声恫吓;一面加紧调兵遣将,大搞军事讹诈。俄军几万人集结于同中国毗连的整个地区,仅伊犁就增兵六七倍,达到一万二千多人,火炮五十门;在斋桑湖一带部署了步兵一万二千八百名和骑兵六千二百五十名,火炮六十二门;另一支五千人的部队准备由费尔干省(毗邻南疆)入侵喀什噶尔;同时,沙俄还增加了在黑龙江以北、乌苏里江以东地区的兵力,准备一旦战争爆发即入侵吉林、黑龙江。此外,一支由二十多艘军舰(包括装甲舰、巡洋舰、海防舰等)组成的舰队由黑海驶往日本长崎,准备封锁中国海面。一时间阴云密布,战争大有一触即发之势。

面对险恶的形势,已年届六十九岁的左宗棠毫不畏惧,决心奋起对抗沙俄的猖狂挑战,把自己的余年献给捍卫祖国领土主权的神圣事业。他在写给朋友的信中说:"衰年报国,心力交瘁,亦复何暇顾及!"(《全集》"书信"三,第535页)光绪六年(1880)二月,他拟订了一个三路出击、收复伊犁的军事计划:东路以伊犁将军金顺所部万人扼守精河一带,阻截俄军东犯,并调金运昌的"卓胜军"马步两千人协助;中路以"嵩武军"统领、广东陆路提督张曜率步骑五千人(步兵四千五百人,马队五百余骑)出阿克苏,越冰岭东向,沿特克斯河,直取伊犁,并加派步骑二千余人,为主攻方向;西路以"老湘军"总统刘锦棠率步骑万余人(步兵八千七百七十人,马队一千五百骑)分军出乌什,以图进取。后路各重要驻点都有军队屯扎或填防。为了便于就近指挥,左宗棠还准备亲率马步各军出屯哈密。

艰苦的边塞生活和繁忙、复杂的军务,对年近古稀的左宗棠来说是很不适宜的。光绪五年(1879)夏天,他在肃州大营患风疹,爬搔不止,夜难成寐。这年冬天,伊犁局势越来越紧张,他调兵遣将,运筹帷幄,无片晷休息,终于病倒了。一天早晨,左宗棠刚刚披衣起床,"忽吐鲜血十数口,尚未能止。"明知自己积劳成疾,但为了报效国家,完成收复伊犁的历史使命,他却置疾病于不顾,以"生出玉门"为幸,而且表示:"至马革桐棺,则固非所计矣。"(《全集》"书信"三,第583页)

光绪六年四月十八日(1880年5月26日),左宗棠率亲军六大哨一千余人离开肃州,出嘉峪关向哈密进发,其先头部队步兵四哨和炮队已先期出发。为表示抗俄决心,他毅然决然,"舁榇以行"(王定安:《湘军记》卷十九;朱孔彰:《左文襄公别传》),这一携棺出征的行动,充分体现了左宗棠"壮士一去不复返"的壮志豪情。他回顾鸦片战争以来四十年间中国遭受侵略者的种种欺凌,极为愤慨,在写给杨昌濬、刘锦棠的信中就说:"自洋务兴,中国为岛族所轻侮,耻不能振,言之慨然!"(《全集》"书信"三,第593页)对于当前虎视眈眈的沙俄,则"非决战不可。连日通盘筹画,无论胜负云何,似非将其侵占康熙朝地段收回不可"(《全集》"书信"三,第656页)。

四月二十一日,左宗棠行抵玉门。自古以来,玉门几乎成了内地人西行的极限,在墨客骚人的笔下,玉门更给人以凄凉之感,唐朝诗人王之涣《凉州词》中"羌笛何须怨杨柳,春风不度玉门关"的佳句就是典型例证。但左宗棠着意抗击侵略者,保卫祖国疆土,就没有这种低沉的情调,他说:"壮士长歌,不复以出塞为苦","虽知壮不如人,而孤愤填膺,诚有不知耄之已及者。"(《全集》"书信"三,第605页、第597页)二十五日,左宗棠至安西州,"所历均是沙碛,人烟阒寂,草树亦稀。"走出星星峡后,于五月初八日(6月15日)抵达哈密,"父老扶杖而观,不远数百里。"(《全集》"书信"三,第610页、第616页)

左宗棠抵达哈密之时,正值肝病复发,他不顾旅途劳累,以带病之躯立即着手部署军事:一面加强巴里坤、古城、安西等重要据点的防务,在古城以西加拨马队一营一旗,古城加拨步队一营,巴、古之间的木垒河加拨马步三营,安西附近加拨两营;一面派古城局委员刘思谦就近增设三个驿站,与科布多西南八站相连,遇有紧急军情即星夜驰递。此时,换防各军也陆续从内地开往新疆前线。左宗棠还通过书信往来,与刘锦棠、张曜等反复商讨进兵路线。他对收回伊犁充满信心:"生力之军络绎而至,足供指挥,今岁天下大熟,关内外粮价平减,尤于师行为便,天赞我也!"(《全集》"书信"三,第624页)

哈密与吐鲁番被称为关外的"火炉",气温高达三十九摄氏度以上,中午十一点至下午五点之间更是酷热难当。左宗棠的中军大营设置在离哈密城三里左右,全部用泥土建造。他住在军营中,与将士同甘共苦,据当时亲自访问过哈密大营的德国人福克回忆说:"爵相(指左宗棠)年已七旬,身在沙漠之地,起居饮食简省异常,内无姬妾,外鲜酬应之人,其眷属家人多未带至任上,惟一人在寨。"福克还详细记录了左宗棠在哈密大营的一天起居情况:

〔爵相〕黎明即起,往菜园眺望,半晌即回,见属员,事毕,约七点钟。早膳,菜六盘,膳毕,握笔看公事至十二点钟。膳毕,仍看公事至五、六点钟,又往菜园督看浇灌后回。晚膳毕,偕营务处及余等谈天

至十二点钟安睡。(福克:《西行琐录》,《小方壶斋舆地丛钞》第六帙,第303页)

由此可见,左宗棠一天处理公务的时间在十个小时以上,而睡眠却只有五个小时左右。在羽檄交驰、戎马倥偬之际,他难得的放松调剂就是"眺望菜园""督看浇灌"。对农事的兴趣是左宗棠一生的特殊嗜好,即使在荒僻的边塞也不例外。他在哈密军营旁边开辟了一片约二十亩地的菜园,诸色瓜果俱全。甚至还写信给在兰州的四子孝同,让其托人"速买红白萝卜子及天鹅蛋种子寄来,以便散给各营哨,愈多愈妙"(《全集》"诗文·家书",第232页)。

尽管左宗棠调兵遣将,秣马厉兵,积极备战,但是,朝廷的决策者们却没有与沙俄对决的勇气,他们只寄希望通过谈判迅速了结伊犁危机。

光绪六年五月(1880年6月),曾任"洋枪队"头目的英国人戈登,受清政府之聘,从印度赶往北京,对伊犁问题进行"调停"。戈登先到天津同力主妥协的李鸿章密谈,他威胁说:"如果你要作战,就当把北京的近郊焚毁,把政府档案和皇帝都从北京迁到中心地带去,并且准备作战五年。"("1880年戈登致马格里函",转引自马士:《中华帝国对外关系史》中文版第二卷,第369页)五月十四日(6月21日),清廷在北京召开紧急会议,李鸿章的意见左右了会议,协办大学士全庆、工部尚书翁同龢、礼部尚书徐桐以及南洋大臣兼两江总督刘坤一都赞成委曲求全,与俄妥协。"越二日",将会议意见上奏。清廷遂于十九日发出"上谕",决定寄希望于谈判,一面屈从沙俄和列强压力,将崇厚"暂免斩监候罪名,权行监禁"(此前,俄、英、德、法、美均曾就惩办崇厚一事提出所谓"抗议");一面派驻英、法公使曾纪泽赴圣彼得堡重开谈判。

为了压抑主战派的高昂斗志,七月初六日(8月11日),清廷发出谕旨,调左宗棠回京,"以备朝廷顾问"。二十四日,左宗棠接到这道谕旨,深受刺激。他因壮志未酬,内心十分痛苦,在一封家信中曾这样表白:"俄意欲由海路入犯,而任事诸公不能仰慰忧勤,虚张敌势,殊为慨然。我之此行,本不得已。"(《全集》"诗文·家书",第236页)他又写信给"嵩武军"统领张曜,对谈判结局极为不安,左宗棠斥责那些胆小怕事之辈,也深为伊犁的前途担忧:"俄事尚未定议,而先以兵船东行,为恐喝之计,谟谟诸公便觉无可置力,国是混淆。计抵京时,错将铸成矣,为之奈何?"(《全集》"书信"三,第642页)将入关时,他又写信给"总理衙门",反对屈辱妥协:"察看情形,实非决之战胜不可。究之言战本是一条鞭法,无和议夹杂其中,翻觉愈有把握。"(《全集》"书信"三,第655页)

　　沙俄色厉内荏,对左宗棠的积极备战,也感到惴惴不安,参加谈判的俄外交部高级顾问若米尼就承认:"战争对于我们是耗费巨大,没有止境而又无益的。"(查尔斯·耶拉维奇等:《俄国在东方1876—1880》,第116页)当左宗棠奉召回京时,沙皇政府不明底细,以为中国"有动兵之意",心存疑惧。光绪六年十一月初十日(1880年12月11日),俄方首席谈判代表、代理外交大臣格尔斯询问曾纪泽:"我风闻左中堂现在进京,恐欲唆使构兵,不知确否?"一个多月后,格尔斯和俄国驻华公使毕佐夫两次提及此事:"皇帝谓有传闻左相奉召入京,务须及早定议,免生枝节"(《金轺筹笔》,转引自《小方壶斋舆地丛钞》第三帙,第379、394页)。可见左宗棠的积极备战,对曾纪泽同沙俄的谈判,是起了后盾作用的。

　　从光绪六年七月十八日(1880年8月23日)到光绪七年正月二十六日(1881年2月24日),曾纪泽与俄国代表进行了半年多的谈判,在这场中俄外交斗争中,他显示了充分的机敏和才干。谈判桌上,毕佐夫无理叫嚣:"如果这样拖延时间,还不如打仗合算!"曾纪泽则针锋相对地回答:"中国不愿有打仗之事,倘不幸有此事,中国百姓未必不愿与俄一战。中国人坚忍耐劳,纵使一战未必取胜,然中国地方最大,虽数十年亦能支持,想贵国不能无损。"曾纪泽还注意在谈判中运用国际公法、外交惯例和各种资料与对

曾纪泽

手辩驳,对此,若米尼十分恼火地说:"我坚信对于这些中国老爷们不能再抱任何幻想,他们十分傲慢,并且熟悉世界政治","他们已经参加了世界政治活动,而且在这方面将表现出他们特有的狡猾。"(查尔斯·耶拉维奇等:《俄国在东方 1876—1880》,第 121 页、第 130 页)

当时,俄国刚刚结束了对土耳其的战争,财政已经枯竭,财政赤字高达五千万卢布(米留金:《米留金日记》1878—1880,第三卷,第 287 页)。沙皇政府主观上虽然不惜以战争手段永远霸占伊犁,但限于财力,不敢贸然兴戎,这从若米尼讲的一段话可以证实:"只有痛打他们(指中国)一顿,才能使他们老实下来。但是我得承认,这种必要的作法对于我们涸竭的财政来说是十分困难的!"(查尔斯·耶拉维奇等:《俄国在东方 1876—1880》,第 118 页)迫于形势,沙俄不得不同意改约。曾纪泽在力持收回伊犁,废除《崇约》原则的同时,在其他方面也有所让步。这样双方终于在光绪七年正月二十六日(1881 年 2 月 24 日)签订了中俄《改订条约》(即中俄《伊犁条约》)。按新的条约规定,俄国同意交还特克斯河谷地区(约两万多平方公里)和通往南疆的穆扎尔山口,并放弃了俄国货物由嘉峪关运进内地的要求,但仍割占了霍尔果斯河以西地区(约一万多平方公里),并把赔款由五百万卢布增加到九百万卢布(约合五百零九万两白银),还保留了《崇约》所规定的商业特权。十分明显,《改订条约》仍然是沙俄强加于中国的不平等条约。不过从中国方面说,这与崇厚签订的条约相比,总算收回了一些权益。后来,有人赞扬曾纪泽的俄国之行是"折冲樽俎,夺肉虎口"(俞樾:《曾惠敏公墓志铭》),不无道理。还有一位英国学者评论此事时说:"中国已迫使俄国做出了它从未做过的事:把业已吞下去的领土又吐出来了。"从贪婪成性的沙俄嘴里掏出一部分"猎物",毕竟不是件容易的事。

中俄《改订条约》的签订,宣告了沙俄在我国伊犁地区殖民统治的结束。光绪七年十二月二十九日(1882 年 2 月 17 日),塔尔巴哈台参赞大臣升泰抵达伊犁,与俄方代表会商收交办法。第二年二月初四日(1882 年 3 月 22 日),双方换文,完成了移交手续,伊犁将军金顺随即带兵进驻,伊犁终于从侵略者手中回归祖国怀抱。

清军收复新疆兵力表

部队名称		统领	兵力						备注
			步兵		骑兵		炮兵	总计	
			营数	人数	营数	人数	营数	营数	人数	
进攻部队	老湘军	刘锦棠 进军北路	17	8000	8	2000		25	10000	老湘军出关时为25营，进军南路时增至29营（增桂锡桢、章洪胜、方友升三支马队及侯名贵炮队）后又增至32营（在关内召新兵充实），炮队南下时单为一营。
		刘锦棠 进军南路	19	9000	12	3000	1	32	12000	

部队名称		统领	步兵		骑兵		总计		备注
			营数	人数	营数	人数	营数	人数	
进攻部队	嵩武军	张曜	10	5000	2	500	12	5500	豫军刘凤清部配属张曜指挥，张曜西进后，驻七克腾木，后再移驻托克逊、曲惠。张曜攻吐鲁番时左宗棠以武朝聘马队配属，又以陈文英携炮助之。
	刘凤清部		2	800				800	
	武朝聘马队				1	250		250	
	蜀军	徐占彪	5	2000余						蜀军进攻吐鲁番时，左宗棠将驻巴、古之间的秦玉盛马队3起拨归指挥。
	秦玉盛马队				3起	375				
		金顺	计有礼字营、英字营、振武营、定西营、健锐营、马队、亲兵营、军胜营				40	17000	攻克天山北路后，裁并成20营，约万人。

部队名称		统领	步兵		骑兵		总计		备注
			营数	人数	营数	人数	营数	人数	
防守部队	卓胜军	金运昌	6	3000	4	1000	10	4000	原驻包头，光绪三年出关，驻防古城至乌鲁木齐一线以填湘军后路，号称5000人。
	安远军	易开俊	4	1560	3(起)	375	7	近2000	由原驻巴里坤以西的捷中、捷左2旗（760人），加上建威1营、黄长周卫队300人及精骑3起组成，防守由喀喇沙尔至拜城间。
	督标营	宋得禄	1	500					防守吐鲁番至哈密间（一起为半营）。
		夏朝奉 宾恩耀			2(起)	250			

（接上表）

防守部队	白马营	徐万福	3	1500			填防巴里坤、古城间。光绪三年正月，徐万福革带职，所部2营归徐占彪指挥。
		范铭	1	500			
	威仪军	（原）文麟（后）明春	2	1000			驻防哈密，文麟病死后，威仪军由哈密办事大臣明春接统。
	健锐营	明春	2	1000			
		罗瑞秋陈宗蕃	1	500	1起	125	由肃州调赴哈密，填驻"嵩武军"旧垒。
		易玉林	1	500			驻安西，补捷中、捷左旗防缺。
	大本营	左宗棠	2	1500	1	200	亲兵一大营1200人，后又调300步兵合1500人
	此外，尚有乌鲁木齐领队大臣锡纶及原伊犁将军荣全的部队						

老湘军指挥系统表

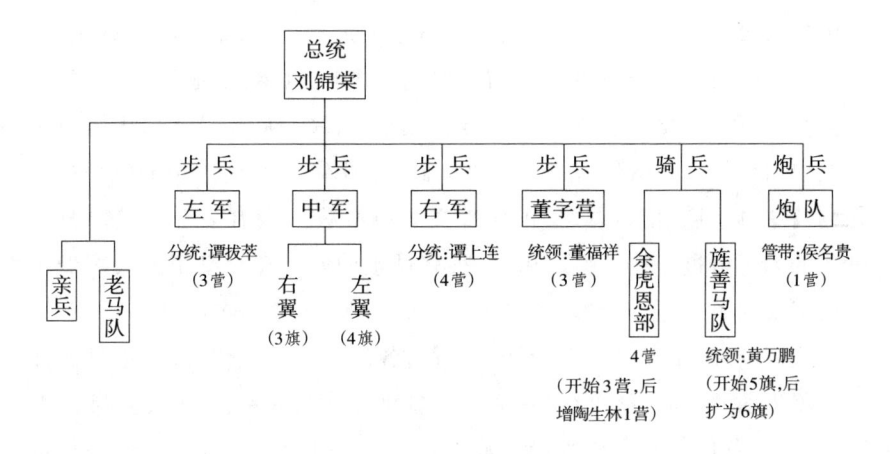

```
                    总统
                   刘锦棠
     ┌────┬────┬────┬────┬────┬────┐
    步兵  步兵  步兵  步兵  骑兵  炮兵
    左军  中军  右军 董字营       炮队
         分统：      分统：  统领：董福祥  管带：侯名贵
         谭拔萃      谭上连              （1营）
         (3营)       (4营)
亲兵 老马队  右翼 左翼          余虎恩部  旌善马队
            (3旗) (4旗)         4营     统领：黄万鹏
                                (开始3营，后  (开始5旗，后
                                增陶生林1营)  扩为6旗)
```

七、泽润后世

左宗棠用兵新疆之所以能摧枯拉朽，势如破竹，究其原因，就在于战争的正义性质，各族人民的支持，准备充分，指挥正确以及广大将士的英勇作战。左宗棠说："夫西征用兵，以复旧疆为义，非有争夺之心。"（《全集》"奏稿"六,第424页)唯其如此,所以除个别居心叵测之人外,举国支持,而饱尝阿古柏荼毒之苦的新疆各族人民,更是热烈欢迎清军,"其望官军之至,如望岁也。"(《全集》"札件",第383页)一个外国人在他的记载中也说,西征军所到之处,都受到"欣喜的欢迎"(别里尤:《克什米尔与喀什噶尔》,第31—32页,圣彼得堡1877年版)。光绪二年(1876)六月,清军准备进攻古牧地时,就是因为刘锦棠得到当地百姓提供的情报,"知黑沟驿上黄田有积泉",解决了将士饮水问题,从而保证了首战告捷。是年秋,吐鲁番地区"缠回"(维吾尔族)阿哈默特投奔张曜军,提供了许多重要情报。达坂之役,城内百姓又冒险逃出,向刘锦棠报告了敌人准备突围的消息,使刘加强戒备,得以全歼守敌。当刘锦棠挥戈南指时,南疆各族人民"皆日夜延颈,拭目盼望"清军的到来,"军行所至,或为向导,或随同打仗,颇为出力"(《全集》"奏稿"六,第803页)。白彦虎军败窜拜城,城内百姓"即闭城门,白逆攻之未下。"清军进抵阿克苏,"城内缠回十数万,则皆守城以待官军"(《全集》"奏稿"六,第773、775页)。清军收复新疆的斗争不但得到维吾尔族各阶层的支持,也为其他各族人民所拥护,如由喀喇沙尔避居博尔吐山的蒙古"台吉"扎希德勒克,得知清军进抵托克逊,立即赶往该城,向刘锦棠领受机宜。当清军继续前进时,他"随同驰驱,于地势险夷、贼情虚实、水道深浅,据实备情"。(《全集》"奏稿"六,第796页)又如,从伊犁逃出的锡伯族民众在喀尔博户一带屯田储粮,清军进至乌苏,他们就把粮食送到营中,以供军糈。总之,正如维文史料所载:"没有一个城镇向皇帝陛下的大军射过一粒子弹。相反,很多城镇的好人还为皇帝的大军做了力所能及的事。"(毛拉木沙·赛拉米:《伊米德史》下册,第160页)

收复新疆,驱逐侵略者,不但是新疆各族人民的迫切要求,也是西征广大将士的共同心愿。出关清军绝大多数均能上下一心,士气高昂,"万里长驱,每营仅发四个月盐、菜,无却步者"(《全集》"书信"三,第18页)。进军新疆之艰苦是人所共知的:要跋涉戈壁之中,翻越天山之巅;要忍受吐鲁番盆地的酷热,并攀缘陡峭的冰山;有时因敌人决河,要泅渡汪洋泽国;有时因中途缺粮,面临断炊的威胁。但是,不管如何艰难困苦,清军仍坚忍不拔,勇往直前。南疆西四城克复后,清军为追剿残敌,深入人迹罕到之地,"四昼夜驰八百余里,人未交睫,马未卸鞍,接仗时犹复倍加抖擞,愈接愈厉"(《全集》"奏稿"七,第409页)。事实说明,正是战争的正义性激励着清军广大将士奋勇杀敌,从而出现了"戎机顺迅,近罕其比"(《光绪朝东华录》第503页,中华书局,1958年版)的形势。

西征所以能获得胜利,还在于左宗棠重视保持良好的军纪,并对敌人采取正确的分化瓦解政策。

对收复新疆之役,左宗棠没有把它仅看成是个简单的军事行动,而是以全局的观点,从政治的高度予以充分重视,特别对处理、调理好新疆地区复杂的民族关系极为关注。为了不扰民,不损害新疆各族民众的利益,左宗棠对入疆部队三令五申,要求加强军纪,他指示各军:"回部为安酋(指阿古柏)驱迫,厌乱久矣!大军所至,勿淫掠,勿残杀,王者之师如时雨,此其时也。"(赵尔巽等:《清史稿·左宗棠传》)又告诫嵩武军统领张曜说:"此次大军所至,非申明纪律,严戒杀掠不可。如能以王土、王民为念,则南八城易复而亦可守矣!"(《全集》"书信"三,第121页)左宗棠不但要求张曜"约束各军,俾无扰累",而且讲清严肃军纪的意义:"安集延虐使其众,官军抚之以仁;安集延贪取于民,官军矫之以宽大。回部方出虎口而投慈母之怀,风声一树,则取南疆八城易于反手。"(《全集》"书信"三,第196页)

对每一支开赴前线的部队,左宗棠都反复地向他们说明,军纪的好坏直接关系着民心的得失和战争的胜负,甚至关系到新疆以后能否"长治久安"。易开俊部"安远军"准备开赴吐鲁番时,曾有弁勇到敦煌需索车马、粮食,左宗棠立即命易开俊查明禀复,并严厉告诫他:"亟应整饬所部,严申禁令,加意保卫地方,以安人心而副委任。倘任所部弁勇骚扰民间,本大臣爵阁部堂定惟该提督是问。"(《全集》"札件",第522页)当"安远军"由吐鲁番开赴库车一带换防时,左宗棠又指示易开俊:"麾下所部虽皆劲旅,然于纪律一切能否恪遵无误,究未可知。此次进军库车,尤宜时加申儆,勿稍宽纵,致失民心。"(《全集》"书信"三,第304页)对于主力刘锦棠部,左宗棠虽较放心(其中一部分为左之嫡系楚军),但仍然谆谆嘱咐:"此次如能遵'行军五禁',严禁杀掠奸淫,则八城回民如去虎口而投慈母之怀,不但此时易以成功,即后此长治久安亦基于此。"(《全集》"书信"三,第148页)这就把严整军纪、安定民心提到了"长治久安"的战略高度。

提出严格的军纪要求是一方面,更重要的还是实际的执行状况。对此,左宗棠的总体评价是:"此次官军进征,纪律严明,秋毫无犯,居然完善如初。"(《全集》"书信"三,第346页)如此评价或许有夸大之嫌,但据有关记载说:清军所到之处,当地民众"望风投命","各城阿奇木、阿浑、玉子巴什携酒、酪,献牛、羊,络绎道左"(曾毓瑜:《征西纪略》卷四)。前面还提到外国人的评论说,清军所到之处,均受到"欣喜的欢迎"(别里尤:《克什米尔与喀什噶尔》,第31—32页,1877年俄文版),这足以证明入疆清军的纪律确实是比较好的。对于个别不守军纪的部队,一经发现,左宗棠就立即采取断然措施,予以处置。吐鲁番之役,发生过蜀军统领徐占彪不听号令,纵兵扰掠的事,左宗棠当下"加札严饬",并派道员雷声远前往抚绥,"实则兼察蜀军",不久,又将该部从前线撤回,并拟将徐占彪撤职。

左宗棠考虑到新疆少数民族某些上层分子在当地具有一定的号召力和统治经验,便注意吸收他们参加地方行政管理。他认为"其各城阿奇木伯克、伊什罕伯克等名目,缠民信之如内地回民之信阿訇、番民之服土司,不能废也"。实践证明,这样做的效果是好的:"克复地方应办各事,皆委缠回头目承办。数月以来,该回目等凡搜缴马械,采办粮料、柴草,侦探贼情,防守卡隘,均能督率回众,办理无误。"(《全集》"奏稿"六,第803页)但在任用这些维吾尔族上层分子的同时,左宗棠也考虑到过去伯克们因权力过大,无所顾忌而草菅人命的事实,就适当地限制他们的权力,"不准仍前擅操生杀之权,察看将来如果办事得力,公正廉明,缠回悦服,再行奏请恩施。"(同上,第804页)

西征获得胜利的另一原因是:以左宗棠为首的统帅部是一个坚强的、有效率的决策、指挥机构。它不但制订了正确的战略和策略,团结、任用了一批得力的军事骨干,而且前方、后方"一气卷舒",从上海、汉口、西安、兰州、肃州直至喀什噶尔,组成了长达上万里的运输线,宛如常山之蛇,节节呼应。

左宗棠用兵新疆的基本战略是"先北后南","缓进速战",其作战原则则为:"广储粮草,杜其窜路。然后相机大举,聚而歼之"。(《全集》"书信"二,第555页)这一战略战术的正确性在实践中均得到了体现。从三大战役来看,收复北路耗时三个多月,收复吐鲁番、达坂、托克逊三角地区耗时不到半个月,进克南路也只用了四个半月,总计作战时间也不过八个多月。而每次作战之前的准备,却花费了较长时间:从同治十三年(1874)八月左宗棠任"督办关外粮饷转运事宜"到与敌军作战,准备了一年半(若从光绪元年三月任"督办新疆军务"算起也准备了一年);从督师肃州到进攻北路,准备了三个多月;从收复北路(光绪二年九月)到进攻达坂、吐鲁番地区(光绪三年三月)则休整了半年;从收复达坂、吐鲁番地区到进军南路(光绪三年七月),又准备了四个多月。每战之前,左宗棠对后勤供给(包括军粮、军火、军装的供应)都仔细筹划;对进攻部队(包括第一梯队和第二梯队)、截击部队、防守部队之间的配合,做了妥善安排;对进攻时机的选择,也做了周密考虑,如尽量避开寒冬、酷暑等。此外,左宗棠还注意做好失地收复后的善后工作,他在南疆各地先后建立善后局,派出委员,负责办理招恤流亡、恢复屯田、奖励开垦、修治道路和水利等工作。

参加收复新疆战役的军队相当复杂,派系林立,计有刘锦棠的"老湘军"(包括左部"楚军"),张曜的"嵩武军"(包括一支八百人的宋庆旧部),金顺的混合军团(包括金顺旧部英字营、礼字营,此外尚有马玉崑的"军胜营"、胡飞鹏的"健锐营"、孔才的"定西营"、徐学功的"振武营"以及吉江马队、靖边马队等),徐占彪的"蜀军",易开俊的"安远军",金运昌的"卓胜军"等。各军的素质、武器配备和战斗力的强弱,均不相同,这就为调配、使用带来了困难,加以伊犁将军金顺身为"帮办新疆军务",与左宗棠职权相埒,又系旗员,心高气傲,且"才短心忮,诸事不肯商量"(《全集》"书信"三,第90页)。当古城、济木萨以西防守空虚,运道受到威胁时,左宗棠多次咨商金顺,要求派兵防护,但金"均置不理",迫使左宗棠不得不远从包头把"卓胜军"调到乌鲁木齐、古城一带防护。这次参加西征的部队分别来自湖南、河南、四川、安徽、陕西、甘肃、新疆、黑龙江、吉林等省区,成分庞杂,颇难统一指挥。故此,左宗棠只能根据实际情况加以部署,他以刘锦棠和张曜部为主力,协调各军,尽力组成一个攻防配合的战斗整体。

在任用将校时,左宗棠着眼于他们的实际才能,不以个人好恶为取舍标准。比如,刘锦棠"倔强不服",又"性本挥霍",左宗棠对他颇不以为然,但考虑到刘锦棠精于战阵,在军中亦有威望,便于出关时,将该部列为第一主力。北路告捷后,刘锦棠更加自负,当左氏对他有所"裁抑"时,竟以"禀请开缺回籍"相要挟。对此,左宗棠虽不满意,但并不计较,亦不掩没其战功,"报捷两疏,据实入告"(《全集》"书信"三,第233页)。当朝旨赏赐刘锦棠双眼花翎时,为即时显其荣耀,左宗棠特遣差弁先持自己所戴者授之,并予祝贺。张曜为人平实,颇具政治眼光,治军严谨,又能顾全大局,"毅(刘锦棠)与徐(徐占彪)均索饷甚急,惟朗斋(张曜)不然"(《全集》"书信"三,第196页),所以很受左宗棠的信任,称其有"治事之才,人不易及"(《全集》"书信"三,第210页)。同时,左宗棠还注意选拔青年将领,畀以重任。湘军总统刘锦棠率兵出关时年仅三十三岁,"总理湘军营务"罗长祐"识略过人",左宗棠"爱其才,壮其气"(《刘襄勤公奏稿》卷七),出塞从征时只有二十九岁。

左宗棠率大军一举收复新疆,在我国近代史上具有重大意义,不但功在当时,而且泽润后世。

首先,清军在各族人民支持下,把窃踞新疆达十三年之久的阿古柏入侵政权,扫进了历史垃圾堆,粉碎了英国殖民者向我国新疆扩张的阴谋,并使沙皇俄国鲸吞天山南北的美梦成为泡影。如果不摧垮阿古柏集团,后果将不堪设想,正如左宗棠所说:若"不及时规还旧域,其势必折入强邻,以后日蹙百里,何以为国!"出兵新疆的胜利,捍卫了祖国的神圣领土,振奋了民族精神,显示了中华民族抵抗外侮的决心和力量。用兵新疆的胜利,受到了全国人民的赞扬,也引起了西方的震惊。一位密切注视战争进程的英国亚洲问题专家说:收复新疆之役,"是一件近五十年中在亚洲发生过的最值得注意的事件",同时也是乾隆帝统一"回部"(即南疆地区)以来,"一支由中国人领导的中国军队所曾取得的最光辉的成就","中国人的所有军事行动都有他们的非凡的深谋远虑特点,这些行动表明中国将军和他的副手们的非凡才干,也表明他的士兵们的服从、勇敢和忍耐力。"(包罗杰:《阿古柏伯克传》英文版,第275、271页)欧洲的报纸也评论说:中国"用兵可谓神矣!"欧人"军律亦无以过此。平时欧洲人轻视中国,谓中国人不能用兵,迨今观中国之恢复回部……足令吾欧洲一清醒也"(上海江南制造局:《西国近事汇编》卷二,第50页)。当然,由于殖民主义者特别是沙俄的侵略被挫败,也必然招致他们的仇恨和诅咒。当时沙皇扩张政策的积极推行者伊·费·巴夫可夫(1869至1890年任西伯利亚军区参谋长)就曾大骂左宗棠是"最恶毒的敌人"(巴布科夫:《我在西西伯利亚服务的回忆》第五章,1912年俄文版)。甚至到了二十世纪七十年代初,某些前苏联的学者还戴着有色眼镜,攻击左宗棠是站在"封建保皇民族主义"立场上,"对中亚细亚抱有侵略意图。"(纳罗奇尼茨基等:《远东国际关系史》第一册第三章,1973年俄文版)这恰恰反证了左宗棠收复新疆是具有重大历史意义的事件。

其次,新疆的收复,使天山南北各族人民摆脱了侵略者的蹂躏,这片广袤的土地在历经多年战乱后,出现了相对稳定的局面,为新疆地区生产的恢复和发展创造先决条件。故土回归后,左宗棠十分重视对新疆的开发。当战争还在进行时,每收复一地,他就派专人前往办理善后,而且要求驻防军在完成防护任务之外,还要从事公共工程,如"安远军"驻扎库车,左宗棠就指示易开俊:"除防护外,如修城、修桥、修路,堵筑缺口,起造房站及捕蝗等事,应饬随时尽心办理。"(《全集》"札件",第427页)战争结束后,左宗棠即指示刘锦棠、张曜召集流亡,兴修水利,恢复生产,改革税制,仅仅两年时间就取得了一定成效。

左宗棠还注意总结清廷以往治理新疆的教训,要求入疆将领认真对待这个问题。刘锦棠出关后,"每呼遗民、老兵咨询往事,知从前新疆之乱,固由在事诸臣类多奉职无状,驯致诸事废弛,人心离异,酿成全疆失陷之祸。"(《刘襄勤公奏稿》卷四)为了不重蹈历史覆辙,左宗棠一方面着手减轻赋税,土地税在清丈前按实际收获物的十分之一计征,清丈以后再按亩征赋;另一方面,他下令在哈密、巴里坤、古城子、乌鲁木齐、玛纳斯、吐鲁番、喀喇沙尔、库车、库尔勒等地,采取官方贷款,民间出力的方式兴修了不少水利工程,以发展农业生产。此外,左宗棠还在新疆大力推广蚕丝业,"移浙之桑种于西域"(《全集》"书信"三,第595页),并在哈密、吐鲁番、库车、阿克苏等地设局,聘请湖州工匠传授栽桑、养蚕、煮茧、缫丝、织造等技术,"自是以来,蚕事渐兴,缠民习其业者日众,而英、俄商人颇有运蚕丝出口者,则成效亦稍稍著矣"(钟广生:《新疆志稿》卷二)。新疆"数年以来,荒芜渐辟,户口日增"(《刘襄勤公奏稿》卷十),残破的经济得到了一定程度的恢复和发展。

左宗棠倡议新疆建省的奏折

　　左宗棠在大力恢复和发展新疆农业生产的同时，还考虑到巩固边防的问题。光绪三年三月（1877年4月），吐鲁番—达坂之役后，左宗棠上《统筹全局疏》，"为新疆画久安长治之策"。他指出新疆的严重威胁来自沙皇俄国，"俄人拓境日广，由西而东万余里，与我北境相连，仅中段蒙部为之遮阂。徙薪宜远，曲突宜先，尤不可不预为绸缪者也"（《全集》"奏稿"六，第702页）。而要有效抗击沙俄侵略，就必须废除过去存在于新疆的"军府"制度，"设行省，改郡县"，加强中央政府对新疆地区的政治、经济、文化领导。在以后五年中，左宗棠又四次奏请清廷应在新疆建省。他这一愿望，终于在其去世前几个月实现了，光绪十年九月三十日（1884年11月17日），清廷发布上谕，正式宣布新疆建省，刘锦棠任首任巡抚。左宗棠有幸目睹了这巩固多民族国家大业的关键一步。关于新疆建省，虽然龚自珍、魏源等人在鸦片战争前就已提出，但并未引起清廷重视。经过半个世纪，由于左宗棠的努力才变成现实，这也是左宗棠的重大贡献。

　　第三，左宗棠收复新疆，不但在当时意义重大，而且在以后也影响深远。时至今日，少数"疆独"分子在外部敌对势力煽惑下，妄图制造混乱，破坏民族团结，以达到其分裂祖国的目的。今天的现实，更让我们对一百四十年前的收复新疆之举倍感欣慰和庆幸。当年左宗棠挥戈西指,为祖国保住了一片大好河山,为子孙后代做了一件大好事,他不愧是中华民族的英雄,是我国近代史上杰出的爱国者。

光绪五年(1879),左宗棠的老朋友、"帮办甘肃新疆善后事宜"杨昌濬曾赋诗一首云:

大将筹边尚未还,湖湘子弟满天山。

新栽杨柳三千里,引得春风度玉关。(转引自秦翰才:《左文襄公在西北》,第162页,岳麓书社1984年版。另据杨昌濬诗集《五好山房诗稿》,此诗第一句为"上相筹边未肯还";另称此诗作于光绪六年即1880年。)

这首诗改造了唐人王之涣《凉州词》里"羌笛何须怨杨柳,春风不度玉门关"的佳句,赋予了新的意境。全诗既热情歌颂了清军收复新疆的巨大功绩,又对西征统帅左宗棠作了高度赞扬。它不但在当时脍炙人口,而且载入史册,长期传诵。这说明,凡是为祖国做出过重大贡献的人,后世是不会忘记的。

第六章 开发西北

任陕甘总督时的左宗棠

左宗棠自同治五年(1866)调任陕甘总督,至光绪六年(1880)底离开兰州进京,在西北先后十四年。他在西北的活动主要在军事方面,即先后与西捻军、陕甘回军作战,并出兵收复新疆。不过左氏在西北的作为,也并非单纯的军事行动,其着眼点是要稳定清王朝在西北地区的统治,为开发西北,巩固边防奠定一个坚实的基础。唯其如此,他才不畏艰难,不避险阻,拼命干事。正如他同治九年(1870)底的一封家书中所说:"吾移督关陇,有代为忧者,有快心者,有料其必了此事者,有怪其迟久无功者,吾概不以介意。天下事总要人干,国家不可无陕甘,陕甘不可无总督。一介书生,数年任兼圻,岂可避难就易哉!"(《全集》"诗文·家书",第159页)左宗棠用兵陕甘,就是"志在图数十百年之安,不争一时战胜攻取之利"(《全集》"书信"二,第195页),在这一思想指导下,他才在军事行动过后,花费大力气夫做"善后"工作,为开发西北、建设西北缜密思谋,呕心沥血。

一、整饬吏治

开发西北,首先需要一支为达此目的而实干的官员队伍。显然,吏治的好坏关乎西北地区经济能否恢复、发展,社会能否稳定。

清朝中叶以后,官场黑暗、吏治腐败,已成为封建末世的不治之症,连嘉庆皇帝颙琰也承认:"各省地方官积习因循,稍能守法奉职者,已不可多得。"(《清仁宗实录》卷二九)有人曾针对当时的官场写了一首讽刺词说:

仕途钻刺要精工,京信常通,炭敬常丰("炭敬"指冬天外官给京官的贿赂),莫谈时事逞英雄,一味圆融,一味谦恭。　大臣经济在从容,莫显奇功,莫说精忠,万般人事在朦胧,议也无庸,驳也无庸。(李岳瑞:《春冰室野乘》)

生活于嘉、道、咸、同、光五朝,做了三十多年地方官的张集馨曾以自己的亲身经历描述晚清官场的腐败。同治初年,他任甘肃布政使,认为当时甘肃的官场是:"一堂鬼蜮,暗无天日,不仅政由贿成",后调任福建,又感叹"吏治之坏,至闽极矣!""痼疾已深,急难救药"(张集馨:《道咸宦海见闻录》,第333页、第276页、第277页)。

对晚清官场的黑暗、腐朽,左宗棠有着比较清醒的认识,他说:"嘉道以来,天下切要之政莫如讲求吏治"(《全集》"诗文·家书",第274页)。又说:"天下之乱,由于吏治不修"(《全集》"书信"一,第181页),"戡乱之道,在修军政,尤在饬吏治。军政者,弭乱之已形;吏治者,弭乱之未形也"(《全集》"奏稿"一,第164页)。

那么,怎样来整饬吏治呢?左宗棠提出的办法有三条,即"察吏""训吏"和"恤吏"。所谓"察吏"是指考察官吏,辨明良莠。为使对官吏的考察收到实效,左宗棠更重视"训吏"和"恤吏",因为"训之使不至为恶,恤之使可以为善"(《全集》"书信"一,第670页)。"训吏"就是教育官员,以培养其操守,办法有二:一是刊印、发放有关如何做一个好官的书籍,如将清初名臣汪辉祖的《佐治药言》、陈宏谋的《在官法戒录》分发各级官吏,"俾其知所敬畏",树立为官标准。同治十一年(1872),又在兰州精心选编了《学治要言》一书,共选录了陈宏谋、汪辉祖、于成龙等名宦十八篇专讲吏治的文章,"冀同志诸君子玩索是编而有得焉!"(《全集》"札件",第505页)《学治要言》反映的观点包括五个方面:第一,为官必须爱民,"官必爱民,乃为尽职"(陈宏谋:《申饬官箴檄》);第二,为官必须清廉,"必自守严正安重,无偏好,无轻言妄动,使人得而玩之","无贪小利","无好侈靡"(陈道：《官戒示长儿》）；第三，为官要勤于治事，做官任职"不能不烦劳，亦不敢不烦劳也"（陈宏谋：《申饬官箴檄》）；第四，为官要慎于用人，"用人弊不一端，撮要言之，则曰上下壅隔而已"（汪辉祖：《论用人》），"宽以得百姓，严以取吏役，治体之大凡也"（汪辉祖：《用吏役》）；第五，官吏必须熟悉国家法律，"合行通饬所属各厅、州、县，嗣后于办公之暇，将《大清律例》及《洗冤录》二书，各日反复披阅，深思熟读"（程含章语）。

训吏的第二个办法是通过对属下报告、请示的批答来教育官吏，提出剀切要求。他在给陕西延榆绥道的批札中说："官无论大小，总要有爱民之心，总要以民事为急，随时随地切实体贴，所欲与聚，所恶勿施，久久官民浃洽如家人父子一般，斯循良之选矣；勤理案款、操守端谨者次之；专讲应酬，不干正事，沾染官场习气者为下。其因循粉饰，痿痹不仁，甚或依任丁役，专营私利者，则断不可姑容也"（《全集》"札件"，第414页）。又在署镇迪道周崇傅的禀件中批道："为政先求利民，民既利矣，国必与焉！"（《全集》"札件"，第427页）当凉州知府刘思询（刘长佑之长子）报告关于到任后裁革陋规一事时，左宗棠大加赞许，并批道："做官不要钱是本分事。但能不要钱，不能为地方兴利除弊，讲求长治久安之道，于国计民生终鲜禆补，则亦不足贵"（《全集》"札件"，第446页）。特别值得一提的是，左宗棠在陕西临潼知县伊允桢的到任禀帖上写了这样一段批示：

> 做官要认真，遇事耐烦。体察久之，无不晓之事，无不通之情，一片心肠都在百姓身上，如慈母抚幼子，寒暖饥饱翻不觉得。如此用心，可谓真心矣！有一等人，其平日作人好，居心好，一旦做官便不见好，甚或信任官亲、幕友、门丁、差役，不但人说不好，即自己亦觉做得不好。旁人谓其无才，上司亦惜其无才。实则非仅无才，还是不认真耳！如果认真，则保赤子之道心诚求之，天下无不知爱子之慈母，故无不能爱子之慈母也。今以百姓之事交付官亲、幕友、门丁、差役，若辈本非官，官既非真，心安得真耶！诗曰："弗躬弗亲，庶民弗信"，当引为大戒（《全集》"札件"，第505页）。

这一段话讲得颇为动情，其核心意思可归纳为"一片心肠都在百姓身上，如慈母抚幼子"一句。在吏治极为败坏的晚清，身居高位的左宗棠能如此重视吏治,关心民瘼,的确难能可贵。

左宗棠还认为要使官吏廉洁、勤政,还必须在物质上、精神上以及制度保证上切实关心他们,使其从政无后顾之忧,这就是"恤吏"。左宗棠对僚属的工作和休息,常在批札中给予鼓励和关心,他表彰署甘州知府龙锡庆"洁己爱民,早所深悉";慰劝绥德知州成定康"百忙之中,亦须稍存暇豫之意"(《全集》"札件",第124页)。左宗棠在要求官吏清廉、勤政的同时,也力求使他们的生活得到保障,他说:"苦缺州县,须定津贴,免其剥民;监司道府,须定津贴,免其蠹国"(《全集》"书信"三,第337页)。凉州知府刘思询报告说,该府每月的办公费亏欠一百七十八两,左宗棠在核实后,即指示在畜税项下每月津贴二百两,还表示如不敷用,可继续加拨。对清贫的僚属也格外关心,如署西宁道张宗翰、署肃州镇总兵陈万春生活都不宽裕,左宗棠就分别筹给每月津贴一百两和五十;知府林发深因病回籍调治,他特意送川资五百两以助其行。

左宗棠整饬吏治的决心很大,他强调"察吏必先惩贪",对贪赃枉法者,一经发现,决不姑息。甘肃总兵周东兴竟敢冒销赈粮,经查实后,左宗棠即上奏朝廷,将这位武职二品大员军前正法;署甘肃徽县知县杨国光"一意营私,声名狼藉",立即被撤任查办,连包庇杨氏的道台、县令、委员也给予"记大过"和"永停差遣"的处分。新疆收复后,左宗棠指示驻库车的官员"必先严驭阿奇木(即阿奇木伯克,一城最高行政长官)及各小回目并局中书役人等,去其壅蔽,杜其扰累"(《全集》"札件",第437页)。库车阿奇木伯克阿卜都拉勒索当地维吾尔族民众白银一千余两,经查实后立即就地正法。

惩治贪污,除了要加大对贪官的打击力度外,还必须堵塞法令、条规上的漏洞。故此,左宗棠主张必须革除官场的种种陋规,认为"裁革各项杂项,最为正本清源要图"(《全集》"札件",第41页)。在改革茶务时,他明确规定:"如有丁书巧立名色,需索规费,查出立毙杖下"。(《全集》"札件",第512页)

正人必先正己,左宗棠在整顿吏治的同时,坚持自我约束,以身作则。他从陕甘离任时,陕西布政使王思沂考虑到进京后开销颇大,准备把以前陕西藩库收存的一笔甘肃捐输尾款送给他,被左宗棠严拒,他说:"近时于别敬(一种贿赂性礼物,一般是银子)概不敢受。至好、新契之例赠者,亦概谢之。匪惟介节自持,人己本无二致,亦俸外不收果实,义有攸宜。至甘捐尾款,储为关陇不时之需,以公济公,于事为合。弟已去任,不能指为可取之数。若因一时匮乏,遽议及之,将人知己知之谓何?断有不可!"(《全集》"书信"三,第690页)

此外,他还严格约束自己的家人和亲属。光绪五年(1879)末,左宗棠对准备到西北省亲的四子孝同谆谆嘱咐道:"不准在外应酬","不可沾染官场气习、少爷排场,一切简约为主",甚至严格规定,住在兰州督署时,只许用"厨子一,打杂一,水火夫一,此外不宜多用人"(《全集》"诗文·家书",第225—226页)。左宗棠有一个亲戚贺升运(贺熙龄之子。熙龄为左之恩师,其季女又嫁宗棠长子孝威),时任甘肃宁朔县令,牵连在"禁种罂粟失察案"内,主察官员考虑到贺升运与宗棠有"世谊、年谊、姻谊"的密切关系,想通融了事,但宗棠却不徇私情,指出贺某"咎有应得,岂可以私废公"!(《全集》"书信"三,第370页)坚持将其撤职。后贺升运因积极参加查禁种植罂粟,将功补过,才被开缺另补。

左宗棠掌握西北地区军政大权十余年,坚持不许下属送礼,他不但拒收"别敬",也不接受其他形式的礼物。在进驻肃州时,为杜绝地方官进谒送礼,他专门发了一道通令说:"其有专差送礼物者,尤干例禁,已早饬文武摈弃不收"。(《全集》"札件",第523页)正因为左宗棠为官清廉,所以官居极品的他,却没有可观的积蓄留做私产。光绪二年(1876)五月,他在给次子孝宽的家信中曾说:"我廉金不以肥家,有余辄随手散去,尔辈宜早自为谋"。(《全集》"诗文·家书",第196页)在"上下交征利"的晚清官场中,左宗棠的清廉作风是令人钦佩的。

二、禁种罂粟

开发西北,除了先要整顿吏治,还须提振民气,扫除颓废之风。而不利于振奋民气的事,莫过于鸦片的泛滥。鸦片对国家、人民的危害是众所周知的,十九世纪三四十年代,林则徐在广东掀起了轰轰烈烈的禁烟运动,并不惜为禁绝毒品、捍卫主权与英国侵略者一战。三十多年后,左宗棠在西北地区又再次吹响了禁烟的号角。

我国西北地区栽种罂粟（制作鸦片的原料）有二千年的历史，不过到晚清时期，西北地区罂粟种子却是从广东传播过来的。道光年间，罂粟首先在陕西试种，后又传到甘肃，咸丰以后，陕、甘地区罂粟栽种已相当普遍。这种自种"土烟"的危害性较之进口的"洋烟"有过之而无不及，它不仅严重摧残了吸食者的身体健康，也因广种罂粟占去了大量田地，直接影响了粮食生产。比如宁夏素称产粮之区，当陕甘大旱时，宁夏并未受灾，却因遍种罂粟而无粮可调；又如陕西三原县，据有人估计，城内鸦片吸食者竟占到居民人口的十分之七，农村也有占人口十分之三的"烟民"，真可谓触目惊心！

为铲除鸦片的流毒，左宗棠于同治八年（1869）六月宣布禁种罂粟，称"禁种罂粟为此间第一义"（《全集》"诗文·家书"，第145页）。为什么禁烟要重点抓禁种呢？左宗棠认为"禁种罂粟为禁止鸦片之渐，土烟既禁，则吸食者少，然后专禁洋烟，较为得力"（《全集》"札件"，第426—427页）；另外，罂粟生长期较长，"一目了然，无从掩著"（《全集》"奏稿"七，第143页），便于拔除。

左宗棠禁种罂粟的措施也相当得力，即"先之以文告，继之以履验，责之以乡约，督之以防营"（《全集》"奏稿"七，第143页）。首先是撰刻四字韵文的禁烟告示，并刊印成册，散发各地，广为劝诫。然后派专人深入实地视察，检验禁烟效果，同时把禁烟责任落实到"乡总"等基层小吏，最后由道、府官员督同厅、县率防军督促检查，"月凡数至"，如有偷种者，立即拔除。尽管措施如此严密，但禁烟中的弊端、漏洞仍在所难免，比如甘肃南部一些官员往往假借"严禁"之名勒索自肥；宁夏府官员也以"地方辽阔""相习成风"为借口敷衍了事，致使该地区"罂粟之潜滋暗长翻数倍从前"。对此，左宗棠极为震怒，遂于光绪四年（1878）七月上奏清廷，对宁夏官员荒于职守，查禁不力予以严惩。除命宁夏镇派兵将罂粟一律拔除，地亩充公外，还将宁夏知府李宗宾、代理宁夏知县胡韵兰、灵州知州孙承弼、卸任署平罗县事（已调两当知县）任懋修、卸任署中卫县事（已调碾伯知县）邵杜、宁朔知县贺昇运予以革职或撤任，另外还有两名武官（副将、都司各一员）被革职。宁夏一府六属州县长官除宁灵厅外全部罢免。这

样雷厉风行地禁烟举动,从林则徐以来,实为罕见。上海《申报》为此发表评论说:

> 约而言之,统十八省之中,食洋土之人不过十分之三,而食自种罂粟者则居其七……左侯亦知近日鸦片之害,不在吸食洋土之多,而在中国种烟之盛。故查办如此认真,而处分如此从严。诚得各省大吏尽如左侯之存心,则雷厉风行,何难革此颓俗乎!(《申报》1878年9月16日)

三、举办赈务

晚清社会,灾荒频发是一大特点。究其原因,一是生态环境遭到人为的严重破坏,二是封建政治的窳败。左宗棠主政陕、甘,曾直面西北地区两次特大的自然灾害,一次是惨绝人寰的"丁戊奇荒",另一次是光绪五年(1879)的甘肃大地震。

光绪三年(丁丑,1877)和四年(戊寅,1878),华北、西北地区遭遇三百年未有的大旱,灾区扩及河南、山西、陕西三省及甘肃庆阳府。陕西省"旱灾与山西埒"(《陕西布政使蒋凝学神道碑》),秦中"数月不雨,秋苗颗粒无收……几不知禾稼为何物矣"!(《申报》光绪五年八月二十七日)有一首《荒岁歌》曾这样描述当时灾荒的惨象:

> 光绪三年,亢旱甚宽,山、陕、河南,惟韩尤艰。……斗米钱五串,麦卖四串三;榆树皮,蕳根面,一斛还卖数十钱。大雁粪,难下咽,无奈只得蒙眼餐;山白土,称神面,人民吃死有万千……跌倒便为人所餐。别人餐,还犹可,父子相餐甚不堪。路旁行人走,街头有女言:谁引我,紧相连,不用银子不用钱。(《荒岁歌碑》,藏于西安《碑林》)

在赤地千里,饿殍遍地,人相食的惨象下,救灾成了拯救生命,稳定社会秩序的当务之急。其时,左宗棠正在甘肃主持军务,他得知灾情后,一面从西征军费中提取协饷十万两用于赈荒,一面带头认捐白银一万三千两。他在写给刘典的信中说:"据之纯、吉田查,弟存廉尚有四万余两,弟之归计尚可敷衍,当用之灾区,于心始安。"(《全集》"书信"三,第370页)为了筹集救灾款,左宗棠用"劝捐"和"勒捐"的方式令陕西富豪助赈。他义正辞严地说:让富豪"捐其余粟余财,以救桑梓之急,谁曰不宜!"(《全集》"书信"三,第259页)但实际做起来,阻力极大,不但有钱有势而又一毛不拔的守财奴激烈反对,代表他们利益的清政府也不予批准。对此,左宗棠愤激地说:"陕西绅富足救陕饥而有余,无如其悭鄙何?恐非勒令承捐不可!弟已形之奏章,明知廷意殆不谓然,然不可不使其有所惮也。"(《全集》"书信"三,第266页)

为了使灾民不至饿死,左宗棠指示属僚,赶紧从外省采购粮食,并强调"宁滥勿刻",使广大饥民得受实惠。在他看来,"只要颗粒入穷民之口,不入官吏、丁胥之腹,则幸甚!"他谆谆嘱咐陕西巡抚谭钟麟(字文卿,湖南茶陵人):"赈务以救人为急,固也。救人之外亦须为人救牲畜(牛马为耕种所需),救农具,以为明春力农之本。他如救无告之民,救小儿,恤嫠保节,施药、施棺、施寒衣之类,皆当尽力图之。虽是极难、极大题目,却不能搁笔而交白卷。"他要求办赈人员"居心恳恻而有条理",告诫他们"一念疏忽,即关无数人性命,诚可惧也!"(《全集》"书信"三,第276页)

除发放赈粮、衣、药外,左宗棠还强调生产救灾,大力推广"区田法"和凿井抗旱。"区田法"(也称区种法)是西汉末年农学家氾胜之总结推广的一种精耕方法,即把农作物种在带状低畦或方形小区内,精耕细作,集中施肥、浇灌,以便于蓄水保墒,提高粮食产量。左宗棠将这种耕作方法绘制成图,并配以说明文字,刻印成书后下发,命各州县切实办理。另外,他计划打井数万口,并采用"以工代赈"的办法,凿一口井,给银一两。又写信给陕西巡抚谭钟麟,表示自己可以捐款相助:"计开数万井,所费不过数万金,如经费难敷,弟当力任之,以成其美"。(《全集》"书信"三,第277页)

四、振兴农牧

在晚清官场中,左宗棠是比较有政治远见的,他懂得要从根本上稳定统治秩序,就必须发展生产,安定民生。所以到甘肃后,"首以屯田为务",命令军队在作战闲暇时,开荒种地,"战事余闲,即释刀仗,事钼犁,树艺五谷,余种蔬菜;农功余闲则广开沟洫,兴水利,以为永利。筑堡寨以业遗民,给耕具、种籽以赒贫苦,官道两旁种榆柳、垂杨以荫行旅"(《全集》"奏稿"六,第637页)。又召集流民,奖励垦荒,还下令将在河州缴获的马匹"散给贫农,助其力作开垦"。(《全集》"诗文·家书",第170页)左宗棠进军新疆时,更重视屯田。他采取的许多发展农业生产的措施,均取得一定成效。

左宗棠还很注意总结和推广农业生产技术,改良土壤,以提高产量。西北地区天气苦寒,农作物品种少而产量低,考虑到"南方稻谷利似倍之",决定试验种植稻谷,先在平凉一带命士兵试种,结果失败,后来平凉知县王启春试验成功,亩产稻谷四百斤上下,左宗棠非常高兴,立即推广,"民间效种,收获亦多。"(《全集》"札件",第497页)光绪三年(1877),陕西大旱,左宗棠根据实际情况大力推广《区田书》(由康、雍年间儒生王心敬编)介绍的耕作方法。这项耕作技术把我国古农法中的"区田法"和"代田法"变通兼用,左宗棠名之曰"区种"法。此法的实质在于省水,但必须与凿井同时进行,才能收实效,他说:"开井、区种两法本是一事,非凿井何从得水?非区种何能省水?但言开井,不言区种,仍是无益。"(《全集》"书信"三,第277页)由于甘肃土质碱性化严重,左宗棠还注意改良土壤,劝令百姓"旱地铺沙(铺沙于碱地,以解消碱性,同时保持土层湿润,增高地层温度——引者),改良土地……利用荒滩僻壤,铺沙耕种。化不毛之地成为良田"(《中农月刊》第四卷第二期)。此外,左宗棠颇重视农民的生产经验,新疆收复后,蜀军在巴里坤开屯,他指示说:"各处土性不同,新垦荒地,尤难得法,自非询问老农,因地制宜不可。"(《全集》"札件",第442—443页)

更值得注意的是,左宗棠力主在地广人稀的新疆使用农业机器。使用农业机器以加速垦荒的主张最早由冯桂芬(1809—1874)提出,但在当时不可能实现,仅仅是一种设想,左宗棠则准备把这种设想变为现实。《申报》曾以《论新疆购用耕织机器》为题发表评论说:

> 西国耕织皆有机器,运用灵而成功速,诚利器也。然而东南数省之地,无有人议用机器者,盖南方之田亩,界画太多,或数亩而区焉,或数分而区焉。人各其地,即人各其心,而欲求其通力合谋,购用机

器以收捷效,难矣!故织布机器前亦有人议用,而耕田之器,则竟无过而问也……今观左爵相檄购机器一事,则又知爵相加意民事,而又能随地之宜,因时之利,其意之良而法之美,盖不胜心服焉!新疆之地,荒芜本多,加以连年征伐,民无安居。此时大难初平,疮痍未复,人民稀少,种作维艰,苟无利器以资其用,则地广人稀,荒芜者何日能治?而且阡陌不分,田区广阔,则运用机器更觉相宜。(《申报》1878年12月14日)

农业的命脉是水利,左宗棠对此有深刻认识,他曾在一份批札中说:"水利所以养民,先务之急以此为最。"(《全集》"札件",第96页)我国西北地区降雨量小,修筑水渠,引河水灌溉就成为"兴水利"的要务。故此,左宗棠认为"治西北者,宜先水利,兴水利者,宜先沟洫,不易之理"(《全集》"书信"三,第387页)。

同治八年(1869)十一月至十年(1871)七月一年多时间,左宗棠驻节平凉。平凉西北数十里是泾水发源处(六盘山东麓),泾水从此处东南流经平凉、泾川,至陕西高陵入渭河,全长四百五十一公里。同治九年(1870),左宗棠曾派人到泾水上游考察,"欲于上源著手,为关陇创此永利"。照他的估算,"若开渠灌田,可得腴壤百万顷"(《全集》"书信"二,第205页)。光绪三年(1877),西北大旱,如此严重的旱情更坚定了左宗棠根治泾河的决心。他在写给帮办陕甘军务刘典的信中说:"若从发源之瓦亭、平凉、白水、泾州一带,节节作坝蓄水,横开沟洫,引水溉平畴,则平、泾、白水、泾州一带原地皆成沃壤,而泾之正流受水既少,自可因而用之。泾州以下均属陕辖,再能节节导引溉地,则聚之为患者,散之则足为利,而原田变为水地,泾阳南乡可无涝灾。"(《全集》"书信"三,第279页)于是,嘱令平庆泾固道魏光焘策划治泾工程,并命在上海的胡光墉向国外代购开河、掘井机器。光绪六年(1880),开河机器运到泾源工地,左宗棠派平凉知县廖溥明主持其事,并聘请德国技师做技术指导。据《平凉县志》记载:"湟渠,起县城西,绕城北,东注五十里,清光绪初左文襄公所辟。"

在宁夏地区,本有一套较为完善的灌溉系统,计有干渠二十多条,支渠一百四十多条,灌田八十余万亩,可以说宁夏的灌溉工程是当地致富之本。但经过战乱后,许多水渠遭到破坏。为此,在占领金积堡后,左宗棠就曾拨出一定的款项,对水渠进行修整。以后,又拨银三千两修复汉渠。资金不足部分,由灌田各户计亩摊捐。光绪元年(1875),左宗棠再拨银一万两用于兴办宁夏垦务,其中半数用来修整境内的水渠。

同治十二年六月(1873年7月),王德榜一军在狄道州(今甘肃临洮)修渠,引抹邦河(在狄道岚关坪上,坪下为洮河)水灌田,此举得到左宗棠的支持,历时一年竣工。该渠长七十里,宽一丈六尺。此外,王德榜还在抹邦河上游筑坝一道(坝高三丈五尺,宽二十丈),阻住水流,并另开新渠,引水灌田。

除引抹邦河水灌溉外,左宗棠还命西宁府各厅县调查境内荒废渠道,进行修复。又命在甘州、肃州、抚彝厅等处修治渠道。一些地方官员在左宗棠的倡导、督促下,积极修复旧渠,兴建新渠。比如秦州知州陶模在辖境内新修水渠四条,连同旧渠一条,灌田数千亩,成效显著。

进军新疆时,嵩武军统领张曜在哈密屯田,修整已废的石城子渠。由于当地土质沙化,水多流失,左宗棠决定为他备足毡条十万条(从宁夏、河州、西宁等地搜购),铺垫以防渗漏。终辟耕地两万亩。

新疆收复后,在左氏倡导下,哈密、巴里坤、古城、乌鲁木齐、玛纳斯、吐鲁番、库车、库尔勒等地纷纷兴修渠道,水利事业有了较大的恢复和发展。

根据西北地区的自然条件,左宗棠还提倡多种经营,他除注意发展粮食生产外,又倡导栽培经济作物。因鉴于当时"甘、凉一带及笄之女且无襦袴,犹如昔时"(《全集》"书信"二,第379页),左宗棠"劝谕农民广种草棉,设局教习纺织"(《全集》"奏稿"六,第27页)。同治十年(1871),他在一份咨札中颇为感慨地说:"民间耕作所入不多,本地银钱向本缺乏,遂不得不忍受风寒。每至隆冬,念吾民短布单衣,而为上者方轻裘重茵,实为悯恻。"(《全集》"札件",第498页)同治十三年(1874)正月,他刊刻《种棉十要》《棉书》,分发陕、甘两省,并谆谆劝谕官吏、士民切实参照经理。以后,陕、甘一带农民,竞相种棉,这与左宗棠的大力提倡是分不开的。

为了发展丝织业,左宗棠根据陈榕门的《广行山蚕檄》开列了五种可养山蚕的树,即榆树、橡树、青红树、柞树、椿树,并分别注明这些树的形状、特征,要求各地方官"查访禀闻",他恳切地说:"此事为甘省开万年之利,本大臣爵督部堂志愿虽奢,要非一手一足所能办,是赖该各州县尽乃心力,襄兹善政,该各州县毋得视为迂远,不急举行。"(《全集》"札件",第499页)新疆收复后,左宗棠了解到新疆桑树多(据调查有八十万六千余株),宜于养蚕,就把内地种桑、养蚕、缫丝、织造等技术推广至关外。他对新疆的丝织业满怀希望,认为"俄商及边商皆垂涎川丝之利,蚕事一兴,则蜀利归于新疆,民可使富也"(《全集》"书信"三,第616页)。于是他"移浙之桑,种于西域"(《全集》"书信"三,第547页),并派委员祝应恧在浙江湖州招募熟习蚕务者六十名,将桑秧、煮茧、缫丝、织造等技术传至新疆,自安西、敦煌、哈密、吐鲁番、库车以至阿克苏"各设局授徒"。

西北处于高寒地带,适宜发展畜牧业。光绪二年(1876)时,左宗棠就指示过甘肃佛坪厅县丞(知县之佐官,正八品)张鸿绩说:"佛坪老林既开,厢匪亦绝,则蔗草蕃芜,可知地宜畜牧必矣,盍急图之!"(《全集》"札件",第366页)新疆收复后,他又在署镇迪道周崇傅的禀帖中批示道:"边塞以畜收之利为大,先择水草便宜处所,查明户口,酌量成本数目,禀请核办。"并明令在发给牧民羊种时,"所领成本分作三年摊还,不取息耗。凡此皆以利民为主。"(《全集》"札件",第428页)光绪五年(1879),左宗棠在一份给参与新疆善后工作的黄长周的批札中,更详细阐述了因地制宜,在西北发展畜牧业的意义:"西北之利,畜牧为大;而牧利又以羊为长,其毛可织,其皮可裘,肉可为粮,小民日用所必需也,何必耕桑然后致富?长民者因其所利而利之,则讲求牧务,多发羊种宜矣!"(《全集》"札件",第455页)

左宗棠极为关注振兴西北的农牧业,并为此做出了努力。他采取的一些措施,为西北地区经济的恢复创造了有利条件。左宗棠在一份批札中曾说:甘肃"五六年来,残破地方渐次归业,米价以次平减,泾、平、巩、秦、兰、凉、宁夏各属净面每斤值银一分上下,核与当年承平时相似,始愿亦不及此"(《全集》"札件",第360页)。光绪初年,有人从新疆回粤,在记述途中见闻时曾写道:"自入陇所见,民物熙熙,一片升平景象,竟若未经兵燹者。"(《刘坤一遗集》第四册,第1838页)这种描绘或许有溢美之处,但也可从中看出,当地经济确有一定程度的恢复和发展。

五、筑路种树

在陕甘、新疆,左宗棠颇注重筑路造桥,以改善交通。西北多高原、山地,一些重要的通道都是有名的险隘之处,像会宁县的翟家所、张陈堡;安定县的王公桥;隆德县的六盘山;固原县的三关口等,无不如此。经战乱之后,道路设施,多遭破坏,河道阻塞,道路、桥梁,率多倾塌,夏潦冬冰,时有壅滞、倾覆之患,农商行旅,均以为苦。为改善这一状况,左宗棠命"楚军"在会宁县境修建石桥、木桥大小十九座;在安定县修木、石桥八座;金县修建木、石桥三座;泾州修建大、小木石桥九座;平凉修建大、小木石桥二十九座;固原修建大、小木石桥十座;隆德修建大、小木石桥六座。在甘南狄道州城外,还修建了一座长二十丈、高一丈、宽八尺的"永宁桥"。

楚军既修桥,又筑路,他们在固原的三关口、蒿店、瓦亭一带,筑石路四十余里;会宁县城至翟家所修车路四十三里;狄道州岚关坪至白林口修路一百六十里;碾伯县老鸦堡至响镗修路二百四十余里;大通县境修路三百余里,等等。左宗棠调遣"楚军"修路造桥,除出于军事需要外,也有便

左公柳(甘肃酒泉公园内)

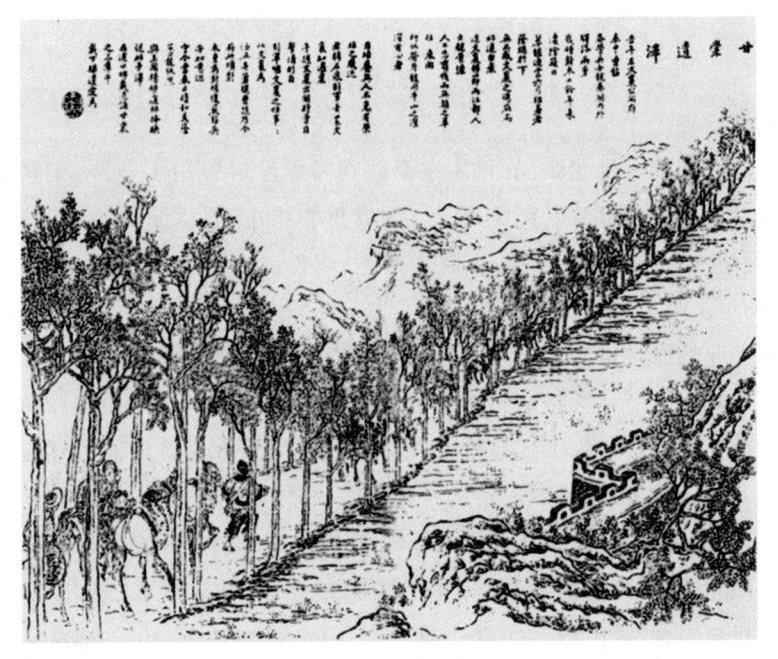

上海《点石斋画报》载左公柳

利农、商、行旅和保持军队刻苦耐劳作风的目的。这些土木工程对加强西北各地的联系、促进商品经济的发展,起到了明显的积极作用。

除修路、造桥外,左宗棠还很重视植树造林。他调遣军队,在陕、甘开展了大规模的"绿化"活动。据不完全统计,从陕西长武县到甘肃会宁县,共种树二十六万四千株;在甘肃环县栽树一万八千余株;在董志原与镇原栽树一万二千株;在甘南狄道栽树一万三千株;在西宁府大通县栽树四万五千株;在甘肃平番县栽树七万八千余株,在皋兰县种树四千五百余株,在金县种树四千四百余株(《全集》"奏稿"七,第522—524页)。据隆无誉所著《西笑日觚》记载称:"左恪靖命自泾州以西至玉门,夹道种柳,连绵数千里,绿如帷幄。"光绪六年(1880),左宗棠自哈密东归,展现在他眼前的景象是:"道旁所种榆、柳,业已成林,自嘉峪关至省(指省城兰州——引者),除碱地、砂碛外,拱把之树,接续不断"(《全集》"奏稿"七,第634—635页);兰州东路"所种之树,密如木城,行列整齐"(《全集》"书信"三,第662页)。可见造林已取得明显成效。

六、机器制呢

还在筹建马尾船政局时，左宗棠就在考虑发展民用工业，他在同治五年五月十三日（1866年6月25日）的奏折中指出，要以制造轮船为起点，"由此更添机器，触类旁通，凡制造枪炮、炸弹、铸钱、治水，有适民生日用者，均可次第为之。"（《全集》"奏稿"三，第61页）他任陕甘总督后，决心把创办民用工业的愿望付诸实践。光绪三年（1877）冬，兰州制造局（亦名甘肃制造局，同治十一年底，左宗棠派部下总兵赖长在兰州创办，制造新式枪炮）委员赖长用自制水轮机试制呢片一段呈验，左看后大为赞赏道："竟与洋绒相似，质薄而细，甚赖穿著，较之本地所织褐子，美观多矣。"（《全集》"书信"三，第297页）赖长建议从国外购买织呢机器，左宗棠遂指示在上海的采运局委员胡光墉，嘱其在购置开矿、掘井、开河机器的同时，留意"购办织呢、织布火机全副，到兰仿制，为边方开此一利"（《全集》"书信"三，第297页）。

光绪四年（1878），经清廷批准后，胡光墉即按左宗棠指示在上海与德商泰来洋行接洽购机事宜，由泰来洋行经理嗲喱呢（R. Tehge）代为在德国购置机器和招聘技术人员。年底，德国织呢技师石德洛末（Franz Storm）购到织呢机器几十具。光绪五年（1879）春，这些机器由德国运抵上海。由于当时中国交通非常落后，从上海运笨重的机器到兰州真是极为艰难，据上海《大清国》杂志记载说：

> 机器系装在一条货船上，由招商局的轮船在1879年拖运到汉口。在汉口又将这些机器用民船水运、又由人们背运到兰州府。有些机器非常重，而且难运，所以锅炉得拆散了一块块地运，山路有时得开凿了，然后才能把大件的机器搬过去。（《大清国》1881年1月3日）

至当年八九月间，一部分机器经湖北、陕西运抵兰州。另一部分机器也在光绪六年初（1880年3月）运至兰州。四月，全部四千箱机器的最后一批终于到达目的地。经过五个月的安装，织呢局于八月十二日（9月16日）开工生产。中国第一家近代毛纺厂在西北诞生。对此，左宗棠相当兴奋，他说："以中华所产羊毛，就中华织成呢片，普销内地，甘人自享

兰州机器织呢局旧址全景

兰州机器织呢局生产车间

其利,而衣褐远被各省",且"由关内而及新疆",实乃"数世之利也"(《全集》"札件",第441页)。

机器织呢局共有各种机器六十余架,计蒸汽机两架(三十二匹马力和二十四匹马力各一架);织呢机二十架;分毛机三架;净毛机一架;顺毛机三架;清毛机三架;剪线胚机一架;烘线热气玻璃罩一台;缠经线机一架;洗呢机三架;压呢机三架;刮绒机三架;烘呢机一架;熨呢机一架;卷呢机一架;剔呢机两架;刷呢机一架;纺纱机三架(共纺锭一千零八十五个)。

织呢局分为东厂(又设纺线部和织呢部)、中厂(有汽锅房、大车房,负责动力和运输)和西厂(负责羊毛加工及毛呢的漂染、蚜光),此外还设有负责检修机器的机器局。织呢局的总裁是赖长,洋总办为石德洛末,总监工为李德(Ph. Lieder)和满德(H. Mandel),另聘有五名德国技师和一名工头。据李德和满德讲,该厂"每日产呢八匹,每匹长五十华尺,宽五华尺"(《北华捷报》,1881年9月2日)。织呢局开工后,问题不少,困难重重,比如牧场未立,原料不足,水源不足;产品质量不过关,没有销售市场;管理不善,冗员过多;交通不便,成本过高等等。正如有人所说,织呢局的产品"不管在品质上或价格上,都比不上外国的呢布,因为把厂中产品运到各通商口岸,就比从欧美输入呢布要贵多了"(孙毓棠编:《中国近代工业史资料》,第一辑下册,第899页)。光绪八年(1882),《字林西报》有一则消息说:"近有人自甘肃回沪,述及该处机器织呢一事,恐不能久,缘织成之呢无人购买故也。"(《申报》,光绪八年十一月十四日译载)左宗棠自己也承认该局所织洋绒"其质略逊于洋呢"。这年十一月,德国技师因合同期满而撤走。翌年,厂内锅炉爆炸,无力修复,织呢厂也就随之停工。光绪十年(1884)四月,甘肃织呢总局终为新任陕甘总督谭钟麟裁撤。

甘肃织呢总局虽然只维持了两年,但这一近代企业在西北的出现,仍然具有深刻意义:一方面,它是西北地区近代民族工业的滥觞,具有示范作用;另一方面,它为西北近代工业的发展培训了技术骨干,并留下了一笔遗产。后来,制呢厂几度恢复,都离开不了左宗棠当年打下的基础。据有关调查,解放后兰州第二毛纺厂的建立,也是以原来遗留的两架顺毛机为基础的(《甘肃师范大学学报》,1959年第一期,《洋务运动在兰州》)。

七、勘测开矿

肃州（今酒泉）附近有金矿，左宗棠决心在此进行勘测和试采，他认为"开河当于泾源下手，采金当于肃州试行"（《全集》"书信"三，第486页）。当时，由胡光墉捐赠的一副采金小机器随同凿井机器运往西北，还聘请了一位德国采掘技师。光绪五年（1879）夏，德国技师米海厘抵达肃州（他的月薪为一百英镑），左宗棠接见了他。随后，米海厘前往离肃州八百余里的文殊山进行勘探。在荒无人烟的山区共找到三处金砂产地，但因天气严寒（当地阴历八月即大雪封山）、交通不便，无法动工。接着，米海厘又到玉门赤金峡勘测，发现这里有石油矿，他把当地的油样带到上海化验，证明其含油量可达百分之五十。

因采金机器尚未运到，只能先用人工挖掘，但未见成效。左宗棠对这位德国技师的技术水平颇为不满，称其"非矿务能手"。由于开掘没有进展，米海厘只得返回上海。在洋矿师辞归后，左宗棠即令当地绅士承办，募得本地民夫三十名，淘掘四十日，获金十四两多。他打算招募民工继续开采，待有了成效，再加以推广。左宗棠认为："大抵矿务须由官办，无听民私采之理，惟官开之弊防不胜防，又不若包商开办，耗费少而获利多。似须以官办开其先，而商办承其后，庶抽分可期有着，利权不致下移。"（《全集》"书信"三，第520页）"官办开其先，商办承其后"正是左宗棠倡办近代企业的指导原则。

此后，左宗棠还曾尝试在新疆库尔勒采金，在库木什采铅，并在新疆创办了几处铁矿。

八、兴办教育

左宗棠的祖父、父亲都以教书为业，他本人在青壮年时代也曾主讲醴陵渌江书院及长沙朱文公祠，又在陶澍家任家庭教师八年，深谙"十年树木，百年树人"的道理。以后，他主政陕、甘，对文化、教育事业更为重视。

左宗棠之所以重视教育，是因为他懂得教育与政治密不可分，对巩固清朝统治具有重要作用。早年,他在给好友王鑫的信中就曾说:"天下之乱,由于吏治不修,吏治不修,由于人才不出,人才不出,由于人心不正,此学术之不讲也。"(《全集》"书信"一,第181页)在左宗棠看来,穷究"天下之乱"的根源就在于"学术之不讲",也就是说没有办好教育。面对鼎沸的农民暴动,不从经济、政治上找原因,而仅仅归咎于"学术不讲",教育不兴,显然是不正确的。不过,他希望通过办教育,培养出一批有学识,讲操守,明事理,办实事的人才,还是比较有见识的。

在近代教育出现之前,"书院"是我国封建社会一种特有的教育组织。书院制度形成于宋代,至清代,由于受到政府重视,拨给经费,聘请师长,进一步官学化,成为"导进人才"之地(乾隆元年"上谕")。咸、同之际,战乱频仍,财政竭蹶,一些书院很难办下去,比如兰州的兰山书院,每年约需经费两千多两,但来源没有着落。左宗棠得知情况后,立即指示甘肃布政使崇保代发院中"膏火"(学生津贴),并形成定制,来源不足,就自己捐款,或从公款项下酌拨。在左宗棠的倡导下,甘肃一省从同治八年(1869)至光绪五年(1879),就先后兴办书院约二十所,修复约十五所。

左宗棠在西北地区办教育的另一举措是兴复"义学"。所谓"义学"是指对少年儿童进行免费教育的学校,凡孤寒生童及少数民族子弟,十二岁以上均可入学,学习内容着眼于读书识字,故也称"蒙学"(指启蒙教

左宗棠在新疆举办的义塾

育)。同治八年(1869)十一月,左宗棠进驻平凉,随即在崇信县(属平凉府)设"义学"一所。同治十三年(1874),又命各地一律兴办"义学"。光绪元年(1875),兰州重修"义学"四所(其中两所专门招收回民子弟)。至光绪六年(1880),省城内外共办有义学十六所,而其他府、州、县亦兴办"义学"共计近三百所。为表重视,左宗棠在驻节肃州时,还曾抽暇视察当地"义学",并与学童问答。对少数民族儿童教育,左宗棠也颇重视,他不但指示在回民聚居区设置"义学",收复新疆后,还命各善后局、防营多设"义学",至光绪六年(1880),新疆地区的"义学"已达三十七所。

在重视传统教育的同时,左宗棠还注意培养懂得西学的人才。他说:"欲穷其(指西方国家)制作之原,通其法意,则固非习其图画、算学不可"(《全集》"书信"一,第721页)。因此,在创办福州船政局的同时,又创办了"求是堂艺局"(即后来的船政前、后学堂);在创办兰州机器制呢局时,也指示主持局务的总兵赖长,从士兵中选"赋性灵敏,堪资学习者"入局学习,希望"将来有成,尤为此邦师匠所自出,不但数世之利也"(《全集》"札件",第441页)。

为了办好学堂,必须有教材做保证,故此,左宗棠致力于刊刻书籍。他在汉口,于西征后路粮台内附设崇文书局;在西安,又于关中书院内设刻书机构。两处刻书的费用,都由左宗棠自掏腰包,并未由公费支付。新疆收复后,还在乌鲁木齐开设书局,所刻书籍主要是"四书""五经"之类的儒家经典,还有一些童蒙读物、农书及有关吏治、风化的书籍。此外,西宁知府龙锡庆在西宁设集经书局,陕西布政使翁同爵及陕西士绅刘光蕡、贺瑞麟都曾先后刻书。

总之,左宗棠在陕、甘地区兴教办学、倡导文化是相当尽力的。

左宗棠在西北留影

第七章 壮志未酬

一、留京辅政

光绪六年七月初六日（1880年8月11日），清廷发出谕旨，以急需"老于兵事之大臣以备朝廷之顾问"为由，调远在哈密的左宗棠回京陛见。

做出这一决定的原因是多方面的。首先是，清廷此时没有对俄一战的决心，召左回京，有避免中俄军事冲突的意图；另外也有"清流派"积极推动的缘故。"清流派"是晚清政府内的一个政治派别，他们评议时政，弹劾大臣，指斥宦官，对内主张整饬纪纲，对外反对列强蚕食。当时，清流中坚分子御史邓承修就曾上《时局艰危请饬调辅臣入赞枢密折》，提出"观今之大臣志虑忠纯、畅晓戎机、善谋能断者，无如督臣左宗棠"，若"委以军国之大柄，使之内修政事，外揽兵权"，可望"拯今日之急，守宗庙社稷"，甚至把召左入京提到"当今要务，莫逾于此"的高度（邓承修：《语冰阁奏议》卷二）。这一提议也得到醇亲王奕譞（光绪帝生父）的支持，奕譞曾明确表示应召左宗棠"入赞纶扉"（刘体智：《异辞录》卷二）。"纶扉"为皇宫之大门，意指入京辅政。正是在这样的背景下，左宗棠被急召入京。

在返京之前，左宗棠先做了两件事。

一是致书总理衙门，要求朝廷在和战之间做出决断，而不应犹豫不决，举棋不定。

其时，驻英、法公使曾纪泽兼充驻俄公使，于六月二十四日（7月30日）从巴黎乘火车抵达俄国首都圣彼得堡，七月十八日（8月23日），才开

始正式谈判。而清廷内部关于和战的事论仍无定策,所以左宗棠再次表明了自己的意见,他说:

> 愚见主战固以自强为急,即主和亦不可示弱以取侮。譬之围棋,败局中亦非无胜著,惟心有恐惧,则举棋不定,不胜其耦矣。慨自海上用兵以来,其始坏于不知洋务之人,不知彼己真实情形,侥幸求胜;其继坏于自负深悉洋务之人,不顾大局长久下落,苟且图存,以致愈办愈坏,无所底止。又款与战本是两事,大计决之朝廷,见机宜速,然西人狡诈,每于仓皇之际,乘吾猝不及详之时,危词迫促以要之,鲜不堕其度内。则款、战未定之际,宜定计于先,而从容暇豫出之,乃期允协。譬犹乘船遇风,当用风掉抢时,操船者欲张帆必先下帆,令舟无倚侧,乃免遭险。若随风转脚,必有倾覆之虞。兹之议论,勿遽纷纭,无乃类是。(《全集》"书信"三,第647页)

在接到总理衙门八月二十七日来函后,左宗棠得知俄国在谈判桌上态度强硬、蛮横,遂更坚定地表示要与沙俄侵略者决一雌雄的决心。他说:"劼刚(曾纪泽字劼刚)来电,似和议必不能成,布策(俄国驻华公使)来华,要挟必多,兵船到华者不少,察看情形,实非决之战胜不可。究之言战,本是一条鞭办法,无和议夹杂其中,翻觉愈有把握。"(《全集》"书信"三,第655页)

第二件事是安排好自己返京后负责西北事务及新疆军务的后继者。他推荐刘锦棠为"督办新疆军务",张曜为"帮办军务",又奏请将哈密及镇迪道划隶新疆,并奏请由杨昌濬护理陕甘总督,均得到清廷批准。

十月初六日,刘锦棠自喀什噶尔赶至哈密,左宗棠与他办完了交接手续后,于十二日离哈密启程入关。十一月初一日(12月2日),行抵兰州。十二月初四日,由兰州出发东行,二十一日,至西安。光绪七年正月二十六日(1881年2月24日),左宗棠终于抵达北京,恰在这一天,历时半年的中俄改约谈判也落下帷幕,改定的《中俄伊犁条约》(新约)正式签字。尽管曾纪泽在谈判中争回了一些权益,但改订条约仍是一个割地、赔款的不平等条约。对此,左宗棠十分痛心,一年多后,提起此事,他仍有刻骨铭心之感:"不料和议如此结局,言之腐心!"(《全集》"书信"三,第748页)

作为一位收复了大片疆土，为国家做了杰出贡献的功臣，凯旋班师，该是何等荣耀！但有记载说，当左宗棠抵达京师时却遇到了意想不到的麻烦：

  左宗棠自兰州抵北京，宦者索门费，左答：彼系奉皇帝命来京，何以付费？不给一个铜板。被拒不得入城三日。（W. L. Bales, *Tso Tsung Tang*）

  宦者索费，宗棠拒付。曾纪泽劝付万两，左不肯，恭亲王奕䜣代付八千两以息事。（J. O. P. Bland, *China Under the Empress Dowager*）

  宦者索费，左付百两，大不悦，左自是知北京难为。（《国闻报》）

  这些报道颇具传奇色彩，不一定准确，至少在时间、人物细节上就存在错讹之处。比如传闻说左宗棠于光绪七年正月初二日（1881年1月31日）抵北京，正月初五日（2月3日）陛见，实际情况却是"正月二十七日到京，次日陛见"（《全集》"书信"三，第682页）；赫德的机要秘书濮兰德（J. O. P. Bland）说："宦者索费，宗棠拒付，曾纪泽劝付万两"。实则，曾纪泽于光绪四年（1878）七月任出使英国、法国大臣，当年十月底赴欧。光绪六年（1880）六月下旬抵彼得堡与俄方谈判近半年，并于光绪七年正月二十六日（1881年2月24日）与俄国驻华公使布策在《中俄伊犁条约》上签字，随后返回巴黎，根本就不在北京，怎么可能对宗棠"劝付万两"呢？尽管传言颇多荒诞不经之处，但却从一个侧面反映了晚清官场索贿成风的现实以及左宗棠拒绝行贿、受贿，坚持洁身自好，不随波逐流的处世风格。

  左宗棠抵达北京的第二天（正月二十七日）就受到慈安太后的召见（时慈禧太后生病），正月二十九日（2月27日），被任命为军机大臣、总理各国事务衙门大臣，并管理兵部事务，直接参与中枢决策。

  左宗棠虽任职中枢，却屡遭掣肘之苦，不能有所作为，于是他力图在许可范围内做点实事。

  首先是修治直隶河道。流经京畿的永定河因年久失修，水患严重，"民间流徙靡常，生计萧索"。左宗棠进入枢垣（指军机处）后，立即倡议治理。他首先与直隶总督李鸿章商议,但李氏不以为然,"姑漫应之而已"(《全集》"书信"三,第717页)。左宗棠只得调集本部亲军至涿州一带治河。光绪七年(1881)五月十二日,他冒着酷暑亲临涿州工地,十九日,又视察金门闸坝及南半河堤,二十二日,抵天津,会晤李鸿章。随后,乘船溯流而上,二十七日至赵北口,得知滹沱河改由故道入海,乃还涿州,至永济桥工地。六月初八日,取道石景山还京。此次巡视水利工程,历时二十五天。这项水利工程费时四个多月,基本完成了疏通河道和加固堤坝的工作,醇亲王奕𫍯谓"遣人往阅,始叹为创见"(《全集》"书信"三,第717页)。而左宗棠自己却因劳累过度,中暑病倒,不得不告假一个月,后又续假两月。

其次是提议增加税捐以限制鸦片泛滥。第二次鸦片战争(1856—1860)后,清政府承认鸦片贸易合法,允许鸦片以"洋药"名义报关进口。"于是吸食者多,更成积重之势"。故此,左宗棠上奏道:"详察事宜,断非加洋药、土烟税捐不可。税捐加则洋药、土药之价必贵,价贵瘾轻者必戒,瘾重者必减,由减吸以至断瘾,尚有可期。"(《全集》"奏稿"八,第31页)这虽然是退而求其次的办法,但仍有积极意义,只是国势日颓,主权日丧,左宗棠自然不能挽狂澜于既倒。

第三,左宗棠在外交政策上提出有些对外交涉不宜过于暗箱操作,从而束缚自己手脚。他认为"以为天下事,当以天下心出之,过求秘密而各国每以多方刺得之,致滋事端。不如重门洞开,绝去关防之为愈"(罗正钧:《左宗棠年谱》,第391页)。他递上《加洋药税厘疏》后,就不顾有人反对,将该疏及谕旨一并对外公布,后终迫使英国驻华公使威妥玛"不复持异议"。

左宗棠身居庙堂之上,自然希望能有所作为。但他的孤傲性格和办事认真的态度却为权贵们所不容。文华殿大学士兼直隶总督李鸿章就直言左氏入京"赞襄未必有益"(《李文忠公全书》"朋僚函稿"卷二〇,第10页);武英殿大学士、军机大臣宝鋆(与奕䜣交往甚密)更讥讽左宗棠是"一团茅草"(翁同龢:《翁文恭公日记》光绪七年三月十九日)。故此,左宗棠空有一番抱负,"有所建白,亦为同僚所尼,多中辍"(徐珂:《清稗类钞》第七册,第3358页)。只有个别正直的官员能讲几句公道话,时任工部尚书并授读光绪帝的翁同龢(字声甫,号叔平,江苏常熟人)就认为左宗棠"气虽高,论则切实",并称赞左接见英国驻华公使威妥玛时,"谈次有风棱,差壮中朝之气",对宝鋆的讥讽之词也不无惋惜地感叹道:"正人在位之难也。"(翁同龢:《翁同龢日记》光绪七年五月初十日)

左宗棠在枢垣的处境几乎是陷于四面楚歌的尴尬境地。他在连续告假三个月后,于九月初六日被外放两江总督兼办理南洋通商事务大臣,从而结束了近九个月的京师辅政生涯。慈禧太后在召见他时,把这次外放两江说得很冠冕堂皇:"若论公事繁难,两江岂不数倍于此,以尔向来办事认真,威望素著,不得不任此重寄。"(《全集》"书信"三,第728页)而实际上,左宗棠是被排挤出京城的。

二、外放南洋

光绪七年十月十四日(1881年12月5日),左宗棠离京南下,他经朝廷允许,先回湖南家乡省墓,于十一月二十五日(1882年1月14日)抵长沙,十二月初二日,至湘阴。这是他二十多年来第一次回归故里。在湘阴只住了七天,即启行赴任。二十二日,抵江宁(今南京),两天后,接印视事。左宗棠在两江总督任上主要抓了三件大事,正如他自己所说:"莅事以来,以治水、行盐为功课,而精神所注则在海防。"(《全集》"书信"三,第759页)

(一)兴修水利

左宗棠把兴修水利放在施政的首要位置上,是因为他认为"诚以民为邦本,食为民天。水利兴而后旱潦有备,民得所养","水利固关系国计民生,亦实海防根本"(《全集》"奏稿"八,第235—236页)。

当时,淮河是对江苏、安徽两省为害最大的河流,故治水必先治淮。光绪八年(1882)春,左宗棠上任伊始,就赶赴苏北视察淮河、运河水道。他经扬州沿运河至高邮,再到清江浦(今淮阴),复沿洪泽湖至三河闸,对淮河、运河及洪泽湖的水道、堤岸、涵闸进行实地考察。然后上奏朝廷,提出治淮规划。左宗棠治淮的要点是恢复淮河入海故道,让淮河从云梯关入海。这样就可"截断水流,捍卫淮扬数州县亿万生灵,且可化灾区为腴壤"(《全集》"奏稿"八,第362页)。但此项工程浩大,需要足够的经费和时间,只能分阶段进行。首先需兴修运河两岸的堤坝,疏通下游各州县支流;然后再浚通杨庄旧黄河,增坝逼水东趋,并加固礼河正坝。经过一年的努力,完成了周家庄、六安闸、铁牛湾、八堡等处堤工。光绪九年正月(1883年2月),左宗棠第二次巡视淮、运河道,亲历马棚湾、车罗坝、清水潭堤工,又命兴修黑鱼塘西堤及高家坞民堰,至四月,扬州府辖的运河堤工全部完成。经过近两年的修治,治淮防洪已初见成效,当年秋汛水涨,而里下河农田却得以免遭水患。左宗棠遂下决心疏浚旧黄河故道,使淮河恢复从云梯关入海,以彻底解决苏北水患。而恰在此时,他的眼疾加重,左眼失明,右眼视力也急骤下降,无法视事。但他不顾病势加剧,带病于光绪十年正月初五日(1884年2月1日)第四次到苏北及沿海视察运河,并制定了分期复淮计划。不久,左宗棠因病去职,旋回军机大臣任,复淮工程也人去政息,不了了之。

除整治淮河外,左宗棠还积极治理江苏其他河道的水害。如为预防海潮,在通泰场建成海滩潮墩九十二座,修复了苏北沿海的"范公堤"(自泰州、如皋直达通州);为消除滁河的危害,又先后调集军队十一营(以后又准备募勇夫百人左右),历时两年,完成了浦口地区朱家山河(江宁西北)分洪入江工程,渠道全长十八公里,从而根治了江宁西北地区长期的水患,解除了数十万顷圩田的隐忧。为治理江宁、镇江一带水害,宗棠又调军队十三营(五千人)在句容县修筑了赤山湖圩坝(长约二十里),挑挖积淤,疏浚河道,修建大闸,控制水量,得以化害为利,惠泽一方。这些水利工程在光绪八年洪水袭来时,经受了考验,安徽、河南上游盛涨而"下游尚免沉没之灾,圩田收成加倍"(《全集》"书信"三,第759页)。另外,又在江宁城内秦淮河上修闸建桥,遍植树木数百万株。

(二)推行"票盐"

食盐是百姓生活中必不可缺的商品,而盐利收入也是清代国家最重要的财源,号称"居赋税之半"。有清一代,盐政基本实行的是"纲法"(商专卖制),即官不收盐,由商人自己出资购买场盐,商收商运。但政府官员视盐务为利薮,往往向盐商索取巨额"报效",加上各种名目的杂项捐款,盐商不堪重负,从而出现了商不买"引"("引"是运货的执照,由户部颁发),盐引壅积,私盐日多的状况。不仅政府盐税收入骤减,百姓生活也大受影响。为解决这一问题,两江总督陶澍于道光十二年(1832)在淮北实行"票盐"法,其主要内容是:(1)无论何人,只要照章纳税,就可领票贩盐;(2)纳税定额,永不议加,每引(盐四百斤)定银二两五分一厘;(3)革去场商名目,设局、厂于适中地区,便于民贩纳税;(4)取消文、武衙门私设的陋规和书役需索。推行票盐的结果,解决了"积引"问题,大大增加了淮北盐税收入,计较原定额增加了两倍,同时也减少了贩卖私盐的现象。

对于盐政改行"票法",左宗棠是很赞成的,他在主政闽浙时,就曾推行过"票盐法"。但"票法"推行的时间不长(从道光十二年至同治初年,不过三十余年),实行的地区也不广。首创的两江地区(江苏、安徽一带)也没有坚持下去,当曾国藩、李鸿章任两江总督时,就一步步推翻了"票法",曾国藩"寓票于纲,专招大商",李鸿章"循环转政,报效捐款"等措施,都是想复活纲法。

左宗棠为了"裕国计,顺商情",决心大力整顿两淮盐务,全面推行陶澍的"票盐"制。他提出的办法有讲求盐质;裁减杂款规费;缉私宜严;先行官运以导商等。认为"庶几裕课、便民、恤商三者兼权并计,推行尽利,其法乃可大而可久",也就是要兼顾国家、百姓、商人三方面的利益,又力主增加"盐引",频加开导。淮北商贩因有利可图,增引之禀纷至沓来,结果"商情异常踊跃,实为始愿所不及"(《全集》"奏稿"八,第93—94页)。

(三)兴办近代企业

修水利,行票盐都是传统的改善国计民生的措施,而面对新的形势,这些举措已远远不能解决现实的社会经济危机。十九世纪七八十年代,随着中国主权的逐步丧失,特别是海关失控,外国商品如潮水般地涌入,白银外流,有增无已。农民、手工业者加速破产,百姓生计日绌,长江三角洲地区更为严重。对此,左宗棠虽不能力挽狂澜,却不能坐视不顾,他以强烈的责任心和敏锐眼光,力图在发展近代工矿、交通事业,抵制西方列强经济侵略方面有所作为。

首先,他在江宁设立了第一座轮船码头。自轮船在长江通航后,作为下游的重要都会和港口——江宁(今南京)竟无一座轮船码头,全凭用小驳船到江心接送客人。光绪九年(1883),左宗棠从轮船招商局调拨趸船一艘,泊于下关江岸,在江岸与趸船之间设一木栈桥连接,并在趸船上设立栈房,供乘坐招商局轮船的旅客休息、住宿,从而有利于本国轮船公司与外商(太古、怡和)竞争。

第二,加速架设电报线路,以促进经济发展和适应国防需要。中国最早架设的电线是李鸿章于光绪五年(1879)开通的北塘海口与天津之间线路(约四十哩)。随后,津沪线路(天津至上海)完工,于光绪七年(1881)冬投入使用。对这一近代通讯工具,左宗棠十分重视,他于光绪九年(1883)六月上奏清廷说:"窃维电线兴自泰西,无论水陆程途千万里,音信瞬息可通,实于军情、商务大有裨益。"(《全集》"奏稿"八,第291页)当时有洋商酝酿敷设长江水线,以达汉口。为抵制外国势力掌控通向中国腹地的通讯线路,左宗棠提出"电线、铁路,行止在我,外人非能干预"(《全集》"书信"三,第747页),"应由中国先行设立陆线,杜其狡谋",并建议凡架线所需经费,概由商人自筹,不支官款。得到允许后,左宗棠即派江苏候补道王之春、龚照瑗、郭道直和候选道郑观应,会同盛宣怀(时主持天津电报总局)专办长江设线事宜。这条线路起自江宁南岸,经芜湖设支线至安庆,又折由九江渡江,循北岸达汉口,全长一千六百华里,于光绪十年(1884)竣工。

第三,倡导、支持兴办徐州利国驿近代煤铁矿。采煤、炼铁是近代工业的基础,左宗棠认识到"南北洋筹办防务,以制造船炮为第一要义,而各省所设机器、轮船等局制造一切,又以煤铁为大宗"(《全集》"奏稿"八,第171页)。为此,他要求徐州道程国熙对徐州地区的冶铁情况考察后上呈,并令候选知府胡恩燮聘请英国矿师到利国驿实地勘探,勘探结果证明利国驿铁矿石"实为最上之品"(《申报》光绪九年三月初六日),铜山之煤,"煤质亦佳"(《申报》光绪十年三月十四日)。左宗棠遂下决心在徐州建设近代煤铁矿,奏准由徐州道檄胡恩燮任总办,恩燮之子胡碧澄任提调,并且"不请官本,一律由商集股办理"(《申报》光绪八年十二月初五日)。开办之初,左宗棠不但亲自审阅章程十二条,逐条批示,还指示徐州地方官给予

徐州利国驿煤铁矿矿区

支持,该矿还一度得到过官款救济。光绪八年八月二十四日(1882年10月5日),徐州铜山县境利国驿煤矿正式设局用机器开采。为实现"拒敌洋煤""以维商本"的目的,当年十一月左宗棠又上折请求对该矿税银"一律请减"(《全集》"奏稿"八,第172页)。后因沪、宁爆发金融风潮,股款不能如数上收,只好暂停炼铁,先行采煤。

第四,抵制外资在华扩张。光绪八年(1882),美国商人魏特摩(上海丰泰洋行经理)擅自在上海创办纺纱公司,并收集股金五十万两。其实,十七年前,英国人就想在苏州河畔设立一座纺织厂,未能实现。进入十九世纪七十年代,中国有了开设民族机器织布厂的打算,光绪四年(1878),四川候补道彭汝综向李鸿章建议在上海设机器织布局,于是织布局的筹建工作开始启动。而此时美商创办纺纱公司的企图对正在酝酿中的民族企业无疑是个巨大的威胁。于是,左宗棠采取断然措施,立即令上海道邵友濂出面阻止,并逮捕为该公司招商的买办王克明。美国驻华公使扬格照会总理衙门,为魏特摩撑腰。左宗棠不为所动,致书总理衙门,义正词严地予以驳斥,并下令封闭了美商在上海擅自设立的丝厂,终于迫使美商在上海停办纺纱公司。

(四)整顿海防

在左宗棠任职南洋之时,适值西南边陲形势紧张,因为法国殖民者加剧了侵占越南的步伐。法国对越南觊觎已久,早在乾隆五十二年(1787),法国传教士百多禄就曾上书法王路易十六,要求"在交趾支那建立一个法国的殖民地",并进一步开通一条通往中国的商道,以"获得那个人们不认识的国家的财富"(中国史学会:《中法战争》第一册,第363—364页)。至十九世纪中叶,代表大银行家和工业资产阶级利益的拿破仑三世政府频频发动侵越战争。同治元年五月(1862年6月),法国联手西班牙,强迫越南政府签订了第一次《西贡条约》,夺取了南圻(越南南部)陲东三省。五年后,又吞并南圻西部三省,控制了整个湄公河三角洲。此后,侵略者又把贪婪的目光盯住北圻(越南北部),想沿红河西上,打开通往中国西南地区的通道。进入八十年代,法国茹费里内阁更加紧调兵遣将,力图一举吞并整个越南,并进犯中国。

越南在明、清两代都与中国保持着"宗藩关系",奉明、清两朝"正朔"(一年的第一天叫"正朔",后通指帝王新颁之历法)。明正德年间,一度成为明帝国直接统治下的"安南都统使司"。清顺治十七年(1660),越南遣使归清,康熙二十二年(1683),清廷册封其主黎维正为"安南国王",并赐诰命、印绶及"南交屏翰"的御书匾额。康熙初年规定,越南三年一贡,后改六年"两贡一朝";乾隆时又改为二年一贡和四年"两贡一朝"。

清廷与越南之间的"宗藩关系"诚然是一种"上国"与属邦之间的不平等关系,但却不同于资本主义时代的宗主国与殖民地之间的掠夺关系。在政治上,藩属国的内政基本上是自主的,清廷不予干涉;在经济上,清方的赏赐(回赠)往往比越南的"贡物"还要优厚。此外,清廷在藩属国发生内乱和遭遇外敌入侵时,负有出兵保护的义务。

光绪七年六月(1881年7月),法国议会通过增拨二百四十万法郎侵越军费的提案。光绪八年四月(1882年5月),法军侵占河内,不久,又占领南定,第二次组阁的茹费里狂叫:"必须征服那个巨大的中华帝国是不成问题的。"(鲍威尔:《茹费里与法兰西帝国主义的复兴》,1944年英文版,第169页)中法战争已不可避免。

面对法国侵略者的步步进逼,清政府对应否援越抗法举棋不定。以李鸿章为代表的主和派,主张以退让、妥协换取"和平",他们的基调是:"未可与欧洲强国轻言战事。"(《李文忠公全集》"译署函稿"卷一四,第10页)

左宗棠则不然,他坚决主张回击侵略者。光绪九年三月三十日(1883年5月6日),他在一份筹办海防的奏折中说:"窃谓和局可暂不可常,其不得已而出于战,乃意中必有之事。"他回顾并总结了自鸦片战争以来列强入侵的沉痛教训:

  海上用兵以来,文如林则徐,忠而有谋,以之制初起之寇,本有余力,不幸为忌者所间,事权不属,不克竟其设施;武如陈化成,力扼吴淞,苦战不却,不幸右路未战先溃,致夷兵萃于左路,力遂不支,遂以身殉。是则议论不协,勇怯不齐,有任其咎者。遗憾至今四十余年,不知伊于胡底。而所谓识时务者,仍以因循粉饰,苟且目前之安,此志节之士所为抱抑塞磊落之怀,扼腕叹息者也。(《全集》"奏稿"八,第262页)

在这里,左宗棠强调要吸取历史教训,团结一致,同仇敌忾,不可重蹈鸦片战争的覆辙。

为了防止法国侵略者的进犯,左宗棠保持了高度警惕,认真部署了长江口防务。

光绪九年(1883)春,左宗棠亲自巡视沿江炮台,会集防江、防海各营将领,研讨方略,协商布置。他从下关起,沿长江东下,依次视察了乌龙山、象山、都天庙、焦山、圌山关、江阴、靖江、吴淞各炮台,并校阅了炮台守军的实弹打靶。又在长江重要门户白茅沙召开各将领会议,准备于此安泊坚船,并设大炮,"力扼此津,则敌船势难飞过"。

在视察中,左宗棠"一面挑选奋勇弁丁,一面严明赏罚,订立规程",并郑重申明:"遇有外国兵轮闯入海口不服查禁者,开炮测准轰击,得力获效者,照军功例从优给奖;其夺获船只者,副将以下至外、额均加三级请保,提、镇请给世职,勇丁按名赏银五十两,仍录功核保";"其督队不严,临阵退缩,甘心失律以致误事者,提、镇请旨正法,副、参、游以下至外、额,届时由臣察实手刃以徇。"(以上《全集》"奏稿"八,第262页)左宗棠不仅要求部下奋勇杀敌,而且表示自己誓亲临前线,身先士卒,与阵地共存亡。他在长江门户白茅沙口对将士们说:"能破彼船坚炮利诡谋,老命固无足惜,或者四十余年之恶气藉此一吐。自此凶威顿挫,不敢动辄挟制要求,乃所愿也。"同行的兵部尚书(未到任)、受命巡阅长江水师彭玉麟(字雪琴,湖南衡阳人)也当场表示:"如此断送老命,亦可值得。"与会高级将领深受感动,纷纷表态:"我辈忝居一二品武职,各有应尽之分,两老不临前敌,我辈亦可拼命报国。"(《全集》"诗文·家书",第241页)随后,左宗棠于三月三十日上《筹办海防会商布置机宜折》,向朝廷正式表达了自己誓死抗敌的决心:"至总督亲履行间,所办者辖疆江海防务,责无旁贷。遇有寇警,应亲临前敌督战,防所即其汛地;如敌人轮船冲过白茅沙总要隘口,则防所即是死所,当即捐躯以殉。"(《全集》"奏稿"八,第263页)

当越南战况日益紧张时,左宗棠更倾全力部署长江防务。他考虑到吴淞口和白茅沙是江防前敌要隘,便着重加强两处防务。首先,在吴淞炮台设巨炮十八尊,炮台对面还有军舰碇泊。同时,调陆军六营为策应之师:两营驻宝山县属罗店镇,为炮台声援;两营驻川沙厅属之高行镇,遏浦东黄家湾一带敌人登岸之路;两营扎上海西门新泾市,以防敌舰入黄浦江袭夺上海县城。其次,将白茅沙列为第二道防线,因为这里是深入长江的总门户。这一带江面虽阔,但暗沙纵横。他便在靠近南岸处泊蚊船,并设水炮台。蚊船后面驻外海水师,外海水师后面是大型军舰。内江船队则傍南岸沙脚驻泊;江面还布有水雷、鱼网等。由白茅沙西上,属于后路江防,江阴是后路江防的门户,也是左宗棠设定的长江下游的第三道防线,他在南、北两岸炮台配置巨炮四十九尊,如有警报,饬由长江水师提督李成谋亲率师船增援。由江阴西上直至下关,左宗棠于沿江设圌山关、象山、焦山、乌龙山、下关等炮台,是为后劲。在吴淞口外,东南的小红塔、大黑塔、铜沙等处浅沙原设有灯船、浮筒等标记。长江口外北面的佘山、东南的大七山、白节山,正东的花鸟山都设灯塔,以防船只夜行触礁。左宗棠还下令:"一遇外国兵船闯入,先将各处灯船、灯竿、浮筒撤去,次将白茅沙一带浮筒移去"(《全集》"奏稿"八,第397页),使敌舰不明水路,行动困难。他在写给户部尚书兼署兵部尚书阎敬铭的信中说:"各提、镇集议协力并规,誓以死守,西舶如闯入长江,当不令其善脱。"(《全集》"书信"三,第783页)经过左宗棠的精心筹画,长江下游的布防已相当周密。

左宗棠强调在反对外来侵略中必须组织沿海群众的力量,他提出要办理沿海二十余州县的渔团、保甲,收罗渔户豪俊之士,杜绝奸细为侵略者引水或暗通消息。经数月努力,成效渐著。光绪九年九月十九日(1883年10月19日),左宗棠从江宁乘轮船东下,特地校阅各处渔团。二十日午前,阅江阴、靖江渔团,下午阅通州(今南通)、海门厅渔团。二十一日晨,抵崇明岛,调阅崇明渔团,因该渔团训练无方,将渔团会办刘光才申饬记过,团总、团佐停给功牌、顶戴,团丁撤销,以示惩罚。午后,驶抵吴淞口,校阅水勇。阅后,认为该处水勇"精能过人","缘桅猱升极为捷疾。旋复跃下踩水,如履平地。两手在肩上向空招摇,并施放洋枪","观者靡不诧为罕见"(《全集》"奏稿"八,第359页)。当天夜晚,左宗棠泊舟上海。二十二日,又在上海召集奉贤、南汇、常熟、昭文、太仓、镇洋、华亭、金山各渔团团总、团佐会议,一面晓以大义,一面颁示奖惩,"于操演纯熟者奖进之,技艺生疏者训斥之。其中能泅水、凫水及缘桅超跃、施放枪炮者,一经当场分别,酌赏功牌、银牌,印委及团总、团佐,则许以异时论功保奖,无不欢欣鼓舞,踊跃争先。"(《全集》"奏稿"八,第359页)由于左宗棠亲临校阅,奖惩分明,起到了鼓舞士气的作用。

光绪九年四月十三日(1883年5月19日),刘永福(字渊亭,广东钦州人)率领黑旗军在河内附近的纸桥击败法国侵略者,阵斩法军统领李威利(Riviere, H. L.)以下军官三十余人及士兵二百余人。"黑旗军"是一支中国农民起义武装,他们驻扎在保胜(即老街)一带,曾应越南政府邀请于同治十二年(1873)在河内近郊击毙法国侵略头目安邺(F. Garnier),刘永福被越南政府特授为"三宣副提督",管辖宣化、兴化、山西三省。纸桥战役后,刘永福又擢升为三宣正提督。不久,得到增援的法军发动了新攻势,其原驻西贡司令官

刘永福

波滑(Bollět)少将带兵进驻河内,海军少将孤拔(Courbet)率军直抵海防,同时委任了驻东京(越南北圻)的理事官,总揽北越政务。然后分兵两路,分别进攻黑旗军和越南首都顺化。七月中旬,法军攻占顺化,下旬,强

迫越南阮氏王朝签订《顺化条约》，越南承认法国为保护国，法军可进驻越境各地，代办其内政、外交，越南实际上已沦为法国的殖民地。

越南局势一发不可收拾，战火也步步引向中国边境。对此，左宗棠做了深刻分析，他指出："法人所以图越南者，盖垂涎滇、黔五金并产，意在假道越南以开矿取利"，"不仅以夺越疆为止境也"（《全集》"书信"三，第796—797页）。左宗棠认为，妥协退让决不能求得和平与安宁，对蓄谋已久的侵略者，只能以武力粉碎其阴谋。他致信总理衙门，力主不惜对法一战："外人反复无常，得步进步，是其惯技，似非示武不足以杜彼蚕食之谋，而纾吾剥肤之急"，"惟主战于正义有合，而于事势攸宜，即中外人情，亦无不顺"（《全集》"书信"三，第801页、第796页）。

当时，国内主战气氛虽然浓厚，但妥协求和论调影响较大，因为其代表人物恭亲王奕䜣和直隶总督李鸿章掌握着对外交涉的大权，实际掌控着中央决策。五月十二日（6月16日），李鸿章上《法越交涉事端重大遵旨妥筹全局折》，全盘托出了妥协、求和的主张，他说："今越与内地相去数千里，若陈师远出，而反戈内向，顾彼失此，兵连祸结，防不胜防。"而法国海军强大，"其船械之精，操演之熟，海上实未可与争锋"；陆上虽可一战，"但一时战胜，未必历久不败，一处战胜，未必各口皆守。"在他看来，如果"越为法并，则边患伏于将来，我与法争则兵端开于俄顷，其利害轻重，较然可睹"（《李鸿章全集》"奏议"十，第185页），因而反对与法"决裂"。李鸿章深知自己的妥协求和之论必然为舆论所不容，一直不敢公之于众，在写给老部下湖南巡抚潘鼎新的信中也反复叮嘱："密稿抄呈秘览，幸勿示人，又讥鄙人为和事老人矣！"（《李鸿章致潘鼎新书札》，第116页）当时，在对法交涉上与李鸿章一唱一和的还有曾任驻英、法钦差大臣的郭嵩焘（时正离职居家），他认为由于"西洋各国环集，中国无可战之机，无可战之势，直亦无可战之理"（《郭嵩焘奏稿》，第405页）。他攻击主战派是"一袭南宋以后议论，以和为辱，以战为高"。郭嵩焘分析"枢府"（指军机处）的本意并不是真正主战，只是迫于舆论压力，不得已唱几段抵抗的调子，因此，他写信给李鸿章，"伏乞中堂定计于事先，无俟其敝而始求补救之术"（《郭嵩焘诗文集》，第213页）。

针对主和派的谬论，左宗棠明确提出了针锋相对的意见，他在写给李鸿章的信中说："法人于越南早玩之股掌之上,亦越南有以取之。惟其疆土日蹙,则粤、滇边务亦宜借筹,南洋未可坐视。"对于同他有过交谊的老乡郭嵩焘,也毫不迁就,在写给郭氏的信中,激切地说:"尊论谓南宋识议无足取,弟以今日人才衡之,似南宋尚胜一等。以彼国势日蹙,遑言长驾远驭之规。兹则金瓯无缺,策士勇将又足供一时之需,乃甘心蠖屈,一任凌夷如此之极,洵有令人难解者矣!"(以上《全集》"书信"三,第763页)对于执政当局在援越抗法问题上的犹豫徘徊,"一误再误",左宗棠十分愤慨,认为自己"以南洋兼顾,不能度外置之"(《全集》"书信"三,第799页)。

光绪九年(1883)四月,清廷以越南形势紧急,命请假回籍葬母的李鸿章迅速前往广东"督办越南事宜",并节制广东、广西、云南三省防军。但李鸿章公然拒绝赶赴前敌,清廷也无可奈何,只好让他仍回北洋大臣署任。与此形成鲜明对照的是,左宗棠立即表示要亲率大军"一往图之,为西南数十百年之计,以尽南洋大臣之职",甚至说"衰朽余生,以孤注了结,亦所愿也"。接着,他命老部下王德榜(字朗青,湖南江华人)于回湖南之便,"挑募广勇乡兵数营",并"径赴刘永福处察看军情地势"。甚至准备亲自"率新募各营,接踵前进"(《全集》"书信"三,第801页、第799页)。七月初一日(8月3日),王德榜乘轮船从江宁启程,沿长江西上。左宗棠调拨给他携往广西前线的军用物资计有:

> 水雷二十四具;棉花火药一千磅;棉花信子火药一百磅;洋水箭一百枝;两磅熟铁后膛过山炮十尊;开花弹六百个;铜管拉火一万七千枝;"马梯尼"步枪二百杆,弹子二十万颗;"温者斯得"十七响洋枪二百杆,弹子二十万颗;大铜火二百万颗;细洋枪药三万五千磅;"燕非"来福洋枪五千杆,铅子一万斤;六门手洋枪二百五十杆,弹子一万九千一百七十六颗;四门神机炮六尊,自来火子二万颗;七条铁线包麻电线二英里;铜丝包胶电线二英里。以上各件均配齐架具及修理枪炮等项各器具。(《全集》"奏稿"八,第403页)

此外,还由金陵机器局调派演放水雷、火箭及修理枪炮的技师六名,随同王德榜前往广西,并发给运输费、旅程费湘平银("平"指银量的轻重,"湘平"指晚清湘潭所用之"平"。咸丰以来,官兵多湘人,营中衡银之平皆为"湘平",每两约合库平八钱一分一厘一毫,合市制九钱六分八厘九毫)三千两。

但是,清政府害怕战争进一步扩大,急于妥协,遂派李鸿章于五月初与法国特使、驻日公使脱利古(Arthur Tricou)在上海谈判。八月,谈判地点移到天津,但由于法国要价太高,谈判一直没有结果。既然清政府决计求和,左宗棠亲赴前线的请求自然不会被接受。此时,左宗棠只有把希望寄托在前方将士身上。这一年秋冬之际,王德榜在湖南招募了八营军队(还拟在广东再招两营),左宗棠又调派有作战经验的将领提督陈广顺、张春发、杨文彪,总兵吴体全,副将谭家振,游击龙定太、杨肇俊等赶赴王营,"以收指臂之效"。他还从亲军差官、大旗中挑选勇敢善战的军事骨干三四十人,送往军前效力,并解去饷银十万零三千两。这支新组建的援越抗法部队,左宗棠命名为"恪靖定边军"。

为了有效打击法国侵略者,左宗棠对战斗在抗法最前线的"黑旗军"十分重视。光绪九年(1883)四月,黑旗军取得纸桥大捷,消息传来,左宗棠极为兴奋,他在写给云贵总督岑毓英(字彦青,广西西林人)的信中说:"越之所以苟延者,赖有黑旗勇。此战之力,足寒贼胆而快人心。果能再

集结在抗法前线的"恪靖定边军"

接再厉,则法人凶锋频挫,何能越红江而上窥滇、粤边境乎!"当国内某些人污蔑黑旗军为"匪"为"土寇"时,左宗棠却给以很高评价,他说:"刘永福以一健卒为越捍边,力挫虐焰,似亦人所难能","是刘永福在中国本非乱民,而在越南则义士也。"(《全集》"书信"三,第790页、第800页、第797页)左宗棠还从江宁军火库中拨出水雷二十具(电线俱全),火箭百枝,并选派熟习开放之人运往前线。他又叮嘱岑毓英:"或以之暗助刘永福,俾有所凭藉,不致为所摇撼,则越南安而滇、粤边境亦安矣!"(同上书,第790页)

光绪九年十一月十二日(1883年12月11日),法军六千人、战舰十二艘,携大炮二百门,在孤拔率领下,从河内西上,决定以武力侵占红河三角洲。十五日(12月14日),进攻战略要地山西(这里驻有清军两千五百人、黑旗军两千人、越南军队两千人),中法战争就此爆发。负责指挥山西军事的云南巡抚唐炯(字鄂生,贵州遵义人)在法军尚未开始进攻前,就令驻防的滇军撤退,自己也跑回云南,只有刘永福率领的黑旗军孤军奋战,激战两昼夜,山西失守。此战法军亦损失不小,无力继续进攻,前线沉寂了三个月之久,光绪十年(1884)初,法军增援部队陆续抵达越北战场,法国政府调孤拔指挥海军,改派米乐(Genral Millot,亦译眉胪)为侵略军总司令,经调整部署后,于二月十一日(3月8日)以一万二千人的兵力,由河内沿东北方向北宁进攻。这里驻有清军五十多营,约两万五千人,由广西巡抚徐延旭(字晓山,山东临清人)督率。年近七十的徐延旭驻在离前线几百里的谅山,前线部队交由广西提督黄桂兰、道员赵沃指挥,两位前线指挥官"昏庸无识",军队漫无纪律,在敌人来攻时,一哄而散。二月十五日(3月12日),法军攻陷北宁重镇。一个星期后,另一要地太原又告失守,自请赴越南"督师"的云贵总督岑毓英撤出兴化,逃回云南。三月十七日(4月12日),法军占领兴化。

正当前线战局急剧恶化时,左宗棠因目疾严重(左眼几近失明,右眼流汁不止),被批准休假四个月,两江总督由曾国荃代理。三月十三日,曾国荃至江宁受代。前线溃败的消息传来,左宗棠甚为"愤懑",遂于四月初二日提前销假,并要求派旧部提督黄少春在湖南挑选五营驰赴镇南关外,策应王德榜(王德榜所率之军,四营驻谅山,四营驻镇南关)。此时,法国侵略者在军事上得手后,又伸出了"议和"的橄榄枝,妄图在谈判桌上进行讹诈。光绪十年(1884)三月,法国当局正式向清政府提出议和建议,李鸿章立即向清廷表示:"与其兵连祸结,日久不解,待至饷源匮绝,兵心民心摇动,或更生他变,似不若随机因应,早图收束,有裨全局矣。"清政府采纳了李鸿章的建议,命李"竭诚筹办,总期中法邦交从此益固,法越之事,由此而定"(《清光绪朝中法交涉史料》卷一三)。在这种情况下,左宗棠增兵前线的主张只能束之高阁。

三、慷慨赴闽

光绪十年三月十三日(1884年4月8日),就在左宗棠正式向接替他的署两江总督曾国荃交卸篆务的当天,京城却发生了一次晚清政局的重大变动。慈禧太后用严厉、坚决、迅速的手段,对权力核心——军机处及主管洋务、外交事务的总理各国事务衙门进行了彻底改组,以恭亲王奕䜣为首的全班人马被统统撤换,取而代之的是以醇亲王奕𫍯为核心的新班子。这就是晚清史上轰动一时的"甲申易枢"事件(1884年在农历上为"甲申"年)。

事件的导火线表面上看是国子监祭酒盛昱(字伯熙,清宗室,满洲镶白旗人)上了一道奏折,要求追究山西、北宁等地失守责任,实际上则是慈禧对奕䜣集团势力膨胀,久怀不满的结果。盛昱的奏折矛头直指军机处,认为"越事失机"的责任不仅在前线统帅,"而枢臣之蒙蔽诿卸,罪实浮于唐炯、徐延旭"(盛昱:《请将枢臣严加议处责令戴罪立功折》)。于是,慈禧在与奕𫍯密商后,三月十三日突然发布上

醇亲王奕𫍯

慈禧持折扇照

谕，以"谬执成见""因循日甚"的罪名，将奕䜣、宝鋆、李鸿藻、景廉、翁同龢在军机处、总理衙门的差使统统免去，而重新任命礼亲王世铎、户部尚书额勒和布、阎敬铭以及刑部尚书张之万为军机大臣，工部左侍郎孙毓汶、刑部右侍郎许庚身"学习入值"，并在翌日命醇亲王奕𫍽会同商办"军机处紧急要件"。新组成的军机处名义上以礼亲王世铎为首辅，实际的核心则是奕𫍽及其亲信孙毓汶。随后，总理衙门也做了调整，由御前大臣、加郡王衔奕劻（乾隆帝曾孙）主管，内阁学士周德润、军机大臣阎敬铭、刑部右侍郎许庚身均在总理衙门行走。

对于军机处、总理衙门的大换班，时人的评论是："易中枢以驽马，代芦服以柴胡"（李慈铭：《越缦堂日记》，光绪十年三月十七日）。芦服又称莱菔（即萝卜）与柴胡同是两味中药，均主治散瘀、化滞。"代芦服以柴胡"意指新班子能力平平，换班子不过是换汤不换药。实际上，"甲申易枢"确实是统治集团内部的权力争斗，并非清政府内、外政策的变更。一向以对外"强硬"相标榜的奕𫍽一旦取代了奕䜣，却处处秉承慈禧太后的旨意，对外态度发生了戏剧性变化。他不但收起了以往一意主战的腔调，反而迅速走向妥协求和。正如时任海关总税务司的英国人赫德（Hart R.）所说："七爷（指奕𫍽——引者）和他的朋友反倒是主张和平与进步的。"（对外贸易部海关总署研究室编：《中国海关与中法战争》，第149页）果然，奕𫍽主政不到十天，就积极策划了李鸿章与法国海军舰长福禄诺的谈判。这次剧烈的朝局动荡,非但未能使清廷最高当局转向抵抗法国侵略,反而是加紧了对外妥协投降的步伐。

光绪十年四月十七日(1884年5月11日),李鸿章与福禄诺在天津签订了《中法简明条约》五款,其内容主要包括:清政府承认法国对越南的保护权;驻守越南北圻的清军即行调回边界,中国不过问越、法已定及未定各约;法国不索赔款,中国允许法国在中越边界通商;法国应允与越南修约时,文字上不伤及中国威望、体面;三个月后另订详细条款。对于这个草约,赫德的亲信、美国人马士(H. B. Morse)在其书中是这样评价的:"在福禄诺所订的草约中,中国在每一点上都对法国屈服","没有打仗就承认失败,这就是李鸿章所做的"(马士:《中华帝国对外关系史》中文版第二卷,第394页)。

当草约签订之时,左宗棠正奉朝命从江宁启程北上,在途中听到签约的消息,他马上写了一份"时务说帖",再次向清廷陈述援越抗法的重要意义,认为如果对法国的侵略采取妥协政策,则中国将面临被列强豆剖瓜分的严重威胁。他说:

> 查越南南圻西贡六省沦为异域,该国精华已竭,局势岌岌不支,犹幸有北圻堪以支格。而北圻尤滇、粤屏蔽,与吾华接壤,五金之矿甚旺,法人垂涎已久,若置之不顾,法人之"得陇望蜀",势有固然。迨全越为法所据,将来生聚训练,纳税征粮,吾华何能高枕而卧?若各国从而生心,如俄人垂涎朝鲜,英人觊觎西藏,日本并琉球,葡萄牙据澳门,鹰眼四集,围向吾华,势将猾糠及米,何以待之?此固非决计议战不可也。(《全集》"札件",第577页)

左宗棠在《说帖》中,总结了以前在北越作战失利的教训,认为"滇、粤之丧师辱国,误在视事过轻,并非势力真有不逮"。他认为目前击败法国侵略者,是完全有可能的,因为法国存在着一些严重的弱点:"法人欺弱畏强,夸大喜功,实躁急而畏难。近时国内党羽纷争,政无专主,仇衅四结,实有不振之势。吾华果示以力战,必不相让,持以期年,彼必自馁。况虚悬客寄之师,劳兵数万里之外,炎地烟瘴异常,疫疠流行,死亡踵接,有此数忌,势难持久。此议和之应从缓也。"(《全集》"札件",第579页)

左宗棠还陈述了当时沿海的设防情况,认为可以一战。他说:"如虑内地海口绵长,则沿海各省设防有年,早有准备。近复奉谕旨,命吴大澂会办北洋,陈宝琛会办南洋,张佩纶会办福建,布置更为周密,诸大臣才智均足以当之";"长江提督李成谋、江南提督李朝斌、狼山镇总兵杨明海[镫],久任江海,有勇有谋,与宗棠共事一方,意见契合。增制快船,到者三艘,兵轮、炮台林立,声势已张,无虞侵犯。"左宗棠又指出,他办理沿海渔团,"数月以来,成效渐著","而海上新闻纸传播,竟称江南练得渔团二万余人,外人颇为震慴[慑]。"(《全集》"札件",第579—580页)此时,左宗棠虽已届古稀,又百病缠身,却仍雄心勃勃,自请视师,并愿立军令状,"不效,则请重治其罪,以谢天下"(《全集》"札件",第578页)。其爱国热忱令人感动!

　　光绪十年五月二十日(1884年6月13日),左宗棠到达北京,仍入值军机处。上谕还称:"该大学士卓著勋绩,年逾七旬,著加恩毋庸常川入值。遇有紧要事件,预备咨询,并著管理神机营事务。"重任军机大臣的左宗棠坚决反对屈辱求和,他于五月二十九日(6月22日)拜访主战的工部尚书翁同龢(因受奕䜣之累,刚罢军机大臣),长谈时,"力主战,以为王德榜、李成谋、杨明镫足了此也"(翁同龢:《翁文恭公日记》,光绪十年五月二十九日)。第二天,即发生了"观音桥事件"(又称"北黎事件"):闰五月初一日(6月23日)下午,法军上校杜森尼率七百余人进抵谅山观音桥,要强行"接防"清军驻地,驻防清军因未接撤退命令而拒绝,法军遂发动进攻,清军被迫自卫还击,将其击退。翌日,再次进攻,又遭失败,法军伤亡近百人,被迫后撤。法军挑衅失败后,法国政府反诬中国破坏了《中法简明条约》,立即照会清廷,除要求立即撤兵外,又索赔军费二点五亿法郎(约合白银三百八十万两)。同时命海军中将孤拔率舰队北上,欲抢占中国一两个港口,作为所谓的"担保"。此时,清政府仍幻想保持和局,希望能通过谈判解决"观音桥事件"。而左宗棠已看出战争必不可免,他于闰五月初七日(6月29日)上《滇粤边防紧要请敕黄少春速成军前往折》,在分析了法军动向后,指出:"是法人请和之不足信,而缓军之伎俩毕露矣!且自天津和议条款一出,天下臣民莫不共愤而痛憾狡虏之欺侮朝廷也。兹又衅自彼开,法人虽狡,无可置辩。惟有请旨敕下滇、粤督抚臣严饬防军稳扎稳打,痛予剿办。"(《全集》"奏稿"八,第495页)并重申前请,拟派前浙江提督黄少春选募数营驰赴广西镇南关外御敌。

六月初七日(7月28日),两江总督曾国荃奉命与法国新任驻华公使巴德诺(J. Patenôtre)在上海谈判。巴德诺坚持以赔款二亿五千万法郎为先决条件,清廷则不允偿款,且慈禧太后意甚坚决,谈判出现僵局。六月十五日(8月5日),中法战端再起,法国战舰五艘炮轰基隆炮台,并登陆直扑清军营地,督办台湾军务刘铭传(字省三,安徽合肥人)挥军大败之。六月二十二日(8月12日)午刻,奉慈禧太后之命,御前大臣、军机大臣、总署大臣、大学士、六部、九卿、翰詹科道、日讲起居注官等齐集内阁大堂(政事堂),会议和战事宜。"醇邸(指醇亲王奕譞——引者)言当战,词色甚壮"(翁同龢:《翁同龢日记》,光绪十年六月二十二日),左宗棠则起而疾呼:"中国不能永远屈服于洋人,与其赔款,不如拿赔款作战费。"据说,慈禧含泪同意了左的意见。(转引自窦宗一:《李鸿章年(日)谱》,第163—164页)

六月二十九日(8月19日),法国驻华代理公使谢满禄(M. de Semallé)借口"基隆事件"向清政府提出最后通牒,索要八千万法郎,如不允,则任孤拔"尽力行事",并限两日内答复。七月初一日(8月21日),谢满禄下旗离开北京,以示决裂。同日,法国外交部要求中国驻法署使李凤苞离开法境,战事一触即发。初三日(8月23日),法国远东舰队司令孤拔中将率军舰九艘、水雷艇两艘,突然袭击停泊在马尾港的中国军舰,使福建海军毁于一旦,马尾造船厂也遭到严重破坏。三天后,即七月初六日(8月26日),清廷明发上谕,正式对法宣战。上谕称:

> 法国专行诡计,反复无常,先启衅端,若再曲予含容,何以伸公论而顺人心?用特揭其无理情节,布告天下,俾晓然于法人有意废约,衅自彼开。各路统兵大臣暨各该督抚,整军经武,备御有年,沿海各口如有法国兵轮驶入者,即督率防军合力攻击,悉数驱除!其陆路各军应行进兵之处,亦即迅速前进。刘永福本系中国之人,著以提督记名简放,并赏戴花翎,统率所部,将法人侵占越南各地,迅图恢复。凡我将士奋勇立功者,破格施恩,并特颁内帑奖赏;退缩贻误者,立即军前正法!(《清德宗实录》卷一八九,戊申)

就在战局已成,抵抗声浪骤涨的形势下,有人竟以所谓"失仪"为借口弹劾极力主战的左宗棠,这近乎无理取闹。七月初三日,也就是马尾遭到袭击的当天,礼部尚书延煦(字树南,宗室,正蓝旗人)竟上折参奏左宗棠于万寿节(六月二十六日为光绪帝生日)行礼时"并不随班叩拜",结果吏部议以罚俸一年。这一打击主战派的行动显然与朝廷正式宣战的举措不协调,所以在颁发对法宣战上谕的同时,醇亲王奕譞奏劾延煦,说"其饰词倾轧,实属荒谬","乃藉端訾毁,竟没其(指左宗棠——引者)数十年战阵勋劳,并诋其不由进士出身,甚至斥为蔑礼不臣。肆口妄陈,任意颠倒,此风一开,流弊滋大"(朱寿朋编:《光绪朝东华录》,光绪十年七月己酉)。慈禧太后批示:"延煦著交部议处",结果延煦受到革职留任的处分,这也是清廷宣示对法强硬的一种姿态。十四日(9月3日),又明发上谕,对力主和议、允诺赔款的总理衙门诸大臣予以惩罚,解除周家楣、吴廷芬、昆冈、周德润、张荫桓、陈兰彬等的职务,并称:"现在战局已成,倘再有以赔偿等词进者,即交刑部治罪。"

七月十五日(9月4日)傍晚,左宗棠怀着急切的心情去找"会同商办军机处要政"的醇亲王奕譞,要求统兵出征。后来奕譞记述会见时的情形说:"左相向晦来谈,仍是'伏波'据案之慨,其志甚坚,其行甚急。已嘱其少安毋躁,十八日代为请旨,始去。"(中国史学会:《中法战争》第五册,第52页)奕譞颇为左宗棠的老骥伏枥、以死报国的精神所感动,赞之为"伏波据案(应为鞍——引者)之慨"。"伏波"指东汉初年名将马援(前14—49)。马援字文渊,拜伏波将军,曾主动要求出击匈奴、乌桓,并说:"男儿要当死于边野,以马革裹尸还葬耳!"他六十二岁时仍请求出征武陵,皇帝因他年事已高未允。马援说:"臣尚能披甲上马",遂据鞍顾盼,以示可用。皇帝笑道:"矍铄哉!是翁也。"终命其率兵出征。奕譞以马援比喻左宗棠,应不为过。

奕譞没有食言,七月十八日,左宗棠被任命为"钦差大臣、督办福建军务"。左宗棠终遂其愿,以七十三岁的高龄和多病的身躯,奔赴前线,担负起抗击法国侵略者的重任。七月二十五日(9月14日),即他启程南下的前一天,特地向翁同龢辞行,翁在当天的日记中记道:"其言衷于理,而气特壮。"当时的《申报》也曾这样报道说:"左侯相以闽事吃紧,慷慨请

行,所谓一息尚存,此志不容少懈,方之古名臣,曾不多让!"(《申报》,1884年10月19日)

八月十三日(10月1日),法国舰队攻陷台湾北部重要港口基隆,宣布封锁台湾海峡,东南沿海局势相当严重。八月二十六日(10月14日),左宗棠赶到江宁(南京),调旧部五千人从征。同时立即写信给驻扎在中越边境的王德榜,告诫他:"此次奏派援越,任事不及从前,切勿有初鲜终,负我期望。现在朝命主战,务要尽心竭力,有机即图,不可畏难,不可轻率。倘真不如从前出力,贻举者羞,不待他人列参,我先劾之。"(胡传钊:《盾墨留芬》卷八)九月十三日,左宗棠由江宁取道江西入闽,清廷指示他:"在闽境驻扎,毋庸身临前敌"(光绪十年九月初九日"上谕"),但他并未遵旨逗留,而是于十月二十七日(12月14日)进驻福州。时值马尾新败,福州城内人心惶惶,左宗棠到达后,迅速安定了人心。有目击者回忆说:"当其入城时,凛凛威风,前面但见旗帜飘扬,上大书'恪靖侯左',中间则队伍排列两行,个个肩荷洋枪,步伐整齐。"又说:"榕垣(福州又称榕城——引者)当风声鹤唳之秋,经此一番恐怖,一见宫保,无异天神降临。"(采樵山人:《中法马江战役之回忆》)当时在钦差大臣行馆的大厅贴有一副楹联也表达了福建百姓对左宗棠的敬仰之情:"数千里荡节复临,水复山重,半壁东南资保障;亿万姓轺车争拥,风清霜肃,十闽上下仰声威。"(《申报》1884年12月19日)随后,左宗棠即开始布置防务,组织渔团,派兵援台。

左宗棠到福州不久,先后办理了两起有关战局的事件,即就基隆失守和马尾战败的两位责任人,分别向朝廷提出自己的处理建议。

八月十三日(10月1日),法军战舰十艘进攻基隆,十四日另四艘军舰进攻沪尾(今淡水)。淮军将领、督办台湾军务刘铭传为援沪尾,决定从基隆撤军,遂使法军在基隆登陆,占领了港口沿岸第一线山地。八月二十日(10月8日),法军在淡水登陆,守军孙开华部奋起迎击,并得到当地猎户组成之民团的支持,挫败了来犯之敌,使其损失惨重。左宗棠对弃守基隆非常不满,在他进驻福州两天后,立即向清廷上《行抵闽省详察台湾情形妥筹赴援折》,称驻沪尾刘军营务处知府李彤恩"是夕三次飞书告急,坚称法人明日来攻,沪尾兵单将弱,万不可靠。刘铭传为其所动,遽拔

刘铭传像

大队往援,而基隆遂不可复问","刘铭传始则为李彤恩所误,继又坐守台北,不图进取,皆机宜之坐失者也。""臣思刘铭传之懦怯株守,或一时任用非人,运筹未协所致。李彤恩不审敌情,虚词摇惑,基隆久陷,厥惟罪魁。拟请旨将知府李彤恩即行革职,递解回籍,不准逗留台湾,以肃军政。"(《全集》"奏稿"八,第526—527页)

对于基隆弃守问题,当时就评论各异,众说纷纭,很多评论都涉及到湘、淮两系的矛盾上。李鸿章说:"楚党忌怨颇深,省(指刘铭传——引者)初至台,即奏劾刘璈,彼衔恨。因基隆之退,到处谣诼。"(《李鸿章全集》第二十一册,第406页)刘铭传在一份奏折中也说:"楚、淮构讼结仇,固自刘璈兴之,实由孙开华成之。"(中国史学会:《中法战争》第五册,第565页)时任詹事府左庶子的锡钧在九月十三日(10月31日)的一份奏折中更把湘、淮矛盾说得更加直白:"将帅不和,兵家大忌。现在统兵大臣各分门户:左宗棠与李鸿章不和,刘铭传与李鸿章相善,刘璈与左宗棠相善,则刘铭传与刘璈亦不和,台湾将帅若此。"(中国史学会:《中法战争》第六册,第46页)

孙开华字庚堂,湖南慈利人,原为鲍超部"霆军"将领,授漳州镇总兵,署福建陆路提督,光绪九年率部赴台湾,在沪尾设防。刘璈字兰洲,湖南岳阳人。左宗棠督办新疆军务时,曾入其幕府。中法战争期间,任台湾兵备道,驻守台南。连横的《台湾通史》说他"勇于任事,不避艰巨"。在刘铭传抵台之前,由刘璈主持全台防务。当时台湾有防军四十营,近两万人,北路九营驻新竹、台北、宜兰,其余各营分布于中路(驻彰化、嘉义)、后路(驻台东)、南路(驻台南、恒春)和前路(驻澎湖)。刘铭传到台湾后,在粮饷分配问题上与刘璈闹得很僵,左宗棠对于两刘分歧听信刘璈的一面之词也在情理之中。"兼听则明,偏信则暗",由于有先入为主的观念,左宗棠对两刘之争很难保持公正、平和,对李彤恩和刘铭传的弹劾也有失实之处。李彤恩在中法战争中招募"土勇",筹募军饷,并在沪尾之战中积极抗敌,颇有劳绩;刘铭传对保卫台湾和建设台湾更做出了突出贡献,但他们弃守基隆毕竟是个重大失误,左宗棠说他们"坐失机宜""不审敌情"并非没有根据。

关于弃守基隆,刘铭传的解释是:沪尾离台北府城只有三十里,沪尾失守,则台北不保,根本动摇,"倘根本一失,前军不战自溃,必至全局瓦解,莫可挽回。不得不先其所急,移师后路,藉保府城"(《刘壮肃公奏议》卷三)。

其实,刘铭传的决策存在两个方面的问题。首先是战略判断失误,当时法国的战略方针是坚决执行其"担保战略":在中国沿海占领一两个港口作为"担保品",以便向清政府勒索巨额的军事赔偿,即所谓"据一大口岸为质"。基隆就是他们选中的"担保品",基隆失守标志着法国人已基本实现了他们的战略目标(实际上法国人占据基隆达九个月,至和约签订后才撤军),这也就是左宗棠批评刘铭传"机宜之坐失者也"的证据。其次,从具体战役看,法军虽分兵两路进攻,但主要兵力布置在基隆方面,沪尾方向不过是策应而已。当时沪尾清军计有六营之多(去掉缺额,总兵力至少也有两千余人),而进攻的法军只有军舰四艘,可供登陆作战的兵力不过二三百人,加上沪尾海口被清军用大石填塞,且布有水雷,法军登陆困难重重。即使没有援军,防御部队也足以抗击侵略者。事实证明,刘铭传对主要作战方向的判断是有误的。

对于马尾之役的惨败,会办福建海疆事宜大臣张佩纶(字幼樵,直隶丰润人)、船政大臣何如璋(字子峨,广东大埔人)、闽浙总督何璟(字小宋,广东香山人)负有直接责任。但马江战后,张佩纶在奏折中文过饰非,隐瞒真相,为自己开脱罪责,引起公愤,也遭到福建籍京官的弹劾。为此,清廷命左宗棠及新任闽浙总督杨昌濬就近查办。左宗棠、杨昌濬经过调查后,于十二月二十七日(1885年2月11日)上《查复马江失守被参偾事各员情形折》,认为张佩纶"调度失宜","备战不早",但又称张佩纶"不避艰险""心尚可悯",为其辩护;又说何如璋"仓皇出走,尚能设法将厂存银两押运入城,情尚可原。既经革职,可否邀恩免议"(《全集》"奏稿"

八,第545页)。由于张佩纶曾为"清流派"的健将,对外反对妥协投降,加之在福建前线处处受到朝廷主和论调的牵制,左宗棠对他还是有些同情的,因此在失机处理上,力求为其减轻责任。但清廷迫于舆论,还是决定拿张佩纶等当替罪羊,予以重谴。因而左宗棠、杨昌濬的奏折受到朝廷"申饬","上谕"称其"意存袒护,曲为开脱"。

为加强福州地区的防务,左宗棠采取的首要措施是封锁闽江口。闽江口有一大岛名琅崎岛,岛上的金牌和北岸陆地的长门是入口要隘,左宗棠即派福建按察使、署船政大臣裴荫森(字樾岑,江苏阜宁人)及道员刘倬云等星夜督工,在这里"竖立铁桩,横以铁缆,没入水中,安设机器,随时捩转起落",以便清军船只出入,而"敌船至,则起缆以阻之"。又在"距省城三十里之林浦、魁岐及闽安右路出海之梅花江,概经垒石填塞,仅容小舟来往。以上各处均筑炮台,安放炮位,派兵驻守,以资捍卫而遏敌冲"。左宗棠还与闽浙总督杨昌濬、福州将军穆图善会商,"将海口水道标识立即撤去,并督饬水雷教习将各雷火药装齐,沿港遍布。"(以上《全集》"奏稿"八,第530页、第549页)又迅速修复长门、金牌各炮台大炮,并从沉没于马江的"建胜"号炮舰上卸下十八吨重大炮,加以安配。并"督同各将弁昼夜巡守";同时,左宗棠还组织修复了被法舰击毁的闽安南北岸各炮台。十二月二十六日、二十七日(1885年2月10日、11日),左宗棠与杨昌濬先后由福州出发,到南台、林浦、马江(位于南台、林浦、鼓山之南,为三江交汇)闽安南北岸巡视。二十八日,至闽江口,校阅长门、金牌防军,"各营将士均站队试枪,军容甚肃,各炮台可放之炮亦皆演放数过。"(《全集》"奏稿"八,第550页)经过这一番整顿,福州前线防务大大地加强了。

当时,最让左宗棠焦灼的是援台问题。闽、台隔海相望,却"无船飞渡",以抗击敌军。左宗棠对台湾防务,一向十分重视,早在同治二年任闽浙总督时,他就指出了台湾地理位置的重要性:"其台湾一郡,为闽省外郭,譬犹锁钥,台郡为锁,澎湖、厦门为钥。"(《全集》"奏稿"一,第235页)后来,他又在同治五年九月初八日(1866年10月16日)的奏片中说:"台湾,海疆门户,远隔重洋,为全省安危所系。"(《全集》"奏稿"三,第130页)十月初五日(11月11日)的奏折再强调台湾的"吏事、兵事应早为筹画者",并进而分析说:"况近自洋人入驻要口以来,游历内山,习知形势。

设我弃而人取之,尤于事体非宜。"(《全集》"奏稿"三,第146页、第148页)

果然,中法战争中,由于福建海军一战覆没,法国远东舰队严密封锁了台湾海峡。孤拔于光绪十年九月初五日(1884年10月23日)正式发布命令,对台湾沿岸自鹅銮鼻至苏澳之间,由西向北之全部港口及停泊地实行封锁,宣称要"对任何企图违反上述封锁之船只皆将按国际公法及有效条约采取行动"(转引自《福建文博》1985年第一期)。当时,北洋海军拒不南下,南洋海军"遇敌不前",接洽雇用德船运兵也遭拒绝。左宗棠迫不得已,只得在没有轮船运送,没有海军护航的困难条件下,派道员王诗正(王鑫之子)率"恪靖亲军"三营从泉州府蚶江(面临泉州湾)一带乘坐渔船,扮作渔人,冒险黑夜偷渡。十二月底,王诗正率军分批渡过台湾海峡,抵达台南。此外,左宗棠又派行营总理营务处、道员陈鸣志赴台"妥筹恢复基隆之策"。(《全集》"奏稿"八,第530—531页)战事结束后,左宗棠复上《台防紧要请移福建巡抚驻台镇慑折》,再次强调台湾在国防上的重要意义。认为,台湾"孤注大洋,为七省门户,关系全局,甚非浅鲜","非有重臣以专驻之,则办理必有棘手之处。据臣愚见,惟有如袁保恒所请

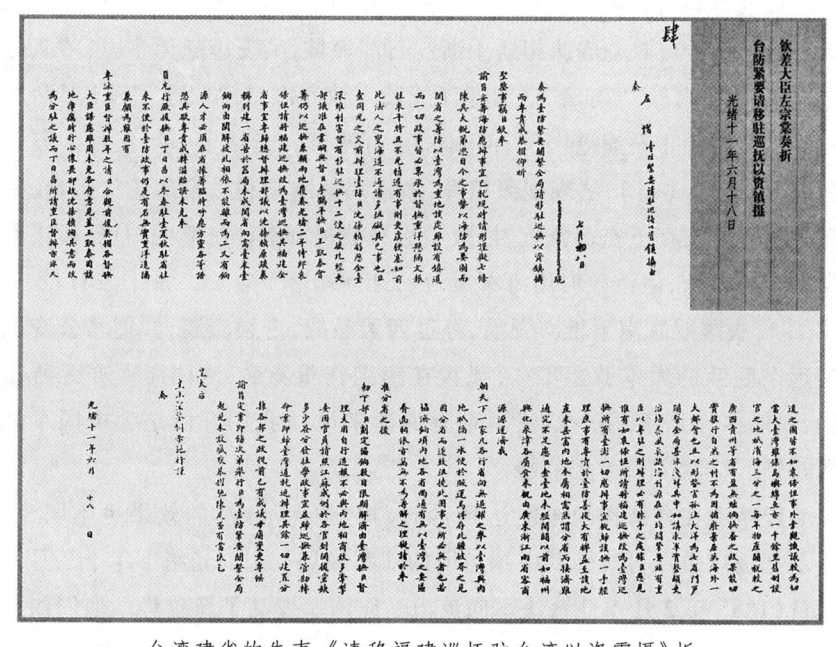

台湾建省的先声:《请移福建巡抚驻台湾以资震慑》折

（侍郎袁保恒于光绪二年奏称改福建巡抚为台湾巡抚,常川驻守,经理全台——引者）将福建巡抚改为台湾巡抚,所有台湾一切应办事宜,概归该抚一手经理,庶事有专责,于台防善后大有裨益。"(《全集》"奏稿"八,第597页)这实际上成了台湾建省的先声。

左宗棠还派出得力人员分赴福州、福宁、兴化、泉州四府各海口,会同地方官和当地士绅筹办渔团,"择渔户中骁勇善水者作为团长,勤以步伐,犒以资财,动以功名,憪以利害"(《全集》"奏稿"八,第533页)。

四、遗恨生平

当台湾军情紧急时,清政府曾指示南洋和北洋水师联手援台。但北洋大臣李鸿章、南洋大臣曾国荃都借故拖延,直到光绪十年十二月初三日(1885年1月18日),南洋水师才由总兵吴安康率巡洋舰"开济"号、"南琛"号、"南瑞"号及"驭远""澄庆"两艘炮舰从上海出发南下;而北洋水师却因日本在朝鲜挑衅,未能出动。

孤拔得知清舰南下消息后,即率军舰七艘北上拦击。十二月二十八日(2月12日),双方舰队相遇于浙江石浦海域,吴安康毫无斗志,率队逃跑,"开济""南琛""南瑞"三艘巡洋舰驶入镇海海口,"驭远""澄庆"两艘弱舰则被封锁于石浦港(三门湾)内,自行凿沉。光绪十一年正月十五日(1885年3月1日),法舰炮轰镇海,浙江提督欧阳利见率部凭借炮台,并在港内军舰支援下奋起抵抗,挫败了法军欲击沉南洋三舰的图谋,孤拔亦在是役中负伤,但清政府用海军援台的计划却落了空。二月十二日(3月28日),法国舰队南下抵澎湖港,经过四天激战,占领澎湖,并把马公变成其远东舰队的大本营。不久,孤拔在澎湖伤重毙命,法国海军亦无所作为,只能株守基隆,用一位法国军官的话来说:"我们好像是为中国军队所封锁。"(罗亚尔:《中法海战》)

侵略者在台湾作战未能达到目的,其"担保战略"的效果也不明显,于是把进攻重点再次转到中越边境的陆路战场上来。光绪十年十二月二十日(1885年2月4日),法军向谅山一线清军发动了新攻势。他们纠集河内、北宁、海阳的兵力约一万人,倾巢出动,意图夺取谅山,直逼中国西南门户,以迫使清政府屈服。当时,清军在谅山、镇南关一带的驻军共有五十余营约两万余人。兵力不可谓不厚,但前敌主帅、广西巡抚潘鼎新(字琴轩,安徽庐江人)却畏葸不前,调度无方。统带"恪靖定边军"的王德榜向他请示机宜,潘鼎新竟然回答说:"战亦违旨,退亦违旨,已电请总署示遵"(胡传钊:《盾墨留芬》卷一),使前敌将士,无所适从。王德榜又请示说,"如真敌来,欲陈兵迎战",潘鼎新复示不允。在这样的前敌主帅指挥下,清军安能不败!十二月二十八日(2月12日)夜,潘鼎新逃入镇南关,驻扎广西龙州,拱手让出谅山。前线清军群龙无首,溃不成军。法军在占领谅山、文渊后,于光绪十一年正月初九日(1885年2月23日)直抵镇南关,其侦察骑兵深入关内十余里,难民蔽江而下,广西全省大震。

其时,桂军苏元春部暂退入关,楚军王德榜部尚驻守在镇南关外三十里之油隘。而年已七十岁的老将冯子材(字南干,号萃亭,广东钦州人)已于正月十一日(2月25日)受命帮办广西军务,率所部"萃军"十八营进驻广西凭祥。他收集溃勇,团结众将,严肃军纪,安定民心,并被各军公推为前敌主帅。

二月初七日(3月23日),法军分三路猛攻镇南关,被击退。翌日,再攻,冯子材会同王德榜予以反击。初九日,冯子材下令各军反击,法军全线溃退,清军一举歼敌近千人,并乘势于十三日(3月29日)收复文渊和谅山,法军统帅尼格理(de Négrier)将军受重伤,清军取得了震惊中外的镇南关—谅山大捷。一位法军指挥官惊呼道:"我从没有想到中国军队有这么坚强的组织,打得这么好。"(中国史学会:《中法战争》第三册,第503页)

冯子材

时任两广总督的张之洞在评论这次战役时说:"法二次犯关,非有生力大军,难遽言战;非冯子材创筑长墙,与王孝祺合军死守,则诸军无所依倚","非王德榜截其后路,断其军火,关内外夹攻,则(法军)亦不能如此大溃。"(张之洞:《广军会合各军保关克谅撤兵回界折》)左宗棠派出的"恪靖定边军"在王德榜率领下截断了法军退路,牵制了敌人的大批预备队,并"夺其军火、饷银、驮马无数"(无名氏:《克复谅山大略》)。法军腹背受敌,终于全线崩溃。左宗棠一年多前组建的"恪靖定边军",在中法战争关键性时刻发挥了不可替代的作用。

张之洞

几乎与"镇南关—谅山大捷"的同时,二月初八日(3月24日),刘永福率黑旗军也在临洮取得大捷,并粉碎了法军围攻。东线清军大胜之后,继续向郎甲、船头挺进;西线黑旗军则乘势收复广威府、黄冈屯、鹤江、老社等地。法军两路受挫,惊慌失措,士气低落,且弹药耗尽,后勤补给一团乱麻,战场敌我形势全面改观。越北前线法军惨败的消息于二月十二日、十三日(3月28日、29日)传到巴黎,引起了极大震动,当地报纸评论说:此次失败堪比1815年拿破仑滑铁卢之败。十五日(31日),茹费里内阁被迫下台。

值此前线清军、黑旗军大胜之际,由海关总税务司赫德(英国人)操纵的巴黎秘密谈判也接近尾声。当时,一意求和的清政府委托赫德与法国商谈"议和"条件。光绪十年十一月二十五日(1885年1月10日),赫德的亲信金登干(中国海关驻伦敦办事处负责人,英国人)抵达巴黎,以中国特派专员身份与法国外交部政务司长毕乐(A. Billot)举行秘密谈判。镇南关—谅山大捷的消息传来,赫德唯恐战场形势的变化会影响他操控的谈判结果,遂于二月十八日(4月3日)警告法国即将上台的百礼霜(Brisson)内阁:"一个星期的迁延就会使协定发生危险,因为北京的主战派可能占到上风。"(鲍威尔:《茹费里与法兰西帝国的复兴》,第189页)法国人当然明白形势于己不利,第二天(二月十九日),双方即草签了停战协定,内容是:中国批准《中法简明条款》;双方立即停战;中国从越南撤兵;

法国撤除对台湾的封锁;法国派员至天津(或北京)商定条约细目。两天后,法国新内阁成立。

清政府的停战命令传达到前线时,广大爱国将士无不义愤填膺。冯子材致电张之洞,要求他"上折诛议和之人"(《张文襄公全集》"电牍"卷一二四,第25页),王德榜则说:"破虏可期,忽奉电传谕旨停战","举军拔剑斫地,恨恨连声。"(胡传钊:《盾墨留芬》卷八)彭玉麟、张之洞等皆抗疏力争。左宗棠得知撤军消息后,深感失望,极为愤懑,立即于三月初四日(4月18日)上《密陈要盟宜慎防兵难撤折》,奏折说:

> 自去秋至冬,沿海、沿边各省惨淡经营,稍为周密。今忽隐忍出此,日后办理洋务必有承弊者。……法人利在缓战而不在言和,其突然请和者,大抵越南夏令将交,瘟疫流行,军无斗志;尼格里丧师于外,斐礼(即茹费里——引者)避位于内,新旧更替,议论纷歧,增饷征兵,动需时日……我若概从所请,则失地未还,防兵先撤,万一该夷狡焉思逞,而事机已失,言战则要害已为所乘,言和则口舌未能有济,悔无及矣!……臣窃谓沿海重兵不可因目前请和,遽议裁撤。……此边军之不可遽散,所宜防之于后者也。(《全集》"奏稿"八,第567页)

当时全国舆论和多数中下级官员,抗法情绪高涨,纷纷反对妥协求和。主战派都把希望寄托在左宗棠身上,两广总督张之洞打电报给左宗棠说:"公有回天之力,幸速图之。"(转引自中国史学会:《中法战争》第四册,第504页)但慈禧太后一意主和,听不进不同意见,在这位最高决策人面前,左宗棠实在"回天"无力。慈禧太后是整个和谈清方的最终拍板者,正如赫德给金登干的电报中所说:"在这次谈判中,每一项提议都是事先经过太后亲自主持、考虑和批准,她很勇决,力排反对之议,主张和平,这是值得特别考虑的。""太后不仅主张和平,且在谅山胜利、群议主战之时,仍愿忠实履行谈判已取得的协议。"(对外贸易部海关总署研究室编:《帝国主义与中国海关》第四编,第130页)

三月初六日(4月20日),清廷命大学士、直隶总督李鸿章为全权大臣,与法使在天津详议条约事宜。刚刚签署完中日《天津条约》的李鸿章,马不停蹄地与法使巴德诺会谈,并于四月二十七日(6月9日)在天津签订了《中法新约》(又称《会订越南条款》),共十条,主要内容包括三个方面:第一,清政府承认法国对越南的"保护权"。此后中国"不派兵前赴北圻",法、越之间签订的条约、章程,中国不再与闻。第二,法国取得了在我国西南通商的权利,通商口岸指定两处,"一处在保胜以上,一处在谅山以北"的中国边境地区,并减轻法国货物进出滇、桂两省的税率。第三,法国开始在中国取得铁路修筑权。清廷以军事上的胜利换取了一个不平等条约的签订,这在世界外交史上也是一件奇闻!对此,左宗棠犹如接到一个晴天霹雳的打击,"肝疾牵动,愤郁焦烦",身体再也支撑不住,病情日益严重,六月初九日夜,竟一度昏死,生命已处垂危之中。

就在左宗棠的生命倒计时之际,他仍关注着国家的海防安全。六月十八日(7月29日),左宗棠向清廷呈《复陈海防应办事宜请专设海防全政大臣折》(《全集》"奏稿"八,第591—596页),提出了全盘规划,统一领导,以加强海防建设的七条意见:(一)"师船宜备造";(二)"营制宜参酌";(三)"巡守操练宜定例";(四)"各局宜合并";(五)"经费宜通筹";(六)"铁路宜仿造";(七)"士气宜培养"。在奏折中,左宗棠总结了中法战争中各省督抚各自为政,互不支援的教训,建议清廷设立"海防全政大臣"(或名"海部大臣"),"驻扎长江,南控闽、越,北卫畿辅";"另择副臣,居则赞襄庶务,出则留守督工,权有专属,责无旁贷。"南、北洋兵轮各自成军,共设十大军,"归海防大臣统辖,每军设统领一员,秩比提督。""各疆臣只节制守口陆军,非军务万紧,不得调遣海军兵船。"海防全政大臣还节制船、炮、矿、厂、军火,以统一事权。这是左宗棠临终前设计的一幅海防蓝图。

七月二十七日(9月5日),左宗棠病死于福州。讣闻传出后,"城中巷哭失声。丧归之日,江、浙、关、陇士民闻之,皆奔走悼痛,如失所亲。"(罗正钧:《左宗棠年谱》,第404页)左宗棠在临终时口授的"遗折"中,这样表述了自己的未酬壮志:

> 此次越南和战,实中国强弱一大关键,臣督师南下,迄未大伸挞伐,张我国威,遗恨生平,不能瞑目。(《全集》"奏稿"八,第604页)

这铿锵、悲壮的遗言,强烈地向世人展现出了左宗棠的爱国主义情怀!

结束语 后世流芳

左宗棠去世后,其灵柩于光绪十二年(1886)由福州运回湖南长沙司马桥故居,当年十一月,葬于长沙八都杨梅河柏竹塘(今长沙跳马区柏竹村)。清廷追赠太傅("太傅"为文官正一品的荣誉加衔,或死后追赠),照大学士例赐恤,赏银三千两治丧,谥文襄。

光绪十一年八月十九日(1885年9月27日),清廷发布"上谕"以示哀悼,"上谕"称,左宗棠"学问优长,经济闳远,秉性廉正,莅事忠诚"。特别赞扬他收复新疆的功绩:"督师出关,肃清边圉,底定回疆,厥功尤伟。"又称赞他"尽心民事,裨益地方,扬历中外,恪矢公忠,洵能终始如一"。(《全集》"附册",第702—703页)京师还举行有九十八名官员参加的公祭;陕西、河南同乡官员、江宁绅士也纷纷举行公祭。前琉球国大臣向德宏更发表了一篇情词恳切的悼文,悼文回顾了琉球(今冲绳)惨遭日本吞并的横祸:"敝国僻处海外,虔事天朝,长荷骈幪,不遗么麽,盖托庇于宇下者有年矣。何图势成孤注,变起仓皇。强邻逞其虎狼之暴,掠执我君主,蹂躏我黎庶,溺我社稷,污我井灶,系累我旄倪,侵掠我货宝,使我父老子弟重足累迹,愤毒填膺,逡巡听命。卧薪尝胆,此其时也。"悼文还述及左宗棠督师福建时对琉球王国的支持,以及听到左氏去世后的哀悼、失落之情:"尔时文襄公哀其窘色,动义愤而忤雄心,先将禀词汇咨总理衙门核办,蒙批不忍置琉球于度外,允法局定后尽情陈奏,悉力斡旋。敝国父老子弟一闻此言,皆以手加额,如大旱之望云霓。孰知法局略定,公竟鞠躬尽瘁,骑箕逝矣!呜呼!敝国之不幸,至于此极耶!"(《全集》"附册",第776—777页)显然,流落中国的琉球遗民,确实曾把复国的希望寄托在左宗棠身上。

左宗棠一生正气凛然,为后世景仰。他主政陕甘,曾亲笔书写"天地

正气"四个大字,当地官员将此四字刻成石碑,以传后世。光绪十一年(1885)底,陕西三原名士贺瑞麟为刻石题跋云:

> 公之勋业若在天壤,书法亦高抗古人,无俟予言。窃谓天地之正气人皆有之,惟君子为能直养无害,全刚大而配道义,使正气常塞乎两间,故阴不得侵阳,邪不得干正,小人不得加君子,外夷不得凌中国。公之生乎盖天地之正气发泄流露。兹幅心画亦见一端,俾览者触目森然,各知正气之在我,而不可有一毫自卑自污之私,即于世道人心不无裨补。(西安碑林《天地正气》碑跋)

二十世纪三四十年代,适值日寇大举入侵,中华民族陷于深深的灾难之中,"锋颖凛凛向敌"的左宗棠更让国人刮目相看,学术界争相研究左宗棠,为的是激励全国人民抵抗日本侵略者的斗志,也让先贤不致遗恨于九泉。当时的新疆是中国抗日战争在西北的大后方,1943年至1944年任新疆监察使兼西北考察团团长的罗家伦(1898—1969)曾作歌词一首(后由赵元任谱曲),赞美祖国西陲的这片大好山河,歌词云:

> 左公柳拂玉门晓,塞上春光好,
> 天山融雪灌田畴,大漠飞沙旋落照。
>
> 沙中水草堆,好似仙人岛。
> 过瓜田,碧玉葱葱;
> 望马群,白浪滔滔,
> 想乘槎张骞,定远班超,汉唐先烈经营早。
>
> 当年是匈奴右臂,将来便是欧亚孔道。

"天地正气"碑文

经营趁早,经营趁早,

莫让碧眼儿射西域盘雕。

　　这首词不仅赞美了新疆的景物,也警示了开发新疆、经营西北的重要性和紧迫性。且开篇即以物喻人,用对"左公柳"的颂扬表示了对当年收复新疆的功臣——左宗棠寄予了深深的崇敬和怀念之情。

　　新中国建立后,上世纪五六十年代,历史学界对左宗棠的评价,因他镇压农民起义是完全否定和基本否定的,"十年动乱"期间"极左"思潮登峰造极,连左氏坟墓都遭到破坏,遗骨亦被弃置。不过这种是非颠倒、人妖不辨的现象,在历史长河中不过一瞬间而已。七十年代末、八十年代初,随着整个国家的拨乱反正,学术界也摆脱"左"的思想羁绊,重新评价左宗棠,充分肯定这位历史人物是中国近代一位杰出的爱国者。八十年代初,时为国家领导人之一的王震将军公开表彰了左宗棠对中华民族所做出的贡献,指出:"他在后期也捍卫过中国的主权和领土,维护了国家的统一,抵抗了英国和俄国的扩张,对我们的民族、国家是有功绩的!"

　　1983年,经王震将军创议,长沙市人民政府决定拨款修复已遭破坏的左宗棠墓,修复工程于1985年5月5日开工,9月5日告竣,10月19日,遗骨入殓下葬。11月,举行了左墓修复落成及左公逝世百周年纪念仪式。同时,由湖南社会科学院等单位发起,在长沙召开了全国性的左宗棠学术讨论会。长沙市人民政府在重修墓记中说:

长沙市人民政府以公经略天山南北,巩固西陲,暮年复力排非议,督师抗法,捍卫海疆,竟劳瘁殁于军中,丰功在国,其茔墓岂可淹没!乃于一九八五年拨款重新修复。值此振兴中华、开发西北之际,公之

重修后之左宗棠墓

爱国精神与深谋远略，当更能激励后起，永垂后世者也！

  2012年是左宗棠诞辰二百周年，当时湖南省政协办公厅、湖南省委宣传部以及岳阳市委、市政府等单位联合举办规模较大的纪念活动，以缅怀这位为国家、民族做出过突出贡献的历史人物。事实证明，凡是为中华民族的独立、富强以及祖国领土、主权完整努力奋斗，并做出过贡献的人物，人民不会忘记他们，历史不会忘记他们！

附录一

左宗棠年谱简编

说明：

（一）本简编以阴历（括弧内为阳历）按时间顺序，逐条记事；内容以左宗棠活动为主线，旁及与其有关的重要史实。

（二）简编内所记左宗棠的年龄均为周岁。

清仁宗嘉庆十七年　壬申（1812）　左宗棠诞生

十月初七（11月10日），生于湖南省湘阴县左家塅，父亲左观澜年三十五岁，是一个以教读为生的下层知识分子，当时正在长沙岳麓书院读书。

嘉庆二十年　乙亥（1815）　三岁

随祖父左人锦在湘阴家中读书。

嘉庆二十一年　丙子（1816）　四岁

左观澜挈全家迁居长沙，设馆授徒，左宗棠与长兄左宗械、次兄左宗植均从父读书。

嘉庆二十二年　丁丑（1817）　五岁

始读《论语》《孟子》。

九月，祖父左人锦去世。

嘉庆二十五年　庚辰（1820）　八岁

父亲教以制艺。

七月（8月），嘉庆皇帝死，旻宁即帝位，改元道光。

道光三年　癸未（1823）　十一岁

始学书法，临摹《北海法华寺碑》帖。

二月,长兄左宗棫病故。

道光六年　丙戌(1826)　十四岁

应童子试。

次兄宗植任新化县训导。

道光七年　丁亥(1827)　十五岁

五月,应府试,列第二。因母病,未参加院试。

十月,母余氏卒。

道光九年　己丑(1829)　十七岁

好经世致用之学,熟读《皇朝经世文编》,尤好顾炎武《天下郡国利病书》、顾祖禹《读史方舆纪要》及齐召南《水道提纲》。

道光十年　庚寅(1830)　十八岁

正月,父亲左观澜病故。

十月,江宁布政使贺长龄丁母忧归,宗棠为贺赏识,许为"国士",向贺家借阅各种图书。

道光十一年　辛卯(1831)　十九岁

在长沙城南书院从贺长龄之弟贺熙龄读书,赖书院膏火以佐食。

道光十二年　壬辰(1832)　二十岁

四月,捐得监生,应本省乡试,正考官为都察院掌印给事中徐法绩,中第十八名举人。

八月,就婚湘潭周家,娶周诒端为妻,年二十。岁末,与仲兄宗植北上参加会试。

道光十三年　癸巳(1833)　二十一岁

正月,至北京。写成组诗《燕台杂感》,关注新疆形势。四月,会试放榜,落第南归。上书徐法绩,表示要讲求经世之务。回乡后,将其父遗产都给予侄儿世延,自己寄居湘潭妻家。是年,就读于湘水校经堂。

八月,长女孝瑜生。

道光十四年　甲午(1834)　二十二岁

十二月,次女孝琪生。

道光十五年　乙未(1835)　二十三岁

第二次参加会试,仅取为誊录。经湖北樊城南归。

道光十六年　丙申(1836)　二十四岁

居住湘潭辰山周家,研究地理,绘制全国分省地图。纳妾张氏。主讲醴陵渌江书院。九月,两江总督陶澍过醴陵,倾谈竟夕,与订交而别。

道光十七年　丁酉(1837)　二十五岁

八月,三女孝琳生。九月,四女孝瑸生。

冬,北上第三次参加会试。

道光十八年　戊戌(1838)　二十六岁

第三次参加会试,落第,南下至江宁,谒陶澍于两江总督衙署。

始留意农事,读农书,并作《广区田图说》,又抄录各省通志。

闻四月,鸿胪寺卿黄爵滋奏请严禁鸦片。十一月,林则徐受命为钦差大臣,赴广东禁烟。

道光十九年　己亥(1839)　二十七岁

正月,林则徐至广州。四月,于虎门销毁鸦片。

六月,陶澍病死于江宁,丧归,贺熙龄致书左宗棠,嘱其教澍子陶桄。

道光二十年　庚子(1840)　二十八岁

至安化,就馆于陶家。

五月,英舰封锁广州,鸦片战争爆发。八月,英军攻陷定海。七月,英舰驶至大沽口外。九月,林则徐被撤职,琦善任两广总督。十二月,英军攻陷大角、沙角炮台。

在陶家研读昔日海防记载。数次贻书贺熙龄,论战守机宜。

道光二十一年　辛丑(1841)　二十九岁

清军在前线屡败;左宗棠作感事诗四首,以抒愤懑。

八月,英军攻陷浙江定海、镇海、宁波,左宗棠益忧之。

道光二十二年　壬寅(1842)　三十岁

七月底,清廷与英国签订丧权辱国的《江宁条约》十三款。闻讯愤极,欲买山而隐。

道光二十四年　甲辰(1844)　三十二岁

秋九月,自湘潭前往湘阴柳家冲居住,自号"湘上农人"。

道光二十五年　乙巳(1845)　三十三岁

在陶家读时人论著甚多。

道光二十六年　丙午(1846)　三十四岁

在柳庄种茶、种树。

八月,长子孝威生。

十月,贺熙龄去世。

道光二十七年　丁未(1847)　三十五岁

四月,次子孝宽生。八月,长女孝瑜嫁安化陶桄。

道光二十八年　戊申(1848)　三十六岁

湘阴发生水灾,家人皆病。

道光二十九年　己酉(1849)　三十七岁

在长沙设馆授徒。

十一月二十一日(1850年1月3日),与林则徐会见于长沙湘江舟中,彻夜长谈。

道光三十年　庚戌(1850)　三十八岁

正月,道光皇帝死,奕𬣞继位,改元咸丰。

八月上旬,天地会起义军逼近广西桂林。九月,咸丰皇帝下旨,以林则徐为钦差大臣,从福州赴广西镇压。十月,林病死于广东普宁县行馆。

十二月十日(1851年1月11日),洪秀全等在广西桂平县金田村起义。

咸丰二年　壬子(1852)　四十岁

四月十六日(6月3日),太平军占领全州,向湖南进军。二十三日,在蓑衣渡被江忠源击败,南王冯云山中炮战死。七月二十七日(9月10日),西王萧朝贵率部抵长沙城下。

八月,左宗棠从柳庄迁往湘东白水洞以避;应新任湖南巡抚张亮基之聘,随其入长沙城。

十月,太平军从长沙撤围北上。

十一月,左筹划镇压浏阳"忠义堂"(即征义堂)起义。

咸丰三年　癸丑(1853)　四十一岁

正月,随张亮基往湖广总督衙门,二十二日(3月1日),至武昌。

二月十日(3月19日),太平军攻克江宁(今南京)。

三月,三子孝勋生。六月,与张亮基赴黄州(今湖北黄冈)。九月,张亮基调山东巡抚,左宗棠辞归,二十三日(10月25日),至湘阴。

咸丰四年　甲寅(1854)　四十二岁

二月,西征之太平军攻克岳州、湘阴,左全家避居白水洞。三月,应湖南巡抚骆秉章聘,再入幕府,并送家眷至湘潭。

六月,太平军退出岳州。

八月,湘军攻占武昌、汉阳。十一月,湘军东进,直扑九江城外。十二月,太平军在湖口击败湘军水师。

咸丰五年　乙卯(1855)　四十三岁

正月,湘军再败于九江。二月,太平军第三次克复武昌。八月,清军大败于汉口、汉阳。

左力主援江西。

咸丰六年　丙辰(1856)　四十四岁

二月,刘长佑、萧启江从湖南援江西。清廷任左宗棠为兵部郎中。

八月,太平天国发生"天京事变"。

九月,英军进攻广州,发动第二次鸦片战争。

咸丰七年　丁巳(1857)　四十五岁

全家自湘阴柳庄移居长沙司马桥。九月,四子孝同生。

十一月十五日(12月30日),英、法联军攻占广州。

咸丰八年　戊午(1858)　四十六岁

四月,英、法联军攻占大沽炮台。沙俄通过逼迫清廷签订的《瑷珲条约》,夺去黑龙江以北六十万平方公里土地。

五月,中英、中法《天津条约》签字。

九月,经骆秉章保举,清廷加左四品卿衔。

咸丰九年　己未(1859)　四十七岁

二月,石达开率军入湖南,左急调兵截堵。

十二月,因樊燮案,离开湘抚幕府。

咸丰十年　庚申(1860)　四十八岁

正月,自长沙出发,拟赴北京参加会试。三月,至襄阳,为胡林翼劝阻。乘船由汉水、长江至英山、宿松,会见胡林翼、曾国藩。五月,返抵长沙,招募五千人。六月,在长沙城南金盆岭操练成军,号"楚军"。

七月,英、法联军焚烧北京圆明园。

八月初八日(9月22日),率军从长沙出发,取道醴陵入赣。十一月,攻占江西德兴、婺源,败太平军于景德镇。

咸丰十一年　辛酉(1861)　四十九岁

三月,败太平军李世贤部于乐平。五月,任太常寺卿,奉命入浙,六月,至皖南婺源。

七月,咸丰皇帝病死。八月一日(9月5日),湘军攻占安庆。

十一月二十八日(12月29日),太平军攻破杭州。十二月,清廷擢左为浙江巡抚。

同治元年　壬戌(1862)　五十岁

正月,左军从皖南越岭入浙江开化县境,占领开化、马金街。二月,复北占遂安,以固后路。三月,亲自率军南下江山,败李世贤于清湖。

三月,太平军杨辅清部南攻遂安,左自常山回援。五月,再回军衢州。六月,调魏喻义一军驻马金街、昏口,以蔽皖南。十月,上书清廷,主张对中外混合军"稍加裁抑,予以限制"。

同治二年　癸亥(1863)　五十一岁

正月,清军攻占汤溪、金华府城及兰溪、诸暨等县。左自金华驻严州,令刘典、王文瑞防皖南后路。二月,在严州接见中法混合军头目德克碑。四月,清廷任左为闽浙总督,仍兼浙江巡抚。八月,攻占富阳。

十月,淮军攻占苏州,太平军慕王谭绍光死难。

十二月,致书宁绍台道史致谔,提出自造轮船的设想。

同治三年　甲子(1864)　五十二岁

二月,攻入杭州城。清廷加左太子少保衔,赏穿黄马褂。左进入杭州城。

四月,洪秀全病逝于天京。六月十六日(7月19日),天京为湘军曾国荃部攻破。九月,太平军侍王李世贤、康王汪海洋部进入福建,闽中大震。

九月,左调各军入闽,受封为一等伯爵。仿造轮船,试行于西湖。

十月,自杭州经金华、衢州南下。

十二月,中亚浩罕野心家阿古柏入侵我国新疆南部。

同治四年　乙丑(1865)　五十三岁

四月十五日(5月9日),至福州。二十一日(15日),清军攻占漳州。五月,左宗棠至漳州。

六月,奏请在福建改行票盐。

七月,太平军侍王李世贤在广东镇平被康王汪海洋刺死。

八月,左调各军分路入广东。十二月太平军康王汪海洋战死。二十一日(1866年2月6日),左亲屯嘉应州城东。二十二日,太平军偕王谭体元弃嘉应州。二十三日,太平军余部被镇压。二十四日,谭体元被执而死,南部太平军的战斗至此结束。

左被赏戴双眼花翎。

同治五年　丙寅(1866)　五十四岁

二月,从广东回到福州。三月,设正谊堂书局于福州。五月,上奏清廷要求试造轮船。七月,与日意格至福州罗星塔,选择马尾山下为造船厂厂址。九月,调任陕甘总督,奏请由沈葆桢出主船政。

九月十五日(10月23日),新捻军在河南许州(今许昌)分成两支:赖文光、任化邦转战中原,为东捻;张宗禹、张禹爵进军陕、甘为西捻。

十月,左从福州启程。十二月十八日(1867年1月23日),西捻军在西安附近十里坡击败清军。二十六日,左至武昌,调集各军。

同治六年　丁卯(1867)　五十五岁

正月,驻军汉口,清廷以为钦差大臣、督办陕甘军务。王柏心从监利来见,与之商定三路进兵之策。二月,发汉口。五月,确定"先捻后回,先秦后陇"的战略方针。六月十八日(7月19日),至潼关。八月,驻临潼。九月,至泾西召集各将领会议,图围歼西捻军于泾、洛两水之间。

西捻军突破包围,进入陕北。十一月二十二日(12月17日),从宜川壶口踏冰渡过黄河,至山西吉州。刘松山、郭宝昌两军尾追过河。

十二月十八日(1868年1月12日),左从临潼率五千人向东,二十八日,至潼关。

同治七年　戊辰(1868)　五十六岁

正月,抵山西介休,出井陉,自河北正定至保定。西捻军逼近京郊卢沟桥。二月,西捻军在冀中饶阳、深州地区往返游动作战,左督诸军自祁州(今河北安国)分道南下。

三月,西捻军由豫北北上,四月初,抵天津外围。

五月,左军在海丰、吴桥击败西捻军。

六月二十八日(8月16日),西捻军覆没。梁王张宗禹突围至徒骇河边,不知所终。左加太子太保衔。

八月,左至北京"入觐"。十月,至西安。十二月,刘松山部击破陕北反清武装,董福祥等投降。

同治八年　己巳(1869)　五十七岁

二月,清军进攻陇东回军,攻下董志原等城堡及庆阳府城。

五月,驻泾州。

八月,老湘军刘松山部进至磁窑,屯下桥,攻马化龙。

十一月,自泾州进驻平凉。

同治九年　庚午(1870)　五十八岁

正月,刘松山在金积堡战死,以刘锦棠统率"老湘军"。

二月,周夫人卒于家。

五月,"天津教案"发生,主张加强海防,防患未然。

九月,金积堡合围。

十月,阿古柏侵占新疆吐鲁番地区。闰十月,又侵占乌鲁木齐。

十一月,马化龙投降,清军攻占金积堡。

同治十年　辛未(1871)　五十九岁

正月,刘锦棠将马化龙及其家属部下一千八百余人处死。清廷加左一骑都尉世职。

二月,始命军队种树。

三月,沙俄入侵我国伊犁地区,五月十五日(7月2日),俄军侵占宁远城。

六月,檄各将进攻河州回军。七月,由平凉进驻静宁。写信给刘锦棠,表示对沙俄入侵要"急为之备"。八月,进驻安定。

十月,清军攻占甘南洮河以西三甲集。

同治十一年　壬申(1872)　六十岁

正月,河州回军首领马文禄投降。二月,徐占彪率蜀军进至肃州(今酒泉)城外。六月,派刘锦棠、何作霖进军西宁。

七月,从安定入驻兰州。不久,刊发《学治要言》。

八月,刘锦棠至碾伯,西宁回军首领马桂源率回军撤出西宁城,推其兄马本源为元帅。十月,刘锦棠在小峡口击破回军,马桂源兄弟等走东川,逃入巴燕戎格。

年底,设"甘肃制造总局"于兰州。

同治十二年　癸酉(1873)　六十一岁

正月,刘锦棠击破向阳堡,杀马寿等。金顺军进至肃州城外。陈湜、沈玉遂等攻占巴燕戎格。二月,马桂源兄弟投降,被处死。左上书总理衙门,指出:"欲杜俄人狡谋,必先定回部;欲收伊犁,必先克乌鲁木齐。"

七月,自兰州启程赴肃州"督师"。长子孝威卒于家。八月十二日(10月3日),至肃州。九月十五日(11月4日),马文禄投降。二十三日,杀毙降众数千人。晋协办大学士。十一月,在巡视嘉峪关后返回兰州省城。十二月,上疏说明各军出关准备。

同治十三年　甲戌(1874)　六十二岁

正月,刊发《种棉十要》和《棉书》。张曜一军抵玉门。三月,金顺、额尔庆额两军相继出关。

三月下旬,日本入侵我国台湾,在琅峤登陆。五月初,沈葆桢奉命径赴台湾,调兵设防。

七月,晋升东阁大学士,留督陕、甘。清廷以景廉为钦差大臣,督办新疆军务,金顺为帮办大臣。左贻书张曜,嘱其兴屯。八月,清廷命左为督办粮饷转运,袁保恒副之。

九月,中日北京专约签订。总理衙门提出加强海防的六条应变措施,清廷命部分督抚、将军筹议,十一月,直隶总督李鸿章上奏,主张停撤塞防之师,将其饷"匀作海防之饷"。

十二月初五日(1875年1月12日),同治皇帝病死,载湉即位,改元光绪。

光绪元年　乙亥(1875)　六十三岁

二月初三日(3月10日),清廷密谕左宗棠,命其对塞防和海防问题"妥筹密奏"。三月初七日(4月12日),左上《复陈海防塞防及关外剿抚粮运情形折》，力主出兵收复新疆。二十八日(5月3日)，任钦差大臣，督办关外剿匪事宜。

五月，俄国总参谋部军官索斯洛夫斯基抵兰州，窥探军情。

六月二十八日(7月30日)，上疏陈述出关的筹划情形。八月，奏以刘锦棠总理行营营务处，率老湘军从征。起刘典帮办陕、甘军务。

十月，清丈甘肃地亩。

光绪二年　丙子(1876)　六十四岁

正月二十八日(2月22日)，老湘军自凉州(武威)进肃州。二月初八日(3月3日)，刘典至兰州，与商留后事。二十一日(3月16日)，率亲军自兰州西进。三月，借外商款三百万两以充军费。十三日(4月7日)，抵肃州。是月，湘军分别出关。四月初三日(4月26日)刘锦棠督大军继发，左嘱以"缓进急战"。运储巴里坤存粮达六百余万斤，运至古城四百余万斤，运储安西、哈密达千万斤。五月，湘军前锋至巴里坤，闰五月，进古城，时金顺驻济木萨(距古城九十里)，刘锦棠会见金顺，共商进兵之策。六月二十一日(8月10日)，夜袭黄田。二十八日(8月17日)，攻克古牧地，歼敌六千人。翌日，收复乌鲁木齐。

七月二十六日(9月13日)，中英《烟台条约》签字。英使威妥玛诱中国从新疆撤兵。

八月，刘锦棠派罗长祜、谭拔萃率十一营助金顺攻玛纳斯。九月，收复玛纳斯南城。十月，左致书刘锦棠，决计于来年开春发动第二次攻势。金顺任伊犁将军，进军库尔喀喇乌苏。十一月，左建议将金顺部裁并为二十营。十二月，上奏折要求借洋款一千万两，以济军需。

威妥玛在伦敦与中国第一任驻英公使郭嵩焘会谈，无理要求中国停止进攻阿古柏。

光绪三年　丁丑(1877)　六十五岁

二月，金运昌率"卓胜军"出关，左通饬前线各军申明纪律，严禁杀掠并宽待降者。三月初一日(4月14日)，刘锦棠率湘军从乌鲁木齐逾岭南攻达坂。张曜部嵩武军从哈密，徐占彪部蜀军从巴里坤同时西进，会攻吐鲁番。初六日(19日)，攻克达坂城，全歼守敌四千人。初八日，蜀军、嵩武军破七克腾木，初九日，取辟展。十二日，湘军抵白杨河，刘锦棠派罗长祜、谭拔萃率六营趋吐鲁番会攻,刘自率大队直捣托克逊。十三日,蜀军、嵩武军会合罗长祜部湘军克复吐鲁番。是月,左奏请将新疆设省。四月十七日(5月29日),阿古柏为部下所杀。六月,左将蜀军调回巴里坤、古城,派易开俊率"安远军"接防吐鲁番。

五月二十七日(7月7日),英国外交部照会郭嵩焘,再次玩弄缓兵之计。

八月初一日(9月7日),刘锦棠调各军西进。九月初一日(10月7日),抵喀喇沙尔。初三日,入库尔勒城,掘得窖粮。十二日,取库车城。十七日,阿克苏维吾尔族居民迎清军入城。十一月十三日(12月17日),清军克复喀什噶尔。伯克胡里和白彦虎窜至俄国境内。二十九日(1878年1月2日),董福祥收复和阗。

是年,陕西与宁夏庆阳府大旱,左组织救灾。

光绪四年　戊寅(1878)　六十六岁

正月,再次奏请将新疆改设行省。七月,奏参查禁种罂粟不力人员。

二月,左被晋封二等侯。

九月,总理各国事务大臣、吏部左侍郎崇厚动身赴俄国交涉收回伊犁。

十月,上奏新疆善后方略,第三次请将新疆建为行省。

十二月,刘典卒于兰州。

是年,奏准在兰州创设机器制呢局。

光绪五年　己卯(1879)　六十七岁

正月,阿古柏残部艾克木汗等从俄境窜扰南疆,刘锦棠指挥各军击溃之。三月,左上奏清廷,就崇厚赴俄谈判事,提出具体意见。六月,在肃州开金矿。

七月,艾克木汗等再次犯境,进攻色勒库尔。八月,刘锦棠遣军击之,歼残匪二千余人,从此不复犯境。崇厚擅自在俄签署丧权辱国的《里瓦吉亚条约》。

十月,复陈边务,痛陈"目前之患既然,异日之忧何极!"

十一月,部分织呢机器运抵兰州。

十二月,崇厚返京,被革职,交刑部治罪。

是年,倡办新疆蚕桑。

光绪六年　庚辰(1880)　六十八岁

正月,清廷命出使英、法大臣曾纪泽赴俄复议。二月,左上疏拟分兵三路规复伊犁:以金顺一军扼精河为东路,张曜一军出阿克苏,由冰岭之东沿特克斯河径趋伊犁为中路;刘锦棠一军取道乌什,由冰岭之西经布鲁特游牧地向伊犁为西路。

四月,四次奏请将新疆建省,请派督、抚筹备。十八日,启程出关,舆榇以行。五月初八日(6月15日),抵哈密,饬各军戒备。调新至各营设防于巴里坤、古城、安西,在科布多和古城间增设台站。

六月二十九日(8月4日),曾纪泽与俄国代表进行第一次谈判。七月初六日(8月11日),清廷发出诏书,调左宗棠回京陛见,避免与俄国发生冲突。

八月十二日(9月16日),甘肃织呢总局开工生产。

十月十二日(11月14日),从哈密启行入关。十一月二十一日(12月22日),行抵兰州。十二月初四日(1881年1月3日),从兰州出发向东。

是年,用机器治泾河。

光绪七年　辛巳(1881)　六十九岁

正月二十六日(2月24日),《伊犁条约》在彼得堡签字,伊犁地区西部被并入俄国,争回部分利益。左至北京,入值军机,任总理衙门大臣,管理兵部事务。

四月,调所部兴修直隶水利。五月,亲至涿州视察水利工程。六月,取道石景山还京。闰七月,永济桥堤工成。

九月,出任两江总督兼南洋通商大臣。十月,永济河下游河工成,出京南下,十一月,抵长沙。十二月初二日(1882年1月21日),至湘阴故里。初八日,启程赴两江总督任。二十二日,至江宁。

光绪八年　壬午(1882)　七十岁

正月,出江宁阅兵。二月,巡视江北水利工程,二十五日(3月14日),还江宁。四月,奏复淮盐引岸。出阅江南防军,出吴淞口,至上海。法军占领越南河内。二十七日(6月12日),溯江还江宁。

七月,五次奏请将新疆建省。

十一月,修筑范堤。请减徐州利国驿煤铁矿(民营)税。

光绪九年　癸未(1883)　七十一岁

正月,自江宁沿江而下,巡视水利工程。三月,疏请筹办海防,创立渔团。

四月十三日(5月19日)黑旗军在河内纸桥击败法军。

五月,范堤工成。六月,广筹军火,派王德榜自湖南永州解济边军,自请赴滇、粤督师。

七月,法海军攻越南首都顺化海口,法越签订第一次顺化条约,越南沦为法国的"保护国"。

九月,出阅渔团。至崇明,集各军申明纪律。十月,还江宁,目疾加剧。檄王德榜在永州募十营,组成"恪靖定边军"。

十一月,法军攻陷越南山西。

光绪十年　甲申(1884)　七十二岁

正月,目疾更重,扶病至清江,考察水利形势。又乘军舰阅靖江、通州、崇明渔团。王德榜军抵广西南宁。二月,还江宁,朱家山河工成。因病给假四个月。法军攻占北宁、太原。

四月,李鸿章与法国代表福禄诺在天津签订《简明条款》五条。五月二十日(6月13日),左奉命至北京,入值军机。

闰五月初一日(6月23日),法军进攻北黎观音桥,被击退。六月,法海军进攻台湾基隆,被击退。七月初三日(8月23日),法海军袭击马尾军港,毁福建水师舰艇多艘。

七月初六日,清政府对法宣战。十八日,以左为钦差大臣、督办福建军务。二十六日,启程出京,八月二十六日(10月14日),抵江宁。

八月,法军夺据基隆炮台,九月初五日,孤拔宣布封锁台湾海峡。

九月三十日(11月17日),新疆正式设省,以刘锦棠为首任巡抚。

十月二十七日(12月14日),抵福州。加强防务,设沿海渔团,并调兵援台。十二月,巡视长门、金牌炮台,严申军纪,封塞海口。

光绪十一年　乙酉(1885)　七十三岁

正月,王诗正(王鑫之子)援台军抵台南。法军占据镇南关。

二月,前广西提督冯子材会同王德榜等大败法军于镇南关,进克谅山,前锋逼郎甲。法国茹费理内阁倒台。

四月二十七日(6月9日),李鸿章与法国公使巴德诺在天津签订《中法会订越南条约》十款,承认法国占领越南。

左奏请开铁矿,造大炮,以固海防。六月,奏请移福建巡抚驻台湾。

七月二十七日(9月5日),病逝于福州。

明年(光绪十二年)十一月十五日(1886年12月10日),葬于湖南善化(今长沙)八都杨梅河柏竹塘。

附录二

左宗棠家世简表

说明：

1. 左宗棠有两兄三姐，三个姐姐分别嫁给朱、张、周三姓。
2. 左宗棠有四子四女，表中带括弧者分别为儿媳和女婿。
3. 左宗棠共有十二个孙子（见表），孙女则未列入表内。

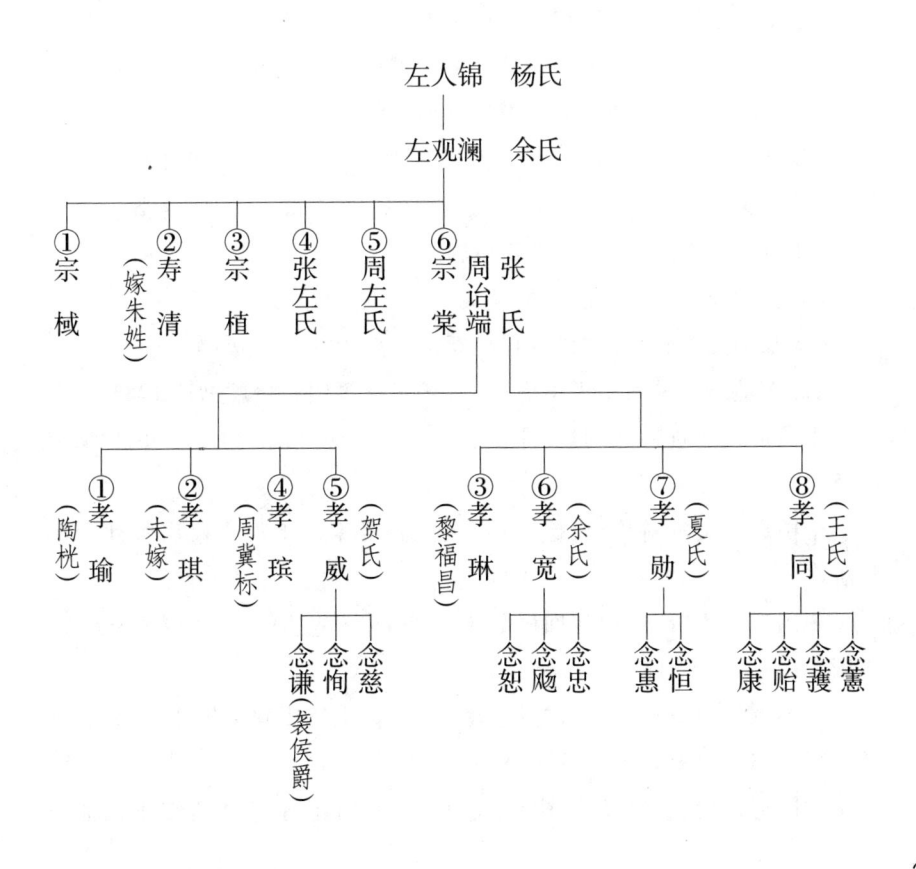

```
                    左人锦  杨氏
                         │
                    左观澜  余氏
                         │
   ┌────┬────┬────┬────┬────┐
   ①    ②    ③   ④    ⑤    ⑥
   宗    寿   宗   张    周   宗棠  张氏
   械   清   植  左氏  左氏   周诒端
       (嫁       
        朱
        姓)
            ┌────┬────┬────┐      ┌────┬────┬────┐
            ①    ②    ④    ⑤      ③    ⑥    ⑦    ⑧
            孝    孝   孝    孝      孝    孝    孝    孝
            瑜   琪   瑸   威      琳    宽   勋   同
           (陶  (未  (周  (贺     (黎   (余  (夏  (王
            桄)  嫁)  冀  氏)     福   氏)  氏)  氏)
                      标)         昌)
                          │        │    │     │    │
                      ┌─┬─┐      ┌─┐  ┌─┐  ┌─┐  ┌─┬─┬─┐
                      念 念 念    念 念 念 念 念  念 念 念 念
                      谦 恂 慈    恕 飑 忠 惠 恒  康 贻 护 蕙
                      (袭
                      侯爵)
```

附录三
主要参考文献目录

《清文宗实录》　贾桢等编　中华书局 1986 年版
《清穆宗实录》　宝鋆等编　中华书局 1987 年版
《清德宗实录》　世续等编　中华书局 1987 年版
《东华续录》　王先谦编　光绪刻本
《光绪朝东华录》　朱寿朋编　中华书局 1958 年版
《清史稿》　赵尔巽等撰　中华书局 1977 年版
《筹办夷务始末》（咸丰朝）　贾桢等编　中华书局 1979 年版
《筹办夷务始末》（同治朝）　宝鋆等编　中华书局 2008 年版
《小方壶斋舆地丛钞》　王锡祺辑
《新疆图志》　袁大化、王树楠编
《新疆历史资料》　中国社科院新疆分院 1960 年油印本
《湖南地方志的太平天国史料》　杨奕青等编　岳麓书社 1983 年版
中国近代史资料丛刊《太平天国》　金毓黻等编　上海人民出版社 1978 年版
中国近代史资料丛刊《捻军》　范文澜等编　上海人民出版社 1957 年版
中国近代史资料丛刊《回民起义》　白寿彝等编　神州国光社 1952 年版
中国近代史资料丛刊《洋务运动》　近代史所史料编辑室、明清档案部编辑组编　上海人民出版社 1961 年版
中国近代史资料丛刊《中法战争》　邵循正等编　新知识出版社

1955年版

《中国近代工业史资料》第一辑　孙毓棠编　科学出版社1957年版

《中国近代工业史资料》第二辑　汪敬虞编　科学出版社1957年版

《清末海军史料》　张侠等编　海洋出版社1982年版

《海防档》(乙)福州船厂　台湾编

军机处录副奏折　第一历史档案馆编

《左文襄公全集》　杨书霖编　光绪十六至二十三年刻本

《左宗棠全集》　刘晴波、刘泱泱等编　1987至1996年版

《陶文毅公全集》　道光二十年刻本

《林则徐全集》　来新夏等主编　海峡文艺出版社2002年版

《曾国藩全集》　岳麓书社1987年版

《李鸿章全集》　顾廷龙、戴逸主编　安徽教育出版社2008年版

《魏源全集》　刘明泰等编　岳麓书社2004年版

《胡林翼集》　岳麓书社1999年版

《寒香馆诗文钞》　贺熙龄著　道光刻本

《郭嵩焘奏稿》　岳麓书社1983年版

《郭嵩焘诗文集》　岳麓书社1984年版

《郭嵩焘日记》(1—3卷)　湖南人民出版社1981—1982年版

《刘坤一遗集》　中华书局1959年版

《沈文肃公政书》　沈葆桢撰　光绪六年刊

《潘文勤公奏疏》　潘祖荫撰　沈文龙主编《近代中国史料丛刊》第36辑(台)　文海出版社版

《陟屺清吟录》　侯名贵撰　光绪十六年刻

《曾纪泽遗集》　岳麓书社1983年版

《曾国藩年谱》　黎庶昌撰　岳麓书社1986年版

《中兴将帅别传》　朱孔彰撰　岳麓书社1989年版

《湘军志、湘军志平议、续湘军志》　王闿运撰　岳麓书社1983年版

《湘军记》　王定安著　岳麓书社1983年版

《翁同龢日记》　中华书局1992至1993年版

《道咸宦海见闻录》　张集馨撰　中华书局1981年版

《近世人物志》　金梁辑　北京图书馆出版社 2007 年版
《马克思恩格斯论中国》　人民出版社 1957 年版
《列宁斯大林论中国》　人民出版社 1965 年版
《毛泽东选集》(第 1—4 卷)　人民出版社 1991 年版
《帝国主义侵华史》　丁名楠等著　人民出版社 1961 年版
《沙俄侵华史》　复旦大学历史系编写组编　上海人民出版社 1975 年版
《有清一代之中俄关系》　陈复光著　1947 年版
《中英关系史论丛》　王绳祖著　人民出版社 1981 年版
《新疆简史》第二册　新疆社科院民族研究所编著　新疆人民出版社 1980 年版
《中俄伊犁交涉》　厉声著　新疆人民出版社 1995 年版
《鸦片战争史》　肖致治主编　福建人民出版社 1996 年版
《太平天国》　牟安世著　上海人民出版社 1959 年版
《太平天国军事史概述》　郦纯著　中华书局 1982 年版
《捻军史论丛》　江地著　人民出版社 1981 年版
《洋务运动》　牟安世著　上海人民出版社 1959 年版
《洋务运动与中国近代企业》　张国辉著　中国社科出版社 1979 年版
《福建船政局史稿》　林庆元著　福建人民出版社 1986 年版
《洋务运动新论》　徐泰来著　湖南人民出版社 1986 年版
《中法战争》　牟安世著　上海人民出版社 1955 年版
《步入近代的历程》　戴逸著　辽宁大学出版社 1992 年版
《清代科举考试述录》　商衍鎏著　三联书店 1958 年版
《中国古代书院制度》　陈元晖等著　上海教育出版社 1981 年版
《左文襄公在西北》　秦翰才著　岳麓书社
《左宗棠评传》　杨东梁著　湖南人民出版社 1985 年版
《左宗棠评传》　孙占元著　南京大学出版社 1995 年版
《开发大西北先驱——左宗棠》　左焕奎著　华中师大出版社 1992 年版

《林则徐传》 杨国桢著 人民出版社1981年版

《李鸿章传》 苑书义著 人民出版社1991年版

《翁同龢传》 谢俊美著 中华书局1994年版

《中国近代史稿地图集》 张海鹏编著 中国地图出版社1987年版

《孤独前驱——郭嵩焘别传》 范继忠著 人民文学出版社2002年版

《曾纪泽本传》 张立真著 辽宁古籍出版社1997年版

《中华帝国对外关系史》(中译本) ［英］马士著 三联书店1958年。

《英国对华外交》(1880—1885)(中译本) ［英］季南著 商务印书馆1984年版

《十九世纪的德国与中国》(中译本) ［德］施丢克尔著 三联书店1963年版

《左宗棠:旧中国的军事家和政治家》 ［美］贝尔斯 1937年上海英文版

《左宗棠:中国现代造船厂和毛纺厂的创办者》 陈其田 1938年北平英文版

《阿古柏伯克传》 ［英］包罗杰 1878年伦敦英文版

《俄国在东方(1876—1880)》 ［俄］查·耶拉维奇、巴·耶拉维奇 1959年荷兰布利尔出版社英文版

《普尔热瓦尔斯基传》 ［俄］尼·费·杜勃罗文 1890年圣彼得堡俄文版

《喀什噶尔》 ［俄］库罗巴特金 1879年圣彼得堡俄文版

《1874—1875年在中国的考察》 ［俄］索斯诺夫斯基、皮塞斯基 1893年莫斯科俄文版

《左宗棠与新疆问题》 ［日］西田保 东京博文馆日文版

《中亚细亚·印度史》 ［日］松田寿男等 平凡社日文版

附录四

杨东梁与左宗棠研究

2024年1月24日,一代清史大家戴逸先生在北京溘然长逝。戴逸先生生前曾亲笔写下"清史是我理念之归宿,精神之依托,生命之安宅",他把自己一生的光和热都奉献给了清史。这天中午,杨东梁教授发来微信:"想起青少年时就是读戴先生的大著长大的。1978年考入戴先生门下攻读研究生。开始他是我们清史所八位研究生的总导师(当时尚钺先生和戴先生,一位招生中国古代史专业,一位招生中国近代史专业)。入学后聆听先生教诲,获益良多,并有幸与先生合作先后撰论文、写专著、编丛书,又助先生任图书馆常务副馆长,在他的领导下主持馆务,受其熏陶,获益匪浅。先生去矣,痛哉!痛哉!"①

戴逸先生是举世公认的清史大家,而杨东梁教授则是在"改革开放中成长起来的一代新史家"。② 本文试从戴逸先生与杨东梁教授两代历史学人的"清史缘"和学术传承入手,以左宗棠学术研究为红线,分析和记录杨东梁教授自改革开放以来,在推动国内左宗棠研究过程中的具体实践与作用,为时代作录,为历史存鉴。

一、从仰慕到师从戴逸先生

杨东梁是湖南岳阳人,他回忆自己的童年生活时说,自幼对历史有一

---

① 2024年1月24日中午12时,杨东梁教授发给作者的微信。
② 杨东梁《近代的历程·李治亭序》,第4页,中山大学出版社2021年版。

种癖好,这种癖好的源头是中国古典小说。七八岁时,随父亲去长沙探访他的朋友,"踏进书房门,扑面而来的书香令人陶醉,我就像一头小牛犊冲入绿油油的菜园,尽情享受着其中的美味佳肴。""一部绣像本《三国演义》让我眼睛一亮……以后,又读了《水浒传》《西游记》《薛家将》《隋唐演义》等小说。"①而戴逸八九岁时,是在清代四大私家藏书楼铁琴铜剑楼中泡大的。"他对书有着天然的亲近,把铜板塞给走街串巷的租书人,租下《东周列国志》《三国演义》《西游记》《水浒传》等连环画。"②戴、杨二人虽相隔了十几、二十年,对历史的痴迷和所读的启蒙书却是一样的。

据杨东梁回忆:"20世纪50年代初,举家北迁,我在北京读书,眼界更加开阔了。一套爱国历史故事小丛书,让我如获至宝,它使我的思绪超越教科书的内容,徜徉在更加广阔而又生动有趣的历史画卷中。"③几年后,著名历史学家吴晗又主编了"中国历史小丛书",32岁的中国人民大学副教授戴逸应邀成为丛书最年轻的编委,并撰写了其中《北洋海军》一册。④而当时正读中学的杨东梁不但对小丛书爱不释手,更对甲午战争史情有独钟,对《北洋海军》一册赞赏有加。同时他还系统阅读了中国史学会组织编写出版的"中国近代史资料丛刊"《中日战争》(全七册),杨东梁与戴逸虽未谋面,但算得上是忘年神交了。

杨东梁回忆说:"我上大学,读的是历史系,少年时代的学史志向可谓如愿以偿。我早就听到过戴先生的大名,读大学的时候就读过他的《中国近代史稿》(第一卷),当时就觉得眼睛一亮,他渊博的知识、质朴的文风、流畅的语言深深吸引着我。"⑤

在频繁的政治运动中,戴逸先生命运多舛。十年"文革"期间,"教授戴逸成了江西'五七干校'养猪的猪倌,长达八九年与书本绝缘。"⑥1978

---

① 杨东梁《近代的历程·自序——我的半部"清史"缘》,第1页,中山大学出版社2021年版。
② 江胜信《戴逸:专骛清史　愈久弥醇》,《文汇报》(客户端)2019年7月14日。
③ 杨东梁《近代的历程·自序——我的半部"清史"缘》,第1页,中山大学出版社2021年版。
④ 江胜信《戴逸:专骛清史　愈久弥醇》,《文汇报》(客户端)2019年7月14日。
⑤ 杨东梁《近代的历程·自序——我的半部"清史"缘》,第1页,中山大学出版社2021年版。
⑥ 江胜信《戴逸:专骛清史　愈久弥醇》,《文汇报》(客户端)2019年7月14日。

年,中国人民大学复校,清史研究所正式成立,戴逸被任命为副所长。"1978年国家开始招收'文革'后第一批研究生,我报考的是中国近代史学科。当时还在中学工作,因为敬慕戴先生,很想投到他的门下深造。笔试、口试(戴老师主持)通过后,我如愿以偿被录取(当时共从全国录取了八位研究生)。"①忽如一夜春风来,千树万树梨花开。杨东梁少年时播下的研史种子,壮年时终于含蕊吐芳。

二、研究生时期的两篇檄文

杨东梁面聆戴逸先生教诲时,已过而立之年。不但听其授课,也有面对面交流。读研的第二年,"戴先生在一次清史研究所全所大会上提出一个问题,他说:'戚本禹的那篇《爱国主义还是卖国主义?》的文章,很不好。到现在为止还没有一篇文章对它进行批判。'戚本禹的这篇文章,被认为是宣判刘少奇政治死刑的一个政治信号。因为刘少奇还没有平反,中央没有表态,所以人们不敢涉及这个问题。我觉得戴先生明确提出了这个敏感问题很有道理,就做了点研究,起草了一篇《评戚本禹的〈爱国主义还是卖国主义?〉》的文章。"②

历史的感悟和学术敏锐性,往往来自丰富的人生阅历。在这篇檄文中,杨东梁开宗明义地提出辨别爱国主义与卖国主义的标准问题:"在中国近代史上,爱国主义的具体表现是什么? 主要是在反侵略战争中,保卫祖国,坚决抵抗帝国主义入侵;或在民族危亡之际,对腐朽没落的封建统治,锐意改革,力除时弊,直至起来革命,用暴力推翻垂死的封建制度。反之,对帝国主义侵略者屈膝投降,甚至为维护腐朽没落的封建制度不惜出卖民族利益,才是彻头彻尾的卖国主义者。"③

1979年12月11日,"杨东梁作为第一作者与老师王俊义先生合写的《评戚本禹的〈爱国主义还是卖国主义?〉》一文,以一整版的篇幅发表在《光明日报》上。当天,中央人民广播电台早晨《新闻与报纸摘要》节目

---

① 杨东梁在国家清史编委会戴逸先生追思会上的发言。
② 杨东梁在国家清史编委会戴逸先生追思会上的发言。
③ 杨东梁《评戚本禹的〈爱国主义还是卖国主义?〉》,《光明日报》1979年12月11日。

作为新闻播发,随后《人民日报》摘要介绍,香港《新晚报》加按语摘要转载,《新华月刊》在要目栏转发,日本《每日新闻》撰文评介。

爱国主义与卖国主义的辨析与斗争是政治上的大是大非问题,不但涉及当代的刘少奇冤案,也与正确评价历史人物功过密不可分。在中国近代史上,侵略与御侮、守旧与维新、改良与革命,总之是爱国与卖国的斗争始终贯穿其中。

1981年2月10日,杨东梁的又一篇新论《海防与塞防之争浅析》在《光明日报》发表。所谓"海防"与"塞防"之争,实际是李鸿章与左宗棠迥然不同的国防战略之争,两人各执一见,变成清廷重大的战略抉择之争。杨东梁在檄文中一针见血地指出:"不难看清所谓'海防'与'塞防'之争,既不是一般的策略分歧,也不能看作两个集团争权夺利的派系之争,它是要不要维护国家领土完整,要不要维护中华民族根本利益的大是大非之争,实质上是爱国与卖国的斗争。如果让李鸿章之流的主张得逞,不但当时西北边疆危如累卵,而且势必贻害无穷。时至今日,继承了老沙皇衣钵的社会帝国主义不还在大放厥词,说什么'历史事实证明,在西部,中国边界没有超出甘肃省和四川省'么。试想,一百年前中国收复新疆的斗争一旦归于失败,那么,沙俄侵略者很可能已在玉门关外虎视眈眈了。"①

杨东梁称李鸿章之流是奴颜婢膝的卖国主义者,而在"要不要收复新疆的大辩论中,左宗棠、王文韶等以祖国疆土、民族利益为重,批驳了'边疆无用''得不偿失''出兵必败'的奇谈怪论。左宗棠更以65岁的高龄,不顾重重阻力和种种困难,'引边荒艰巨为己任',毅然出兵西征,表现了真挚的爱国热情,保住了祖国西北一片大好河山,这个历史功绩人民是不会忘记的。"②

出人意料的是,一篇学术论文竟引起了一次外事访问。有美国政客认为杨东梁此文系受有关领导部门事先组织而成,有一定的政治含义。"美驻华使馆一秘马丁一定要约谈作者杨东梁,一探究竟!"③

---

① 杨东梁《"海防与塞防之争"浅析》,《光明日报》1981年2月10日。
② 杨东梁《"海防与塞防之争"浅析》,《光明日报》1981年2月10日。
③ 杨东梁《近代的历程·李治亭序》,第4页,中山大学出版社2021年版。

回到时代语境中观察,美国政客并非神经过敏,心血来潮。首先,1979年1月1日,中美两国正式建立外交关系,互设大使馆,从而结束了长达30年之久的不正常状态;同日,全国人大常委会发表《告台湾同胞书》,再次重申台湾主权和国家统一意志。其次,1979年2月17日至3月16日,中国人民解放军实施中越边境自卫反击战,在达成战略目标后宣告撤军;第三,1981年台湾地区出版了张家昀著的《左宗棠——近代陆防海防战略的实行家》一书,在时间和内容上似乎与杨东梁的文章遥相呼应。清末,左宗棠在新疆、台湾建省上殚精竭虑,多次奏言倡导。当下,海峡两岸处于战与和的十字路口,国之大者,不可不察。美国大使馆中国问题观察家要约谈杨东梁,深挖檄文背后的政治背景,似乎合乎美方的思维逻辑。

杨东梁在读研期间所作的两篇论文,确立了新时代衡量爱国主义与卖国主义的标准,是解放思想、拨乱反正的冲锋号。正如后来王震同志所指出的:"现在海内外一切愿意看到祖国富强和统一的炎黄子孙,都在采取各种方式,促进祖国和平统一目标的实现,这就是可贵的爱国主义。爱国已形成一个宏大的历史潮流。历史潮流是不可阻挡的。"①

细读杨东梁教授的两篇雄文,其中贯穿着一条红线——爱国主义。如果说第一篇针对国内政治问题,第二篇就牵扯到国际关系问题了。正如李治亭先生所言:"此文堪称东梁读研期间的又一杰作,其学术论文频频'出手',引发的反响之大,是同期乃至以后攻读硕、博学位的学生无可比拟的!"②

三、杨东梁为左宗棠正名

杨东梁与左宗棠之缘可以追溯到他的幼年。他的母亲和伯母都是湖南湘阴人,也就是与左公同乡,伯母还善吟诵,常常带着侄子吟唱古诗,当然最多的时间是读唐诗,此外也读清诗,其中给年仅五六岁的东梁印象最

---

① 杨东梁《近代的历程·左宗棠研究回顾》,第313页,中山大学出版社2021年版。
② 杨东梁《近代的历程·李治亭序》,第2页,中山大学出版社2021年版。

深的就是杨昌濬(左公的朋友和部下)写的左公凯旋诗:"大将筹边尚未还,湖湘子弟满天山。新栽杨柳三千里,引得春风度玉关。"(杨昌濬诗文集中称"大将"为"上相"。)

杨东梁考研期间,1978年5月11日《光明日报》发表本报特约评论员文章《实践是检验真理的唯一标准》,由此在全国引发了一场关于真理标准问题的大讨论,拉开了中国解放思想、改革开放的序幕。杨东梁读研之后,1978年12月19日《光明日报》发表了杜经国《试论左宗棠的爱国主义思想》的文章①,认为左宗棠是一位"是一个具有战略眼光的封建政治家",是"杰出的爱国者,他在抵抗外国侵略,巩固祖国西北边防方面,曾经做出重要的贡献"。杜文对杨东梁研究课题的选择起了推动作用。

1980年12月,杨东梁慕名给兰州大学杜经国先生写信,就左宗棠研究问题向他请教。杜经国在回信中鼓励说:"你有志从事左宗棠的研究,是令人很高兴的事,相信你在名师的指点下,一定能做出很好的成绩。……戴逸同志是我的前辈,我对他一向很钦仰,如戴逸同志同意,你可争取到兰州、乌鲁木齐跑一趟。兰州有个西北文献室,资料不少,当能有所发现。你如来兰州,我可以给你提供一些工作上的方便。"②杜经国的简短回信,带给杨东梁很大鼓励。

在确定以"左宗棠研究"为硕士论文题目后,杨东梁全面梳理了近现代特别是新中国成立之后对左宗棠的功过评价。他认为"左宗棠的一生是充满矛盾、呈现出繁芜交错面貌的一生"。新中国成立后,因为左宗棠是镇压农民起义的主要人物之一,所以只能在刽子手的行列里找到他的位置。后来因其收复新疆,才注意到他"还有积极的一面",但仍"缺乏对人物做整体细致的考察"。杨东梁决定冲破窠臼,实事求是的重新定义左宗棠对中华民族的历史贡献。他在论文中写道:"左宗棠生活的时代,

---

① 杜经国(1931—2013),1950年秋考入北京大学历史系历史学专业,1955年秋毕业,留校读研究生。1962年1月调兰州大学历史系任教至1987年6月。25年间由教员晋升到讲师、副教授、教授,并先后担任过历史系副主任、主任。1987年夏,根据国家教委有关重点大学选派教授支援汕头大学的决定,奉调来汕大历史系任教。先后担任历史系主任与潮汕文化中心主任至1998年退休。主要著作有《左宗棠与新疆》《历史学概论》等专著及史学论文数10篇。
② 1981年3月17日杜经国给杨东梁的回信。

帝国主义和中华民族的矛盾几度上升为主要矛盾,经过多次民族战争的激励,他的爱国主义精神不但愈发不可动摇,而且越来越显示出它的战斗锋芒。鲁迅先生说过:'我们自古以来,就有埋头苦干的人,有拼命硬干的人,有为民请命的人,有舍身求法的人','这就是中国的脊梁'。在面临亡国灭种的巨大危难时,左宗棠正是'拼命硬干'中的一个,他在中华民族发展史上是起了'脊梁'作用的。他的功绩从某种意义上看,甚至可以说是家喻户晓的民族英雄岳飞和林则徐所不能比拟的。"①在杨东梁眼中,左宗棠既有爱国主义思想,又有爱国主义行动,更有爱国主义成果,而且他所取得的爱国主义成果,是在中华民族面临亡国灭种、疆土已失的情势下,力排众议,排除万难所取得的,所以他比历史上的民族英雄岳飞和林则徐更伟大。

新中国成立后,历史学界对左宗棠的评价也在不断变化中:从怀疑左宗棠是不是爱国主义者,到承认左宗棠是"有罪"的爱国主义者,再到称"左宗棠是中国的脊梁"。杨东梁提出的"脊梁说"新学术观点是颠覆性的,因此不被大多数老师所接受。而杨东梁宁愿做鲁迅笔下那个"舍身求法的人",也不愿轻易改变自己依据历史事实而得出的结论。学术矛盾一时僵在那里,负责具体指导杨东梁的袁定中教授亦倍感压力(进入专业学习阶段,研究所为研究生安排了具体指导老师)。但杨东梁坚定而自信地认为自己的观点没有错。为广泛听取专家意见,他呈上学位论文后,又求教于著名近代史专家、社科院近代史研究所副所长余绳武先生。

余绳武显然是业内的知情人之一。他于1981年7月25日致函杨东梁:"大作不乏理论勇气,甚佩!"②这是说,东梁敢于否定以往成说,是需要"理论勇气"的,余先生表示很钦佩,给予完全肯定,高度赞扬。可见余先生胸怀博大,不以权威自居,平等对待晚辈,尤其支持学术创新,破除旧观念,更是难得! 余先生还建议:将来可在此文的基础上,"加以充实,扩大成一本学术性的《左宗棠传》"。更令人难以置信的是,余先生竟建议

---

① 杨东梁《左宗棠研究》(中国人民大学硕士学位论文),第57页,1981年7月1日。
② 1981年7月25日余绳武写给杨东梁的信。

将此文寄给时任国家领导人之一的王震同志"审阅"。据他所知,"王震同志对左宗棠问题颇感兴趣",应"争取得到他老人家的指导"。余先生明知一个普通的研究生是很难与国家高层领导人取得联系的,就主动表示:"我可以托人转呈。"随后,余先生携中国社会科学院近代史研究所刘存宽先生,通过当时供职外交部的鲁桂成同志将此文呈给王老。①

恰在此时,阻力接踵而至。是时,我国改革开放正在起步,人们包括学术界还未完全从旧观念、旧思想、旧传统的束缚中解放出来,因此,对东梁充分肯定左宗棠的评价难以接受。他所在的研究所领导委托三位老师共同约他谈话,明确指出:论文对左宗棠评价太高,示意如不修正,答辩很难通过,这就意味着不能按时毕业。实在说,他们的劝告也是出于好意。因为左宗棠早已被定为"反动人物",改革开放后,对这位历史人物的评价虽有所松动,但东梁一反传统观念,给予充分肯定,无异是颠覆性翻案,这是否会涉及政治立场问题呢?②

在改与不改的两难之际,突然来了一个大转机:王震的批阅意见来了!他在送呈的论文上密密麻麻地写了很多批注,表达了想法与具体意见。王震作为国家领导人之一,在日理万机之暇,还这么认真地读完这篇数万字的长文,边读边写下他的看法,感人至深。不仅如此,王老还在论文的扉页上写了一段文字:"我深觉杨东梁同志写得好,读后甚获教益。"他鼓励东梁在"获硕士学位后",继续深造,"为社会主义祖国、中华民族文明"做出应有的贡献。在文末,王震签署自己的名字,日期是:1981年9月10日。③ 论文"风波"因王震同志的一封信而化于无形,杨东梁和导师袁定中都如释重负。

咬定青山不放松,任尔东西南北风。如李治亭先生所言:"东梁的贡献就在于,他不囿于以往之'定见',也不理会学术界'一边倒'的倾向,敢于碰硬!他研究左宗棠,给予全新的评价。无疑,这是对20世纪50年代后有关左宗棠研究的全盘颠覆。"④

---

① 杨东梁《近代的历程·李治亭序》,第3页,中山大学出版社2021年版。
② 杨东梁《近代的历程·李治亭序》,第3页,中山大学出版社2021年版。
③ 杨东梁《近代的历程·李治亭序》,第4页,中山大学出版社2021年版。
④ 杨东梁《近代的历程·李治亭序》,第2页,中山大学出版社2021年版。

四、拓展史学研究新领域

研究生毕业后,杨东梁留在人民大学历史系教授中国近代史。1984年11月,他和戴逸先生同时受邀参加了在苏州召开的"全国首届左宗棠历史评价学术讨论会",时任中国史学会执行主席戴逸教授在会上说:"左宗棠收复新疆这样大的功劳,为什么在(20世纪)50年代、60年代不被充分承认,甚至不予承认?是什么东西遮住了我们的眼睛,使我们视而不见呢?政治气候的影响是一个原因。那时,我们跟苏联关系很好,'一面倒'的政治因素影响到历史研究,不说和少说沙俄的对华侵略。"①《人民日报》对研讨会作了报道。

杨东梁在人大历史系教学之余,继续深入研究左宗棠,广泛搜集有关左宗棠的史料,400多万字的《左文襄公全集》前后通读了三遍。浏览与左宗棠有关人物的著作(包括文集、笔记、日记)不下二三十部,还查阅了有关档案、杂志及外国人的著作。他在硕士学位论文的基础上,加以充实、增补,考订史实,润色文字,终于完成一部专著,定名《左宗棠评传》,于1985年交左宗棠故乡(也是东梁的故乡)的湖南人民出版社正式出版。书一出版,杨东梁首先想到热忱关注他学术成长的王老,并寄送一册。不久,王老致信东梁:"您送我的《左宗棠评传》一书,已收到,谢谢。我先读的序言、后记,而后把正文粗略读了一遍,感到您治学态度严谨,搜集史料丰富,很好。"②王震同志是有感而发的,因为他是读过《左文襄公全集》和其他有关左宗棠著作的。

《左宗棠评传》应是东梁先生的成名作。这是国内第一部系统梳理、史料翔实且观点新颖的左宗棠传记。难能可贵的是,该书一反以往我国学界将左视为"反动人物"的评价,将其定位为一代民族英雄。一句话,把被颠倒的历史再颠倒过来。该书在社会上产生了广泛影响:1986年2月17日《人民日报》为其发表了书评(作者为中国人民大学清史研究所

---

① 徐锦庚《关于大力弘扬左宗棠爱国主义情操的建议》,人民网2022年3月11日。
② 杨东梁《近代的历程·李治亭序》,第5—6页,中山大学出版社2021年版。

教授王俊义），并获北京市哲学社会科学优秀成果奖。2013年，人民文学出版社又邀请他另写一部新的《左宗棠传》。2015年，军旅作家陈明福出版了《湖南出了个左宗棠》一书。一年多前，他就写信向杨东梁求序："您的《左宗棠评传》识见我很佩服，这是最早旗帜鲜明地为左公平反的一部书。"由此可见杨东梁教授的学术卓见，历久弥新，30余年后影响力依然不减不衰！同时东梁先生还很关心后辈学者的学术成长，根据杨东梁教授《近代的历程》（学术论文自选集）不完全统计，他为公开出版的中国近代史专著所作的导言、序文即达12篇之多。

对于东梁研究左公的成果，李治亭教授是这样评价的："东梁对左氏的研究，包括发表的相关论文，是对左氏及其时代研究的一个新开端，从某种角度来说，具有划清此一研究领域的时代意义。他对左氏的重新定位，从理论上说，确立了一个新的评价标准，同时，给予左的实践活动以新的科学解释，因而完全真实地揭示了这一阶段历史的真相。这才是一个史家的本色！"①

杨东梁严谨的治学精神、勤奋的工作态度，赢得了学校领导的认可。1985年，时任中国人民大学校长的袁宝华提出："一个高等学校图书馆是极其重要的，一定要有一名德高望重、学识高深的大专家来任馆长。"学校选定戴逸出任馆长。据东梁先生回忆："戴先生觉得图书馆事务繁杂，工作人员又多，自己主要从事学术研究和教学，此副担子恐难胜任。校党委书记李文海找我谈话，希望我任常务副馆长，帮助戴先生主持图书馆日常工作。我知道图书馆被称为'大学的心脏'，到图书馆工作既重要又难做。但如戴先生出任馆长，我一定协助他做好这个工作。"②

戴逸先生担任人大图书馆长6年，至1991年卸任，杨东梁接任馆长。在与戴逸先生一道工作期间，他们为推动中国近代史与左宗棠研究做了很多事。

上世纪80年代后半期，杨东梁教授协助戴逸先生主编了由巴蜀书社出版的《近代文史名著选译丛书》（39册）。90年代与戴逸先生合著了《甲

---

① 杨东梁《近代的历程·李治亭序》，第5—6页，中山大学出版社2021年版。
② 杨东梁在国家清史编委会戴逸先生追思会上的发言。

午战争与东亚政治》。2011年,为纪念辛亥革命100周年,又应巴蜀书社之邀,协助戴逸先生主编了"辛亥百年""强国之梦"两套导读性丛书。

国家清史纂修工程启动后,戴逸先生出任编委会主任。清代诗文很丰富,约有四万余种。戴逸先生很重视清代诗文的出版和利用,认为"弹指兴亡三百载,都在诗文吟唱中"。提出要编一套《清代诗文集汇编》,做点抢救性工作,遂找到东梁先生商议。东梁先生很赞同和支持他的想法,立即与北京大学联系,最后决定由人大和北大图书馆联合编辑,北大馆员负责选书,人大馆员负责撰写人物小传。①《清代诗文集汇编》被列为国家清史工程重大文献整理项目。《汇编》共收清人诗文集4058部,录诗文不下五百万首。作者小传为3423篇,总计72万余字。清代入选诗人小传虽然文字简要,但元素必须齐备,需要做大量考证工作,工作量十分浩繁。

《清代诗文集汇编》分两册(650册、651册)收录了《左文襄公诗集》《左文襄公文集》(第650册)、《左文襄公书牍》(第651册),其诗集中之《癸巳燕台杂感八首》中"西域环兵不计年,当时立国重开边"的诗句,再现了19岁的举子左宗棠心驰神往西域安危而激荡的忧国忧民之情;《辛卯夏仲兄客武昌送别后却寄》长诗中的"念当远焉去,有泪不敢挥"的咏叹②,则是左宗棠家国情怀的真实写照。在300字的左宗棠小传中,"光绪元年任钦差大臣督办新疆军务,平乱收复新疆,且舆榇出关以抗俄"的爱国主义壮举,历历在目。难以想象,在《汇编》繁重的编纂出版过程中,年迈的戴逸先生和杨东梁教授付出了多少辛劳和心血。

在戴逸先生的追思会上,杨东梁教授说:"戴先生是个学术大家,具有很高的学术成就,在学术研究方面,他也给了我很多指导和帮助。"③

五、左宗棠收复新疆功绩重回历史教科书

早在1982年,杨东梁即撰写了万字长文《试论左宗棠收复新疆》,旁征博引、翔实记录了"一百年前,左宗棠指挥西征大军收复新疆,为祖

---

① 杨东梁《近代的历程·李治亭序》,第5—6页,中山大学出版社2021年版。
② 《清代诗文集汇编》,第855页,上海古籍出版社2010年版。
③ 杨东梁在国家清史编委会戴逸先生追思会上的发言。

国保住了一片大好河山,给中华民族做了一件大好事,左宗棠不愧为杰出的爱国主义者。"①他始终认为,左宗棠收复新疆、舆榇出关的伟大壮举,是其爱国主义和民族脊梁精神的集中表现。对于2017年教育部统编义务教育教科书《中国历史》删除"左宗棠收复新疆"内容一事,甚为不解。

2022年11月中旬,借在湘阴参加纪念左宗棠210周年诞辰活动之便,在湘阴左宗棠文化研究会支持下,由杨东梁教授领衔起草了致国家教育部、国家教材委员会的"关于在全国初中历史教科书中恢复并加强《左宗棠收复新疆》课文的建议",获得全国各地13位高校教授的签名支持。

《建议》开门见山地指出:"在义务教育教科书中,全国初中历史课本均保留了左宗棠收复新疆的章节,多少年来,无论教材如何修改、调整,直至2016年,从未离开过教材。然而,2017年出版、2018年第一次印刷的义务教育教科书《中国历史》八年级上册,将这篇课文删除了,换成在'建立新式海陆军'的小节里,把左宗棠收复新疆这样重大的历史事件用四句话轻描淡写地一带而过。……我们强烈呼吁国家教材委员会和教育部,在历史教科书中尽快恢复并加强《左宗棠收复新疆》这篇进行爱国主义教育的重要课文,以培养学生的民族自尊心和国家责任感。"②

杨东梁教授写下这段话是有历史背景的。1986年3月10日,王震同志在致他的信函中曾建议:"就左氏晚年的爱国思想写专文发表,以激励人们,特别是青年人为振兴中华、统一祖国,实现'四化'而努力奋斗!……我特推荐中央党校图书馆、各教研室、新疆维吾尔自治区、新疆生产建设兵团各学校、企业单位购买一些,供学习。"③30年来,弘扬左宗棠爱国主义精神成了杨东梁教授的一种使命,如李治亭教授所言,研究、宣传这位民族英雄可谓不遗余力,成果丰硕。他撰写并出版了左宗棠专著两部、左宗棠文集一部,发表有关左宗棠的论文、文章20余篇(其发表

---

① 《清史研究集》1982年第2辑。
② 引自13位大学教授签名的"关于在全国初中历史教科书中恢复并加强《左宗棠收复新疆》课文的建议"。
③ 杨东梁《左宗棠·序》第2页,人民文学出版社2020年版。

建议、文章总计近200篇），为高等院校及党政有关部门、利用媒体作学术报告十余场。①

《建议》特别强调：美西方推行"颜色革命"，惯用的手法是"欲灭其国，必先去其史"（龚自珍语），全面抹黑、否定中华民族历史上的英雄人物就是一个重要选项。删除这篇进行爱国主义教育的课文，必然会使子孙后代，对能激发中华民族自信心和战斗力的重大历史事件认识模糊，使这一重大历史事件中的英雄们从青少年记忆中消失，这只会为美西方反华势力所欢迎，其结果必然是亲痛仇快。……郁达夫在纪念鲁迅的大会上说过一句名言：一个没有英雄的民族是不幸的，一个有英雄却不知敬重爱惜的民族是不可救药的。习近平总书记在2015年9月2日颁发"中国人民抗日战争胜利70周年纪念章"仪式上，发表重要讲话时明确要求："我们要铭记一切为中华民族和中国人民做出贡献的英雄们，崇尚英雄、捍卫英雄、学习英雄、关爱英雄……"左宗棠无疑是这样的英雄。②

2023年2月17日中午，杨东梁教授获悉党和国家领导人已对"关于在全国初中历史教科书中恢复并加强《左宗棠收复新疆》课文的建议"作了重要批示，即发微信于笔者："另将已发出的《建议》底稿发给您（签名稿），以备留存纪念。"这是继王震同志肯定左宗棠"是杰出的爱国主义者""是中华民族的脊梁"，建议宣传左宗棠爱国思想、激励青年人为振兴中华而奋斗之后，杨东梁教授实际领衔并亲自修订的有关弘扬左宗棠爱国主义的"建议"，再次得到党和国家领导人的批示和采纳。

2023年秋季，人民教育出版社出版的义务教育教科书《中国历史》（八年级上册）中，第四课的主题由原来的《洋务运动》改为《洋务运动和边疆危机》，内容新增"美、日侵略台湾""收复新疆"和"中法战争"。其中，"收复新疆"一段详细描述"清政府任命左宗棠为钦差大臣，督办新疆军务""左宗棠命刘锦棠入疆，采取'先北后南，缓进急战'的策略""清军成功收复除伊犁以外的新疆领土"的历史。此外，在高等教育出版社出版的马克思主义理论研究和建设工程重点教材——《中国近现代史纲

---

① 杨东梁《近代的历程·李治亭序》，第5—6页，中山大学出版社2021年版。
② 引自13位大学教授签名的"关于在全国初中历史教科书中恢复并加强《左宗棠收复新疆》课文的建议"。

要》中,也将左宗棠收复新疆事迹纳入"爱国官兵的反侵略斗争"章节。①

稍有历史常识的人都知道,左宗棠是推动新疆、台湾建省的先驱,"东则海防,西则塞防,二者并重",正是左宗棠生前未能实现富国强兵故难以瞑目的夙愿。国家教育部修订新版历史教科书的新闻,博得了大陆媒体的赞扬声浪,在宝岛台湾亦引起热议。

杨东梁教授认为:"一部清朝历史兴盛、衰亡,起伏跌宕,波澜壮阔,丰富多彩。认真研究它,总结其经验教训,对于我们今天实现中华民族的伟大复兴,建设一个繁荣、富强的社会主义中国,仍然有着重要的借鉴意义。"②

左宗棠收复新疆的伟大爱国主义壮举重回大中学历史教科书,有利地鼓舞和推动了边疆地区深化开展左宗棠研究。中共哈密地委做出了成立左宗棠文化研究院、编制《左宗棠历史文化保护与传承总体规划》、设立"植柳日"、举办"左宗棠与新疆学术研讨会"等一系列决定,并隆重聘请杨东梁教授为学术顾问,为左宗棠研究定向把脉。"新栽杨柳三千里,引得春风度玉关",这正是杨东梁教授的夙愿。

崔保新
(作者系哈密左宗棠文化研究院执行院长)

---

① 易和平《民族英雄左宗棠事迹入编中学和大学教材》,《人民日报》(客户端)湖南频道2023年9月2日。
② 杨东梁《近代的历程·自序——我的半部"清史"缘》,第2页,中山大学出版社2021年版。

后 记

将近三十年后,我终于完成了有关左宗棠的一部新作。记得在1985年,湖南人民出版社出版了我撰写的《左宗棠评传》,因印数不多(6000册),市场早已脱销,后来也未曾重印。上世纪末,有些朋友和读者来信,要求赠书或购书,我只能表示遗憾和歉意。

两三年前,我应《中国近代思想家文库》编委会之邀,编了一部《左宗棠诗文选集》(书名《左宗棠卷》)于2012年出版。在编辑这部选集的过程中,萌生了重新写一部《左宗棠传》的念头。希望在新撰左宗棠传时,能吸收近年来左宗棠研究的新成果。同时,在坚持严肃性、学术性的前提下,准备尽量写得通俗一点,能让更多读者,特别是青年读者有兴趣读完它。另外,明年是左宗棠逝世一百三十年,撰写、出版这部传记,也是对这位中国近代民族功臣的一个纪念吧!

这部有关左宗棠的新著即将面世了,在欣慰之余,我要特别感谢本书的责任编辑杨华女士。从组稿到审改、定稿,她都付出了许多辛劳。其工作之认真、水平之专业都给我留下了深刻印象。特别是她有时身体不适,仍坚持工作,积极与作者沟通,使我感动不已!再有,在借阅资料、搜寻图片、打印文稿等方面,刘进炎、李立新、杨涛、杨阳、孔勇等都协助做了不少工作,在此一并表示谢意。

杨东梁
2014年8月于北京

再版后记

今年是新疆建省一百四十年,为了纪念我国近代收复新疆的民族英雄、新疆建省的奠基人和践行者左宗棠,人民文学出版社决定再版 2015 年出版的《左宗棠》一书。在《左宗棠》新版面世之际,特写几句话作为再版感言。

中国近代史上,收复新疆和新疆建省一直是被广为关注的重大历史事件,而这一重大事件的主角左宗棠也因此功在千秋,名垂青史。如果当年没有左宗棠力排众议,以"我之疆索,尺寸不可让人"的报国精神,百折不挠的铮铮铁骨,"锋颖凛凛向敌"的战斗意志,一举收复天山南北的广袤国土,新疆必将脱离祖国怀抱,永远沦为异域。若新疆沦陷,我国西北将失去天然屏障和战略纵深,今天我国的持续发展也将失去强大的后劲,其对中华民族的危害将是不可估量的。正是从这个意义上,中华民族子孙后代将永远铭记左宗棠这位对捍卫祖国疆土做出了巨大贡献的民族英雄。本书此时再版,也是作者力图与广大读者特别是青少年读者一起缅怀这位立下丰功伟绩的民族英雄。

本书再版时,作者对第一版做了内容上的必要补充以及史实订正、文字勘误,并增加了部分图片,希望更适合读者的阅读习惯。

当然,本书能够顺利再版,离不开人民文学出版社领导的支持和编校等工作者付出的辛劳。特别是初版责编杨华(已退休)和再版责编徐文凯两位女士的敬业精神让人感动,在此谨向她们致以衷心感谢!

杨东梁

2024 年 2 月于北京

整饬吏治
勘测开矿
兴办教育
留京辅政
外放南洋
后世流芳